普通高等教育法学核心课教材
总主编 徐祥民

商 法 学

主 编 李光禄 袁晓波

副主编 吴秀华 阳露昭
陈晓军

科学出版社

北 京

内 容 简 介

本书对商法学的教学体例进行了一定的创新，按照"导论—商主体—商行为—海商法"的模式安排商法学的教学内容，以利于学生更清晰地掌握商法学的内容。本书着重于阐述商法学的基本知识和基本理论，内容精炼、重点突出，同时注意吸收商法领域的最新研究成果，在适于教学的前提下保持了本书学术性的特点。

本书适用于普通高等教育法学专业本科生、专科生，同时对与商业运行有关的其他专业学生及对商法感兴趣的社会人士也有较大的参考价值。

图书在版编目(CIP)数据

商法学 /李光禄，袁晓波主编. —北京：科学出版社，2008
普通高等教育法学核心课教材/徐祥民总主编
ISBN 978-7-03-023090-4

Ⅰ. 商…　Ⅱ.①李…②袁…　Ⅲ. 商法-法的理论-中国-高等学校-教材
Ⅳ. D923.991

中国版本图书馆 CIP 数据核字（2008）第 151334 号

责任编辑：徐　蕊 / 责任校对：陈玉凤
责任印制：张克忠 / 封面设计：陈　敬

科 学 出 版 社 出版
北京东黄城根北街 16 号
邮政编码：100717
http://www.sciencep.com

北京智力达印刷有限公司印刷
科学出版社发行　各地新华书店经销

*

2008 年 12 月第　一　版　　开本：B5（720×1000）
2008 年 12 月第一次印刷　　印张：16 1/4
印数：1—3 000　　　　　　字数：304 000

定价：27.00 元
（如有印装质量问题，我社负责调换）

出版说明

　　中国的法学教育是一种多元化的法学教育，这是与我国现阶段对法律人才的多层次需求相适应的。目前，不同法学院校在不同的教学理念支撑下，对法律人才培养目标的定位逐渐明晰，以适应社会的多元化需求。教材作为法学知识的载体，也同样应当体现多元化的教育模式。

　　科学出版社在"立足科技、面向教育"的指导思想下，近十年来推出了大量适应不同层次需要的高校教材。在法学教育领域，也相继推出了若干富有鲜明特色和创新特点的教材，为我国法学教育的发展注入了新的活力。我们也仍将坚持科学与人文并举的方针，推出更多更优秀的法学教材。

　　2006年，教育部法学学科教学指导委员会对法学核心课程重新进行了调整，除了原有的14门核心课程之外，新增了劳动与社会保障法、环境与资源保护法两门课程作为法学专业的核心课程。这一调整反映了新的时代要求，与这一变革相适应，科学出版社与徐祥民教授及"普通高等教育法学核心课教材"编委会的其他专家共同策划，推出了本套教材。

　　本套教材定位于适应法学教学需求及多元化的人才培养理念，同时与司法考试进行有机衔接。因此，在策划本套教材的过程中，尤为注意对理论阐述进行精炼的要求，尽量突出教学中的重点内容以使学生明确学习重点，避免因理论阐述内容过多而造成的混乱状况，以提高学习效果。

　　我们期待本套教材能成为教师授课和学生学习的得力助手，从而为我国法律人才的培养贡献新的力量。

科学出版社

编写说明

　　教材是对学科发展的集中反映，学科的发展必然反映到教材中来，而教材则应主动反映学科的发展变化；教材体系是学科体系的写照，学科体系的完善一定会对教材体系产生影响，而教材体系应当对学科体系的逐步完善给予准确的表达。中国法学经过一个多世纪的发展，经过一代又一代学人为之贡献智慧，经过社会实践，尤其是法制实践的一再检验和修正，经过与中外各种学说的反复交流、碰撞，已经形成了以不断丰富的马克思主义为指导，与我国的政治、经济、社会、历史、哲学、文化等相融相通，符合我国社会主义法治发展要求的完整体系。由教育部法学教学指导委员会确定的 16 门法学核心课程是对中国法学体系的一个浓缩，也是为适应普通高等教育法学本科阶段的教学的需要而对中国法学体系所作的一个提炼。为了在教学活动中更好地表达这个经过浓缩的法学体系，我们编写了这套教材——"普通高等教育法学核心课教材"。这是一个与我国的法学体系相一致的较为完整的教材体系。

　　法学的每个学科，比如法理学、民法学、刑法学、环境法学等，都是从事相关学科教学、研究的学者们在对古往今来的相关法律现象，对古今中外的相关法律实践总结、提升的基础上，通过对相关法学理论以及相关哲学、经济学、历史学等的研究结论的批判、吸收、借鉴等而形成的。它们都凝结了学者们的心血和汗水，同时，它们也都不可避免地带有创建、发展或阐述、加工相关学科的学者们所赋予的某些特点。每个学科都有自己特定的研究对象、基本理论、基本知识体系等，但作为主观创造物的学科也都因"创造者"对对象的理解的不同而存在解说上的某些差异。我们这套教材在总体设计上力求反映我国学界最通行的理解，目的在于给教学第一线的教师和受教育者一个能获得最大认同的知识体系和理论体系。同时，我们也注意发挥法律实践、学术研究对学科发展的推动作用，支持在学科系统既定情况下对学科的发展完善，赞成在基本理论体系不变的前提下对学科具体知识、观点等作适应实践的需要的调整、补充。在这个意义上，这套教材是参加编写的教授、专家们的作品，是他们的精神产品。

创造这些精神产品的教授、专家是以下各卷主编及其所率领的编写组成员：

《法理学》，主编：李瑜青（华东理工大学法学院教授、博士生导师）、苗金春（潍坊学院法学院院长、副教授）

《中国法制史》，主编：袁兆春（曲阜师范大学法学院院长、教授）

《宪法学》，主编：王德志（山东大学法学院教授、博士生导师）、杨士林（济南大学法学院院长、副教授）

《行政法与行政诉讼法》，主编：孟鸿志（山东工商学院法学院院长、教授）

《刑法学》，主编：于阜民（中国海洋大学法政学院教授）

《刑事诉讼法》，主编：姚莉（中南财经政法大学科研处处长，法学院教授、博士生导师）

《民法学》，主编：胡家强（中国海洋大学法政学院法律系主任、教授）、苑敏（济南大学法学院法学系主任、教授）

《民事诉讼法》，主编：王国征（青岛大学法学院副院长、教授）

《商法学》，主编：李光禄（山东科技大学文法学院院长、教授、博士生导师）、袁晓波（哈尔滨理工大学法学院教授）

《知识产权法学》，主编：姜一春（烟台大学法学研究所所长，法学院教授）

《经济法学》，主编：李响（青岛科技大学政法学院副院长、教授）、任以顺（中国海洋大学法政学院教授）

《劳动与社会保障法学》，主编：张荣芳（武汉大学法学院副教授）

《环境与资源保护法学》，主编：徐祥民（中国海洋大学法政学院院长、教授、博士生导师）

《国际法学》，主编：赵海峰（哈尔滨工业大学法学院院长、教授）、杨惠（中国民航大学法学院教授）

《国际私法学》，主编：王利民（大连海事大学法学院教授、博士生导师）

《国际经济法学》，主编：赵云（香港大学法律学院副教授）

李响教授、巩固博士作为本套教材编委会的秘书长和秘书，也为本套教材的出版付出了辛勤的劳动。

总主编　徐祥民

2008 年 5 月 15 日于青岛海滨寓所

目　　录

出版说明
编写说明

第一编　商法导论

第一章

商法概述 ·· 1
第一节　商法及其调整对象 ·· 1
第二节　商法的产生与发展 ·· 5
第三节　商法体系和渊源 ·· 9
第四节　商法与其他部门法的关系 ·· 11
第五节　商法的基本原则 ·· 13

第二章

商业登记 ·· 17
第一节　商业登记概述 ·· 17
第二节　商业登记的程序 ·· 20
第三节　商业登记的种类 ·· 22
第四节　商业登记的效力 ·· 24
第五节　商号 ··· 25

第二编　商主体的设立与治理

第三章

商主体概述 ··· 31
第一节　商主体的概念和特征 ··· 31

第二节　商法人 ·· 37

第三节　商中间人 ·· 38

第四节　商辅助人 ·· 41

第四章

　　　　公司总论 ·· 44

第一节　公司概述 ·· 44

第二节　公司的能力与人格 ··· 49

第三节　公司组织机构 ·· 53

第四节　公司财务会计 ·· 61

第五章

　　　　有限责任公司 ··· 64

第一节　有限责任公司概述 ··· 64

第二节　有限责任公司的设立 ·· 65

第三节　有限责任公司的特别规定 ···································· 67

第四节　有限责任公司的股权转让 ···································· 74

第六章

　　　　股份有限公司 ··· 80

第一节　股份有限公司概述 ··· 80

第二节　股份有限公司的设立 ·· 81

第三节　股份有限公司股份 ··· 86

第四节　股份有限公司的上市 ·· 92

第七章

　　　　非公司商主体 ··· 96

第一节　非公司型商法人 ··· 96

第二节　商合伙 ·· 100

第三节　商个人 ··· 108

第四节　企业法人的分支机构 ··· 111

第三编　商主体的变更与终止

第八章

商主体的变更与解散 ·· 113

第一节　商主体的变更 ·· 113

第二节　商主体的解散与清算 ··· 117

第九章

破产 ·· 123

第一节　破产制度概述 ·· 123

第二节　破产原因及破产财产 ··· 126

第三节　破产程序 ·· 128

第四节　重整与和解制度 ··· 135

第四编　商　行　为

第十章

商行为概述 ··· 139

第一节　商行为的概念和特征 ··· 139

第二节　商行为的分类 ·· 140

第三节　一般商行为与特殊商行为 ······································ 142

第十一章

票据 ·· 146

第一节　票据概述 ·· 146

第二节　票据行为 ·· 147

第三节　票据权利 ··· 150

第四节　票据抗辩与补救 ··· 152

第五节　汇票 ·· 154

第六节　本票与支票 ··· 161

第十二章

证券 ·· 164

第一节　证券概述 ··· 164

第二节　证券的发行 ··· 167

第三节　证券上市与交易 ··· 171

第四节　证券投资基金 ··· 180

第十三章

信托 ·· 186

第一节　信托概述 ··· 186

第二节　信托的设立 ··· 188

第三节　信托当事人 ··· 190

第四节　信托的变更与终止 ··· 192

第十四章

保险 ·· 194

第一节　保险概述 ··· 194

第二节　保险合同总论 ··· 199

第三节　财产保险合同 ··· 205

第四节　人身保险合同 ··· 208

第五节　保险业法 ··· 212

第五编　海　商　法

第十五章

海商法概述 ······················· 217
第一节　海商法的概念与特点 ·················· 217
第二节　船舶与船员 ······················ 218
第三节　海事合同 ······················· 223

第十六章

海事事故与救助 ····················· 234
第一节　船舶碰撞 ······················· 234
第二节　海难救助 ······················· 237
第三节　共同海损 ······················· 242
第四节　海事赔偿责任限制 ·················· 245

后记 ···························· 248

第一编 商法导论

第一章 商法概述

　　商法是市场经济社会重要的法律部门，是调整商主体及商行为的法律规范的总称。本章主要阐述商法的概念与调整对象，商法的历史发展、体系和渊源，商法与各部门法的关系以及基本原则。学习本章，应重点掌握商法的基本特征、立法模式、与民法的关系及其基本原则，领会商法对营利性目标的追求。

第一节 商法及其调整对象

一、商

（一）商的含义

　　商的含义非常丰富，并且经历了长期的发展过程。

　　商是生产力发展的必然产物。当早期人类社会的生产力发展到一定程度，出现较多的社会产品和社会分工时，便产生了交换的需要，此时的交换仅仅是互通有无以满足基本生活需要，交换的标的物也只是少量的生活必需品。对于早期的商，我国古代文献中有记载，《汉书·食货志》解释说："通财鬻货曰商"；《白虎通·商贾》中认为："商其远近，度其有无，通四方之物，故谓之商。"我国早期的"商"均是指媒介货物直接交换的行为。

　　随着生产力的发展，特别是货币的出现，商活动繁荣起来，并出现了专门从事交易活动并从中谋利的社会阶层。但一般说来，商更多地表现为商品的交易和流通活动。美国《布莱克法律词典》对商的解释是"货物、生产品或任何种类财物之交换"。

　　现代社会，商的范围空前广泛，并发展出各种意义上的商。许多商法学者主张将一般社会学意义的商与经济学意义的商以及法学意义的商加以区别，认为它们具有不同的含义。社会学意义的商是与工业、农业相并列的社会分工，是社会经济的一个部门；经济学意义的商是生产与消费的中间环节，是产品由生产者流转到消费者手中的流通环节；法学意义的商泛指一切以营利为目的的经营活动，生产领域和流通领域中的各种以营利为目的的经营行为都属于商。

（二）商的范围

商是个动态的概念，其产生时仅仅表现为生活必需品的简单交换。随着商事活动的深入与频繁，商的标的包括了各种有形和无形的财产，商的形式包括交换和媒介货物交换的直接或间接方法，商的主体包括了各种不断出现的市场主体。随着社会经济的不断发展，其内涵和外延仍不断扩大。商法理论上，通常把商划分为四类：

（1）固有商。又称买卖商或第一种商，是直接沟通生产者和消费者的媒介财货交易的经营活动。主要有商品交易、证券买卖、票据使用、海商海事活动等。

（2）辅助商。又称第二种商，是间接的以媒介财货交易为目的的经营活动，其目的是辅助固有商的营业活动得以实现。主要有运输、仓储、代理、行纪、居间、包装等。

（3）第三种商。第三种商不具有直接或间接媒介财货交易的目的，但其营业行为与固有商或辅助商有密切联系或为其提供商业条件。主要有银行、融资、信托、加工、制造、出版、印刷、摄影等。

（4）第四种商。第四种商与固有商没有直接联系，但其营业活动与其他类型的商有一定的牵连关系。主要有广告宣传、保险以及饮食、娱乐等营业活动。

二、商法

（一）商法的概念

商法是调整有关商事关系的法律规范的总称。广义的商法，是调整商事关系的全部法律规范的总称，包括国际商法和国内商法。国内商法又包括商事公法和商事私法，分别指调整商事关系的公法或私法上的法律规范；狭义的商法，是指调整国内商事关系的商事私法。通常所说的商法指的是狭义的商法。

由于各国商事立法体例及价值取向不同，商法的具体概念和范围也有所不同。从商法的表现形式看，其可以分为形式意义的商法和实质意义的商法。

1. 形式意义的商法

形式意义的商法是指奉行民商分立立法体例的国家，在民法典之外制定的以"商法"命名的法典，其基本内容包括商事总则、商主体、商行为、商业登记、商事账簿、公司、破产、证券、保险、票据、海商等制度。目前，法国、德国、日本、比利时、西班牙、葡萄牙、韩国、巴西、阿根廷等国家都制定了商法典。

奉行民商合一立法的国家则不存在形式意义的商法典。

形式意义上的商法典又表现为不同的具体形式，主要分为三类：

（1）以商主体为中心的主观主义原则作为立法基础而构造商法典。该种做法首先给出商主体的概念，并以商主体的界定为出发点规定其他基础制度，从而构建整部商法典，德国是其代表。《德国商法典》的规定仅适用于商主体，在具体的商事交易中，交易的参与者至少有一方是商主体才产生商法典的适用问题，否则只能适用民法或其他法律的规定。

（2）以商行为为中心的客观主义原则作为立法基础而构造商法典。该种做法以商行为为出发点规定其他基础制度，从而构建整部商法典，法国是其代表。《法国商法典》规定的商行为是任何主体以营利为目的的活动，符合行为性质要求即可适用商法典的规定。

（3）以折衷主义原则作为立法基础而构造商法典。该种做法避开了单纯以商主体或商行为为出发点构建商法典的缺点，商主体和商行为共同作为商法的基础，日本是其代表。

值得一提的是，作为英美法系国家的美国也制定了自己的商法典，即美国《统一商法典》，该法典非由立法机关制定，只具有示范作用，各州可自行采用。它以货物买卖为中心构建商法典，围绕商事交易展开，体系庞大、内容繁杂，对世界商事立法产生了重要影响。

2. 实质意义的商法

实质意义的商法是一切调整商事关系的法律规范的总称。与形式意义商法注重法典的表现形式和法典结构不同，实质意义的商法注重商法规范的构成、作用和实施方式等的有机统一，其表现形式包括各种专门的商事法律法规以及散见于民法、经济法、行政法等部门法乃至判例中的商法规范。各国立法具体情况不同，实质意义的商法在形式上表现各异。

形式意义的商法只存在于民商分立立法体例的大陆法系国家；而实质意义的商法则存在于调整商品交易活动的任何国家，包括不对民商作严格划分的英美法系国家。我国没有形式意义的商法，但制定有《中华人民共和国公司法》、《中华人民共和国破产法》、《中华人民共和国票据法》、《中华人民共和国保险法》、《中华人民共和国证券法》、《中华人民共和国海商法》、《中华人民共和国信托法》等商事单行法，此外还有大量的商事法规以及其他部门法中的商事规范，共同构成了我国实质意义的商法。

（二）商法的特征

（1）商法主要规制营利行为。商事活动的最终目的是对利润的追求，商法的宗旨就是要保护商主体的营利性活动，不论是以商主体还是以商行为为中心立法，都以营利为核心要素界定商主体或商行为。保护营利性是商事立法的一条主线，商法中的基础制度设计，大都考虑到了营利性的要求。从商法起源上看，中世纪商人在交易中重复其习惯性做法，以方便快捷地获得更多利润，商会引用商人习惯法以快速高效地解决纠纷，都是对商事活动营利性要求的满足。可以说，离开了营利性特征，商事活动和商事立法都将成为无本之木，失去立足基础。

（2）商法具有复合性。传统民商法理论认为，商法与民法同属于私法的范畴，应遵循私法的基本原则，在法律关系上强调意思自治，排除公权力的行使。因此，商法规范应是任意性和选择性适用的规范。但是，随着商品经济的进一步发展，商人不受制约地追求利润的行为表现出种种弊端，为遏制商人个人主义行为导致的危害，实现对交易活动和市场秩序的有效保护，国家加强了对私法关系的公权力干预，在商法中加入了行政法、经济法的强制性规范。由此，商法表现出一定的公法色彩。

（3）商法具有协调性。商法是任意性和强制性规范相结合的法律部门，强制性规范是符合法律规定的条件时必须适用的，当事人不能随意变更或选择适用的规范。商法总体上是私法，贯彻私法自治原则，原则上应以任意性规范为主，如有限责任公司的股利分配、票据转让、保险合同订立等，都体现出当事人的意思自治。但是，完全的商主体意思自治可能损害第三人的合法利益，危及交易安全和社会公共利益，因此商法中又规定了许多强制性条款。总体上，商行为方面任意性规范较多，商主体方面强制性规范较多。

（4）商法具有技术性。民法追求的是公平正义的价值目标，讲究法律规范的逻辑结构严密，民法的规定与人们的日常生活直接相关，侧重于伦理性规范。而商法的实践性很强，讲究规范的技术性和可操作性，要求法律规范本身必须满足商事活动实践的需要；而各类商事活动有其技术和相对固定的程式，法律规范相应地就表现出技术性。商法的技术性是商事交易的需要，也正是因为商法技术性的存在，使得商法规范需要不断更新。

（5）商法具有国际性。商法的调整对象是商事关系，而商事关系经常跨越国家或地区界限，反映商事活动的各国商法的规定必然相似。随着世界经济一体化的逐渐形成，商法的国际性愈加显著。商法的国际性可以从以下几方面理解：首先，从起源上看，中世纪商人习惯法形成时期，商法往往是某一地区商人阶层的习惯法，而不是以国家界限为标准；其次，各国商事活动都受到市场经济规律的支配，商法规范的基本内容是相通的；最后，在近代各国商法国内化的过程中，大量参照了国际惯例和早期国家立法的成功经验，注重国际商事活动法律调整的协调。随着世界范围内社会化大分工的形成，国际社会制定了一系列国际条约，国际条约的国内化效力又进一步促进了商法的国际化。

（6）商法具有时代性。商品经济不断发展演进，商法也持续不断地变革与进步。欧洲中世纪由庄园经济到早期商品经济，再到自由竞争、垄断竞争的现代市场经济，商法也由习惯法到商事成文法、单行法再到单行法和商法典并存，商法是不断发展、不断创新的部门法，带有强烈的时代色彩。商法规范，从海上贸易到陆地贸易，从商品交换到商事活动各领域，从个体交易到大规模的集中交易，以及各种现代化、专门化科技手段的应用，商法前进的每一步，都体现了时代的进步，反映出人类社会的进步历程。商法的时代性既是商法产生的条件，也是商法保持永久生命力的保障。

三、商法的调整对象

不同国家的商法学者对商法的调整对象所持的观点不同。代表性的提法有：商法的调整对象是商人或企业；商法的调整对象是商行为；商法的调整对象是商事法律关系（通说）。

商事法律关系是一种经营性关系，是因商主体从事经营性行为而形成的特殊社会关系，是实施经营行为的商主体之间及其内部形成的法律关系。其内涵包括以下几个方面[1]：

（1）商法调整营利主体，不调整非营利主体，如民事主体、行政主体等，商法不予调整，即使对非营利主体偶尔从事的营利行为，商法也不作调整。

（2）商法只调整营利主体的营利行为，不调整营利主体的非营利行为，即不调整营利主体所从事的与商事活动无关的行为，如企业开展文体活动、企业对慈善事业的捐赠等。

（3）商法所调整的营利主体是各种企业组织。商法对其具有多层次、大规模的广泛适用性。

（4）商法所调整的营利主体在经营活动中所形成的关系，既包括企业的对外关系，如工商登记，也包括企业与企业之间在交易过程中形成的经济关系，还包括企业与权利人（如出资股东）间形成的关系。

（5）商法所调整的是经营活动中形成的关系，其主体地位平等。

（6）商法所调整的营利主体的活动必须发生在持续的营业中，偶尔发生的营利行为不属于商法调整的范围。

第二节 商法的产生与发展

一、中世纪商法

（一）中世纪商法的产生

通说认为，近代意义上的商法起源于 11 世纪地中海沿岸的商人习惯法。中

---

[1] 范健：《商法学》（第三版），高等教育出版社、北京大学出版社，2007 年，第 13 页。

世纪前期，欧洲以庄园经济为代表的自然经济占主导地位。到中世纪中后期，商业贸易逐渐复苏、发展，地中海沿岸的一些城市如佛罗伦萨、热那亚、威尼斯等逐渐繁荣起来，形成了一个专门从事营利性活动的商人阶层。

为了维护已有的商业秩序，公平地解决商人之间的纠纷，随着贸易的日趋频繁，各城邦在商事交往中逐步发展出不成文习惯用于纠纷处理。当时的封建法律缺乏相应的行为规范，甚至许多国家的法律对商人加以种种歧视。该时期商会已由商人阶层中自发成长起来，面对教会法与世俗法体系的压制与束缚，不得不另立规范，不断发布调整商业活动的自治规则，在发展中形成了自治权和裁判权。到 14 世纪左右，施行于各商会内的自治规则逐渐成为较为完整的中世纪商人习惯法。

伴随着中世纪商业的兴盛，诞生了商事法院，即由商人自己组建的根据自己的法律裁判纠纷的法庭组织。尽管并不是严格意义上的司法机构，但这些法庭基本适用相同的商事惯例，为有效解决纠纷并维护商人自治团体的利益做出了贡献。同时，商人习惯法通过商事法院的适用逐渐得到了社会各界的认可，使习惯法获得了"准"法律的社会约束力。该时期的商事法院还对商事判例进行了整理归纳，有些贸易发达地区据此形成了案例汇编。

（二）中世纪商法的主要特点

（1）坚持属人主义立场。中世纪商人习惯法，是商人在政治上和法律上要求承认其地位的产物，是在封建法制的压制下基于商人阶层的需要而产生的，习惯法的产生和适用都以商人身份为前提。但随着商事交易的发展，许多规则也被逐渐适用于商人与非商人间的纠纷。

（2）内容涉及最主要的商事活动。中世纪商人习惯法是在没有任何规划的杂乱无章的情况下由商人习惯发展而来的，商人的贸易实践频繁的领域都发展出了相应的规则，因此，中世纪商法的内容非常广泛。主要包括：商人的资格与公示规则、商业合伙、商事代理、票据制度、保险制度、海商法制度、借贷结算规则、善意取得制度等。可以看出，中世纪商法的内容是商法中最基础的部分，同时也是商法最主要的部分。

（3）表现出较强的地域性特征。商人习惯法实际上是不同地域、不同商人团体形成的习惯法的总称，各不同地域、不同团体的商人习惯在内容上有较大差异。该时期商法的渊源以商会制定的商事规则、商事法院裁判、商事习惯为主，也包括部分教会法的内容。

二、近代各国商法

（一）法国的商事立法

法国 1673 年颁布了《商事条例》，以制定法的形式取代了自由贸易时代的商人习惯法，是近代欧洲最早的商事立法，也是商法进入各国内国法的开端。1681年法国又颁布了《海事条例》。1807年法国在前两部条例的基础上，率先制定了统一的《法国商法典》。该商法典共四编648条，包括通则（公司、商行为和票据）、海商、破产和商事法院。该法典采取客观主义原则，以商行为观念为立法基础。

目前，《法国商法典》绝大多数条款已被废除或修改，继续有效的仅有140条。在当今法国，大量的商事立法，包括在上述这些商法典已涉及的，以及有关商事公司、商业登记、海商、破产、银行、有价证券等立法领域，均在商法典之外重新设立单行法规。[①]

《法国商法典》是近代历史上第一部商法典，它突破了中世纪商人习惯法只适用于商人的传统，体现了资产阶级革命所追求的自由平等的观念。该法典开创了大陆法系民商分立的先河，此后，卢森堡、比利时、葡萄牙、希腊、墨西哥等国家相继采取此体例制定其商法典。

（二）德国的商事立法

19世纪中叶，德国开始其商法典的编纂工作。1897年《德国商法典》正式颁行，并与《德国民法典》同时于1900年1月1日生效。《德国商法典》共四编905条，包括商人、商事公司及隐名合伙、商事行为和海商。

《德国商法典》颁布至今，已修改40余次。《德国商法典》在立法上采取主观主义，以商人观念为立法基础。同一行为由商人为之，则适用商法；非商人为之，则适用民法或其他法律规范。《德国商法典》的出台产生了重要的历史影响，奥地利、泰国、土耳其等国家也采用该体例制定本国商法典。

（三）英美法系的商事立法

英美法系国家的商事立法侧重于实用性，没有民法和商法的严格区别，不存在大陆法系意义上的商法典。其商事立法主要以习惯法、判例法为其渊源，称为普通法（common law），同时还较为广泛地适用衡平法（equity law），从而构成英美法系的商法模式。

英美法系没有关于商法的严格界定，对商法的外延也没有统一的观点。"至于作为一门法学学科的商法，在大陆法系国家一般包括商法总则、商行为法、公司法、票据法、海商法、保险法、破产法等。在英美法系一般再加上货物买卖法，有时还加上劳动法的一部分。"[②]

19世纪以来，为适应国际商事交易发展需要，英美法系国家制定了一系列商事单行法，以作为判例法的补充。例如，英国制定有1882年《票据法》、1894

---

① 何勤华：《法国法律发达史》，法律出版社，2001年，第248页。

② 谢怀栻：《外国民商法精要》，法律出版社，2006年，第245页。

年《破产法》、1906 年《海上保险法》等，美国制定有 1896 年《统一流通票据法》、1951 年《标准公司法》、1952 年《统一商法典》等。其中最引人注目的是美国《统一商法典》，该法典内容完备、适用灵活，既保持了英美法的特点，又兼顾了大陆法的长处，能够适应美国现代经济的快速发展。美国绝大多数州都已经通过本州立法采用了该法典。

三、我国商法

我国古代是农本经济社会，自给自足的自然经济占主导地位，虽有商业贸易的发展，但商品经济没有得到有效发展，没有形成专事商业的商人阶层，也没有发展出较好的商业惯例，不存在独立的商法部门或商法制度；虽有散见于律令中的买卖、银票、手工作坊等的规定，但实际上也带有浓厚的刑法或行政法色彩。

我国近代意义的商法产生于清朝末年。1903 年前后，在推行新政的名义下，清政府开始了大规模的商事立法活动，通过了《公司律》、《商人通律》、《破产律》等商事单行法，1908 年清政府颁布了《大清商律草案》，包括公司法、海船法和票据法，但未及施行便覆灭了。

辛亥革命后对《大清商律草案》进行了修订，于 1914 年颁布了《中华民国商律》，后因采用民商合一的立法体例，在 1929 年制定的民法典中规定了商法的内容，主要包括总则、商人、经理人、代办商、商行为、交互计算、行纪、运输等；此外，还颁布了若干商事单行立法，主要包括公司法、票据法、保险法、海商法、船舶法、商业登记法、证券交易法、银行法、合作社法等。

中华人民共和国成立后，很长一段时间内，计划经济占主导地位，商事立法几乎没有任何进展。改革开放后，我国开始建立和完善市场经济，商事立法也进入了快速发展时期。该时期，主要的商事法律都已经制定出来。我国商事立法虽然起步较晚，但经过几十年的发展，已经初步建立起了较为完善的商法体系。

四、商法的总体发展趋势[①]

（一）动态化的趋势

商法是适应调整商事关系的需要而存在的，与民法相比更具有技术性。所谓现代商法的动态化，首先表现为各国商法的频繁修改。以《日本商法典》为例，其在第一次世界大战后已进行了 30 多次修改，其中有的年份不只修改一次。现代商事法动态化趋势的另一个表现是众多商事单行法的制定，如德国 1965 年的股份法、法国 1925 年的《有限责任公司法》、日本 2005 年的公司法等。

① 王保树：《商法总论》，清华大学出版社，2007 年，第 87 页。

（二）大陆法系和英美法系的相互渗透

随着国际贸易和国际投资的不断发展，市场和人们的商事活动不再存在英美和欧洲大陆的界限，两大法系商事法律制度的相互借鉴和吸收成为必然，公司法是其典型领域。大陆法系公司法引进英美公司法经验的突出事例是 1937 年的《德国股份法》，吸收英美公司法授权资本制的经验，授权董事会可以发行新股以增加资本。英美法系也积极吸收大陆法系国家公司法的经验，其突出事例是英美法系仿效德国废除了越权原则，允许公司章程对公司经营目的作笼统规定。

（三）国际化与统一化的趋势

国际经济全球化，既表现为国家间商品的自由流通，也表现为国家间的人员、资本和劳务的自由流动。人们在缔结商事关系中对法律规则有了统一的要求，迫切需要商法的国际化和统一。在 20 世纪中叶，人们开始了地区性的商事公约的制定工作，欧盟在这一方面取得了较好的成绩，欧盟的公司法统一运动几乎涉及公司法的各个方面。

第三节　商法体系和渊源

一、商法体系

商法体系是指由商法内部各项商事法律制度组成的内容完整、结构合理的有机整体。商法体系是商事立法成果的体现，是一国商事立法从法律理论到立法实践的过程。

商法典是商法体系最主要的构成部分，但从商事立法较为发达的德国、法国、日本的商法典来看，相互间的差异很大。《德国商法典》规定得较为全面，包括商人身份、公司与合伙、商业账簿、商行为和海商五个部分，但票据法、破产法、保险法的内容，有限责任公司法、股份有限公司法、有价证券法、银行和交易所法、保险法等内容并未包含于商法典中，而是以单行法的形式存在的。《法国商法典》涉及商人、商业会计、交易所、商行为、票据、时效以及商事法院等内容，但大量的商事立法，如公司法、商业登记法、海商法、破产法、有价证券法等内容也未包含于商法典中。《日本商法典》采用了总则、公司、商行为以及海商的体系结构，具体内容较为完备，但还是制定了大量的商事单行法以适应现实的需要。总体上看，大陆法系的商法体系包括传统的商身份法和商行为法，以及公司法、票据法、保险法和海商法，而传统的商身份法和商行为法又包括商主体种类、资格的取得与效力、商号、商事账簿、商事运输、商事仓储、商事代理、商事行纪。英美法系国家的商法则注重实用性，其商法体系更加繁杂，甚至还包括合同法、担保法、劳动法等内容，完全按照商事活动的实践需要展开。

通说认为，我国商法体系主要包括商法总则、公司法、破产法、票据法、证券法、信托法、保险法、海商法等几个部分。

二、商法的渊源

商法的渊源即商事法律规范借以表现和存在的形式，具有多元化的特点，不同国家商事立法体系不同，具体的商法渊源也有较大差异。各国的商法渊源主要包括：商事制定法、商人习惯法、商事自治法、商事判例、国际商事条约或公约、法理以及学说。

商事制定法是各国立法机关通过法定程序所制定的商事法律、法规，商事制定法包括商法典和商事单行法。民商分立的很多国家制定了自己的商法典，但由于经济生活变化较快，反复修订商法典远远满足不了实践的需要，因此，各国不断制定商事单行法以补充商法典的不足。没有商法典的国家商法渊源主要表现为商事单行法。即便是奉行判例法传统的英美法系国家，现在也不断制定出成文的商事单行法，以应对现实需要。

商人习惯法也是商法的重要渊源，商人习惯法产生时并不具有正式意义的法律强制力，不属于严格的法律范畴，但随着商人阶层的反复适用和商事法院的不断引用，商人习惯法逐渐具有了国家制定法的效力。在国家制定法和商人习惯法之间还有一个中间地带，即商事自治规则，在商事活动中发挥着重要作用。

商事判例是英美法系国家法律的重要渊源，具有法律约束力。在大陆法系国家判例不能直接地作为法律渊源而在裁判中直接援用，但判例尤其是上级法院作出的判例，在司法实践中也产生了一定的指导作用。

国际商事条约也是重要的商法渊源，由于商事规则基本一致和国家间商事交往愈加频繁，调整商事法律关系的商法带有更加突出的国际性，国家间为了更加便捷地商贸往来，签订了大量的商事条约或公约。

此外，部分国家将法理和主流学说也作为商事活动的重要依据。

我国的商法渊源表现为以下内容：

（1）法律。即由全国人民代表大会及其常委会制定、颁布的规范性文件。如《中华人民共和国公司法》、《中华人民共和国证券法》、《中华人民共和国票据法》、《中华人民共和国海商法》、《中华人民共和国保险法》、《中华人民共和国合伙企业法》、《中华人民共和国中外合资经营企业法》、《中华人民共和国中外合作经营企业法》、《中华人民共和国外资企业法》等。

（2）行政法规。即由国务院及其所属机构制定的规范性文件。如《中华人民共和国公司登记管理条例》、《中华人民共和国企业法人登记管理条例》等。

（3）地方性法规。即地方国家权力机关和行政机关制定的规范性文件。如《深圳经济特区商事条例》等。

（4）国际条约、公约及国际惯例。即我国参加的国际条约、公约。如《联合国国际货物销售合同公约》、《国际贸易术语解释通则》等。

（5）法律解释。包括全国人大常委会关于商事法律的立法解释和由最高人民法院作出的司法解释。

（6）商事自治规则。即由商事组织制定，在不与法律相冲突的情况下，对其内部组织结构、成员权利义务、管理等进行规范的基本规则。如交易所规则、公司章程等。

第四节　商法与其他部门法的关系

一、商法与民法的关系

商法与民法同为私法，在两者的关系上，有民商合一和民商分立两种立法例。

民商分立，是指在民法典之外，单独制定商法典，即形式意义的商法，民法典和商法典都是私法基本法典。民商分立论者认为，自中世纪以来，商人成为一个独立的社会阶层，商法也只适用于商事活动的调整，19世纪以后，商法在大多数的大陆法系国家成为独立的法律部门，并且法典化。商法讲究行为的迅捷和效益，与民法稳重保守的特点不同。商法只调整商事活动中形成的法律关系，民法侧重于对一般人身和财产关系进行规范，而且一些商事法则只有专门的商事法院才有能力解释，一般民事法院力不能及。

民商合一，是指只制定民法典，而不再单独制定商法典，有关商事法律关系的法律规范适用民法典的规定。理由是，民法和商法的基本原理是相同的，关于商事活动的特别规范完全可以放到民法典中规定，或者在民法典之外以单行法的方式规定不宜纳入民法典的商法规范。民商合一论者认为，经济法的产生和"民法商法化"的趋势动摇了商法的独立地位。现代社会人人皆商，商人已经不是一个独立阶层。作为商法典立法依据的商主体和商行为，与民事主体和民事行为界限模糊，无法相互区别。在编订体例上，各国商法典的内容也相差较大，商法典总则的统领作用不明显。而且，当前世界各国的立法趋势是民商合一。

不论是民商分立还是民商合一的立法模式，商法都是民法特别法，都不可能脱离民法而存在。民法与商法是密切联系的，两者都调整平等主体的财产关系，两者在基础原理和基本制度方面的规定具有共同性，商法规范是民法规范的特别化规定，民法规范是商法规范的一般化规定。

尽管商法是民法的特别法，商法的特别规定在适用上优先于民法的一般规定，但两者还是有着明显区别的。这种区别表现在多个方面，从不同角度可以得出不同的结论，但最根本的区别在于追求的价值目标不同。商法源于商人习惯法，主要用于商事纠纷的解决，这种适用和纠纷解决都服务于商业活动的营利性，以最经济的成本获取最大化利润是商人的目标，效益也就成为商法的基本的价值目标。而民法的产生源于社会生活调整的需要，民法的公平目标要求民事主体参与法律关系的机会应当均等，在当事人的权利义务关系上应利益均衡，法律责任的承担应公平合理，当其他的价值目标与公平发生冲突时，应坚持公平第一。商法也主张商事活动和纠纷处理应当公平，但当公平与效益发生冲突时，更多情况下商法会坚持效益而在一定程度上牺牲公平。现代各国商法要求商主体在营利之外还应承担一定的社会责任，以限制一味追求赢利所带来的负面影响。

二、商法与经济法的关系

经济法与商法的论争从经济法出现时起就几乎没有中断过。由于经济法本身并没有形成统一的理论体系，或制定出成功的法典，因此，关于商法和经济法关系的论述，分歧颇多。

经济法的概念有广义和狭义之分。广义的经济法概念受到苏联经济法学界观点影响，"是指有关确立国家机关、社会组织和其他经济实体的经济法律地位，以及调整它们在经济管理过程中和经济协调活动中所发生的经济关系的法律规范的统一体（总称）"[①]。狭义的经济法是指，"在调整市场经济条件下，国家及其政府为了修正市场运行的缺陷、实现社会整体效益的可持续发展而履行各种现代经济管理职能时与各种市场主体发生的社会经济关系的法律规范的总称"[②]。狭义的经济法以市场机制作用的矫正为内容，体现了国家权力对经济关系的外部干预。现在多数学者持狭义的经济法概念。

经济法与商法的区别表现在以下几个方面：

第一，法律属性不同。商法调整的是平等商主体内部及其相互之间的财产关系，属于私法的范畴，对行政机关的调整也仅限于少数机关的商事管理行为，以任意性规范为主。经济法调整的是国家干预市场所形成的法律关系，属于公法的范畴，国家始终作为法律关系一方的主体，以强制性规范为主。

第二，基本理念不同。商法的宗旨是确认和保护商主体的合法地位与利益，侧重于保护商主体的平等利益关系，目的在于通过对利益实现和利益冲突加以调整，满足商人的营利性要求。经济法的宗旨则是平衡个体利益与社会利益之间的矛盾，确保多元化经济结构的实现并促成资源的优化配置，侧重于社会整体经济利益维护，目的是运用国家权力维护正常的社会经济秩序，以实现社会公共利益保护的需要。

---

① 潘静成、刘文华：《中国经济法教程》，中国人民大学出版社，1995年，第37页。
② 顾功耘：《经济法教程》，上海人民出版社，2002年，第34页。

　　第三，调整方法不同。商法坚持"意思自治原则"，法律关系的产生、变更和消灭由当事人自主决定。经济法则坚持"国家统治原则"。

　　第四，基本内容不同。商法主要包括商事总则、商主体、商行为、海商法等内容。经济法则主要包括经济法主体、经济职能、价格法、金融法、税收法、反垄断法、反不正当竞争法等内容。

三、商法与行政法的关系

　　行政法是调整行政关系以及在此基础上产生的行政监督关系的法律规范的总称，调整的是具有隶属层次的行政关系。行政法与商法之间也具有密切的关系，商法本身就包含有一定的行政法规范。在商事法律规范的法律责任部分中，还有较多的行政处罚的规定。商事活动中，对第三人、社会公共利益的保护和市场秩序的维护，都离不开行政法作用的发挥。

　　商法和行政法的区别也非常明显，主要表现在以下几个方面：

　　第一，行政法所采用的是行政调节机制，首要保护的是国家利益；商法采用的是对于营利追求的自我调节机制，首要保护的是商主体的合法权益。

　　第二，行政法所调整的行政关系具有隶属性，主体一方或双方是国家行政机关；商法所调整的商事法律关系是平权关系，主体双方是平等商主体。

　　第三，行政法规范大都是强制性规范，其调整方法是强制性的命令与服从；商法规范中任意性规范居多，强调当事人的意思自治。

　　第四，行政机关作为行政关系的一方主体，所授予的权力是职权与职责的结合，必须依法行使，不得任意放弃或转让；商主体的权利行使取决于其意志，可以依法自由处分。

第五节　商法的基本原则

　　商法的基本原则，是集中体现商法的性质和宗旨，高度概括商法精神和反映商法基本理念的根本规则。它是商人从事商事活动的基本行为准则，也是司法机关对商事法律规范解释适用的基本依据。

一、商主体法定原则

　　商主体是市场经济中最基本的活动单位，对商主体的规范直接关系到市场经济的基础是否稳固。现代各国大都对商主体的资格予以严格限制，商主体法定包括商主体类型法定、内容法定和程序法定三个方面：

　　(1) 商主体的类型法定，是指可以从事经营活动的商主体由法律明文规定，未经设定者不享有商主体资格；当事人不能自由创设法定类型之外的商主体类型。商主体类型法定，是市场经济有序运行的基本要求。当事人从事商事活动，须选择符合法定要求的商主体类型，否则其权益不会得到法律的保护。

（2）商主体的内容法定，是指法律对从事经营活动的商主体的组织关系和财产关系等予以明确规定，当事人不得创设非属于法定范围的组织或财产关系。法律对商主体的类型进行设定的同时，对其组织和财产关系也作出了明确的规定，当事人从事商事活动时，选择了一定的商主体形态，相应地就受到该种商主体组织和财产关系的约束。

（3）商主体程序法定，是指商主体的设立、变更、终止必须严格按照法定的程序进行，商主体存续期间必须以法定方式予以公示。商主体程序法定，使商主体的设立等过程受到严格控制，使商主体在符合法律规定条件时才能成立，有效保护了交易第三人的利益和交易秩序的稳定。

商主体的类型法定需要内容法定来充实，商主体的内容法定需要程序法定作保障，商主体的程序法定又以类型的区分为前提。总之，商主体法定的三个方面是相互维系、相互作用的，共同构成了商主体法定的有机整体。

二、效益原则

商法的效益原则主要是通过促进交易的简便、迅捷来实现的。因为只有交易简便，商事交易当事人才能获取尽可能大的利润，并刺激新的交易行为；只有交易迅捷，交易当事人才能通过多次的反复交易实现营利目的。商事法上，为了实现商事交易之简便、迅捷的要求，主要采取了几个措施：

（1）短期消灭时效主义。商法上为促使当事人迅速行使权利，迅捷达成交易，规定了不同于民法时效的短期时效。例如，《中华人民共和国票据法》规定持票人对前手的追索权自被拒绝承兑或拒绝付款之日起 6 个月等。海商法、保险法中也大都规定了短期时效。

（2）交易定型化规则。交易定型化包括交易形态定型化、交易客体定型化和交易方式定型化。交易形态定型化是指预先将交易形态予以定型安排，使任何人无论在任何时候发生交易都可以获得同样的效果，如合同法中货物标定卖价的规定。交易客体定型化又包括交易客体商品化和交易客体证券化。交易客体商品化实现了同质标的物的批量供应，如商标就是用于当事人表彰自己的商品以便于迅速成交；交易客体证券化使无形的权利便于确认和交易，如公司法上关于股票、债券的规定。交易方式定型化，是指在交易中由交易一方当事人事先拟定出一般交易条款，对方只能表示全部同意或不同意的一种交易方式，如保险人对保单的拟定、公用事业单位拟定的一般交易条款。[①] 通过定型化交易，当事人节省了大

---

① 施天涛：《商法学》，法律出版社，2006 年，第 28 页。

量的交易成本，加快了交易速度，提高了交易的效益。

（3）推定条款的大量应用。商法在商事租赁、商事借贷、商事信托等商事行为中设置了大量的推定条款，推定特定情况下商行为的法律效力，从而简化当事人的协议过程，提高商事效率。如《中华人民共和国公司法》第72条规定，股东向股东以外的人转让股票，其他股东自接到书面通知之日起满30日未答复的，视为同意转让。

三、维护交易公平原则

维护交易公平原则是指，当事人应本着公平的观念进行商事交易，正当地行使权利和履行义务。该原则主要包括平等交易、诚实信用以及情事变更等内容。

（1）平等交易原则。平等交易首先意味着当事人的法律地位是平等的，商法调整的是平等主体之间的财产关系，主体地位平等才能公平交易、平等竞争。如果当事人间存在隶属关系或操纵关系等，不可能存在正常的平等交易关系。

（2）诚实信用原则。诚实信用原则要求当事人应信守诺言，保护对方的合理利益；对当事人间的纠纷应以公平的观念予以解决，而不能限于当事人间的不公平或不合理的意思表示；当事人在作出意思表示或履行行为时主观上应善意，增进整体利益。

（3）情事变更原则。情事变更原则是指，商事合同成立后至履行前，出现了不可预料的情事变迁，当事人订立合同时的经济环境出现重大变更，当事人得请求对方就合同内容作适当变更，或由法院裁判变更，使交易结果公平。该原则旨在解决法律关系因情事变迁产生的显失公平，情事变迁须为当事人所不可预料，并且不可归责于双方当事人而发生。

四、保护交易安全原则

商事交易强调简便迅捷，以最小成本获得最大利润，但片面强调简便迅速而无视对安全的保护，商事交易活动将会陷入混乱和无序，交易的简便迅捷也就毫无意义，最终有害于商主体的营利性要求。因此，各国商法均把保护交易安全作为商法的基本原则，并主要采取了以下措施：

（1）强制主义。又称为干涉主义，是指通过公法手段对商事关系予以干涉。近代国家受社会本位思想的影响，对于私法关系，逐渐改变了以往的自由放任主义，而采取积极的干涉主义，从而使作为私法的商法出现公法化趋势。这一趋势表现在商主体、商行为以及商事登记等具体内容中。

（2）公示主义。为保护善意相对人和不特定第三人的利益，商事活动当事人对于涉及利害关系人利益的客观事实，必须进行公示。商事交易当事人在作出交易决定前，需要了解对方的资信、权限、经营范围等基本情况，仅仅依靠自身力量收集相关信息，是不经济的；而且，要求每次交易时都掌握对方的基本信息也是不可能的。因此，商法规定了商主体公示制度。

（3）外观主义。外观主义是指商法仅以当事人的表现行为判断其法律效力。民法中的行为是意思表示的结果，强调内心意思和外在表示的一致性，当行为未能反映其内心意思时，可以采取相应补救措施。商事交易中，如果允许当事人因行为未能反映其真意而否定其效力，不利于交易关系的稳固，无法达到商事交易简便、快捷的营利目的。依据外观主义，当事人的外在行为即使与事实情况不符，也应认可其法律效力，对所形成的法律关系予以保护。外观主义赋予了当事人的行为以较强的公信力，对当事人行为效力的判断只考察其客观表现。

（4）严格责任主义。严格责任主义，是指商法要求交易当事人承担较为严格的法律责任。这里的严格责任，并不是一种归责原则，主要体现为连带责任和无过错责任。商事交易程序较为繁杂，在证券交易中当事人甚至并不明确交易对方，如果仍然坚持民法过错责任原则，则可能影响交易安全和交易秩序的稳定，因此，各国均加重了当事人的法律责任。

第二章 商业登记

商业登记是商主体获得主体资格的必经程序，其实质是国家公权力干预商事活动的行为，是商主体取得其营业资格的前提。学习本章，应了解商业登记的原则、登记程序与种类、商号的选用规则与限制，重点掌握商号登记的法律效力。

第一节 商业登记概述

一、商业登记的概念与特征

（一）商业登记的概念

商业登记，是指商主体或商主体的筹办人，为了设立、变更或终止其主体资格，依照法定的条件和程序向登记机关提出申请，经登记机关审查后核准登记的法律行为。

商业登记包括商主体或其筹办人的申请行为和登记机关的核准登记行为，是商主体取得其营业资格的前提。商业登记并不是对商主体的全部事项都应进行登记，只是对经营中重要的或与经营活动直接相关的事项进行登记。

（二）商业登记的特征

（1）是决定商主体是否具有其资格的行为。我国的商主体，包括商法人、商个人、商合伙，其从事经营活动的主体资格的取得、变更和消灭都须进行登记。非经设立登记，当事人无从事商事活动的权利能力，不得进行经营活动；非经变更登记，不得随意变更登记事项；非经注销登记，其商主体资格也不被认为终止。

（2）是要式法律行为。商业登记当事人必须按照法定程序向登记机关提出，申请登记的内容也必须符合法定的条件和格式，登记行为才能生效。

（3）属于公法行为。对于商业登记的法律性质学术上有争议，有学者认为商法理论所阐述的商业登记是私法行为，有学者认为商业登记制度兼具私法意义上的功能和公法意义上的功能，还有学者认为是公法行为。我们认为，商业登记是作为私法主体的当事人申请行为和国家登记机关登记行为的结合，但该行为实质上是国家公权力干预商事活动的行为，完全有别于商事活动的私法属性，公法色彩浓郁，应属于公法行为。

二、商业登记的历史发展

历史上较为成型的商业登记制度可追溯到中世纪的商人习惯法。根据中世纪商会的习惯法规则，要取得商人资格，必须得到特定行业商会事实上的认可，且必须将商人名称、招牌、商业使用人等事项登记于商会备置的成员名录簿中。现代意义的商业登记制度最早见于 1861 年颁布的《德国商法典》，该法典对商人资格和能力的取得、商业登记机关、商业登记事项、登记程序、登记簿、商业名称等都作了详细规定。1897 年，《德国商法典》经过系统修改，形成了较为系统、合理的商业登记制度，成为各国商业登记立法的典范。

我国的商业登记制度始于清末，但其目的主要在于征税，而不是对商业活动进行规范和管理。国民政府时期制定了类似于德国的商业登记法。中华人民共和国建立后，尤其是改革开放以来，我国加快了商业登记方面的立法工作，目前我国还没有以商业登记命名的形式意义上的商业登记法，实质意义上调整商业登记的法律规范散见于商事法律法规中。

当代各国的商业登记立法体例，可以分为两种情况：一是由商法典规定商业登记制度，如《德国商法典》第一编第二章明确地规定了商业登记簿，《日本商法典》第一编第三章、《韩国商法典》第一编第六章也作了相应规定。二是以商业登记单行法规定商业登记制度，如法国颁布了专门规范商业登记的《商事及公司登记法令》，日本在商法典之外，又制定了专门的《商业登记法》以补充商法典规定的不足。

三、商业登记的原则

综合各国商业登记的立法与实践，主要有以下几种：

（1）自由设立原则。又称放任设立原则，即从事商事活动的当事人可以任意选择其组织形式，政府对其成立的条件和内容也不加任何干涉。这一形式主要存在于欧洲中世纪的商人习惯法时代，反映出早期商事立法对商事活动认识的局限性。商主体自由设立的缺点较为明显，该设立原则现已基本不用。

（2）特许原则。即商主体的设立和存续需要经过国王或议会的特别许可，否则不能直接从事相应经营活动。中世纪后期，商会发展起来，纷纷要求划分其利益范围，封建国家也试图使商会承担一定的政府职能，商会垄断性的要求促使营业特许得以产生。英国东印度公司就是根据英国王室的特许而设立的。可以说，特许成立的公司仍然是国家权力的附庸，无法满足大规模商事活动对主体资格的要求，除某些特殊公司立法上仍采取特许主义设立原则外，现已基本不用。

（3）核准原则。即商主体的设立与存续，除符合法定的条件外，还必须经过行政机关许可，否则不能取得主体资格。核准原则是以国家行政机关替代了国王或议会，而直接干预商主体的设立，克服了自由设立原则的弊端，易于对相应市场直接控制。核准设立原则不利于商主体的普遍性发展，不利于充分利用市场规律形成有效竞争，且容易导致行政机关不正当行使其核准权力。核准原则目前主要适用于银行业、邮政业等涉及国计民生的重要类型商主体的设立。

（4）准则设立原则。即商主体的设立，只需满足法律规定的条件和程序，符合法定条件时即可登记为商主体，不需经过权力机关或行政机关的许可或核准。自1862年英国公司法采用此原则以来，准则设立成为各国纷纷效法的原则。

准则设立原则下，符合法定条件即可申请取得商主体资格，放松了对公司的管制，满足了市场经济发展的要求。但设立的便利不可避免地会带来公司滥设以及公司欺诈等问题，为此，各国商事立法加重了发起人的责任，严格了商主体的成立条件，要求商主体在其设立和存续期间都应对第三人和社会承担责任，这就是严格准则设立原则。该原则避免了准则设立原则过于简单不利于规范管理的缺点，省略了核准原则下的繁琐程序，成为当今各国普遍采用的设立原则。

根据《中华人民共和国公司法》（以下简称《公司法》）第6条规定，设立公司，应当依法向公司登记机关申请设立登记。符合本法规定的设立条件的，由公司登记机关分别登记为有限责任公司或者股份有限公司。法律、行政法规规定设立公司必须报经批准的，应当在公司登记前依法办理批准手续。因此，我国设立普通的有限责任公司和股份有限公司采取的是严格准则原则，对于特殊行业的商主体的设立采取的是核准原则。

四、商业登记的主管机关

各国规定的商业登记主管机关主要有以下几种模式：法院作为主管机关，如德国、韩国；行政机关作为主管机关，如英国、美国、西班牙；由专门的商会作为主管机关，如荷兰。

我国的商业登记主管机关是国家工商行政管理机关，包括国家工商行政管理局和省、自治区、直辖市工商行政管理局以及市、县、区工商行政管理局。国家工商行政管理机关对商业登记分级管理，不同级别的工商行政管理机关独立行使登记管理职权。《中华人民共和国企业法人登记管理条例》第5条规定，经国务院或者国务院授权部门批准的全国性公司、企业集团、经营进出口业务的公司，由国家工商行政管理局核准登记注册。外商投资企业由国家工商行政管理局或者国家工商行政管理局授权的地方工商行政管理局核准登记注册。全国性公司的子（分）公司，经省、自治区、直辖市人民政府或其授权部门批准设立的企业、企业集团、经营进出口业务的公司，由省、自治区、直辖市工商行政管理局核准登记注册。其他企业，由所在市、县（区）工商行政管理局核准登记注册。

第二节　商业登记的程序

一、商业登记的登记范围

　　通常情况下，行为人欲从事商事经营活动，只要符合商业登记的条件，就可以或必须进行商业登记。有的国家或地区对履行商业登记的商主体作了限定，如《德国商法典》第2条规定，自由登记商人有权依关于商人商号登记的规定促成登记，但无此种义务。我国台湾地区2002年修订后的"商业登记法"第4条规定，下列小规模商业，得免依本法申请登记：摊贩、家庭农林渔牧业者、家庭手工业者、符合主管机关所定之其他小规模营业标准者。

　　我国应纳入商业登记范围的商主体有三大类：一是公司制企业法人，包括有限责任公司、国有独资公司、一人有限公司、股份有限公司；二是非公司制企业法人，包括全民所有制企业、集体企业、私营企业、外商投资企业以及其他法人企业；三是非法人的企业或经济组织，如合伙企业、个人独资企业、企业分支机构、农村承包经营户、个体工商户等。

二、商业登记的登记事项

　　根据《中华人民共和国企业法人登记管理条例》（以下简称《企业法人登记管理条例》）、《中华人民共和国公司登记管理条例》（以下简称《公司登记管理条例》）规定，商业登记主要包括以下内容：

　　企业名称。企业名称是商主体从事商行为时使用的名称，是用于区分不同商主体的标志，任何企业都应有名称，名称的选定和使用必须符合法律、行政法规的规定。

　　住所。住所是确定商主体登记管辖机关和诉讼管辖法院的依据，是法律文书的送达地点和无明确约定情况下的合同履行地点。商主体必须有其住所，商主体的住所通常是商主体的主要办事机构所在地。

　　法定代表人。法定代表人是依照法律或章程的规定，代表商主体行使职权的负责人。法定代表人对外可以代表商主体签署合同、起诉、应诉等，不需要商主体再行授权。根据《公司法》规定，公司的法定代表人依照公司章程的规定，由董事长、执行董事或者经理担任。

　　注册资本。注册资本是商主体的投资人在登记机关登记的财产总额。商主体不同，注册资本的要求也不同。个人独资企业、合伙企业不需要最低资本额，设立公司则必须具备法定的最低资本额，设立有限责任公司最低注册资本为3万元，设立股份有限公司最低注册资本为500万元。

　　主体类型。商主体登记时必须明确其法律性质，根据不同的商主体类型申请设立登记，并领取相应营业执照。

经营范围。经营范围反应了商主体的投资方向和经营活动的基本领域，商主体应当在登记的经营范围内从事经营活动。商主体可以变更经营范围，但应办理登记。随着各国对越权原则的放弃，我国也放宽了对企业经营范围的限制。

此外，商业登记还要求记载经营期限、从业人数、分支机构、有限责任公司股东或者股份有限公司发起人的姓名或者名称，以及认缴和实缴的出资额、出资时间、出资方式。

三、商业登记的程序

商业登记的程序，是办理商业登记时，各方当事人应共同遵守的实施步骤。各国对商业登记程序的规定不尽一致，我国商业登记的程序主要包括以下几个阶段。

（一）名称预先核准

设立公司应当申请名称预先核准。设立有限责任公司，应当由全体股东指定的代表或者共同委托的代理人向公司登记机关申请名称预先核准；设立股份有限公司，应当由全体发起人指定的代表或者共同委托的代理人向公司登记机关申请名称预先核准。

（二）申请与受理

申请是由商主体筹办人提出创办商主体的请求，申请人提交的申请文件齐备，登记机关即可受理。设立有限责任公司，应当由全体股东指定的代表或者共同委托的代理人向公司登记机关申请设立登记。设立国有独资公司，应当由国务院或者地方人民政府授权的本级人民政府国有资产监督管理机构作为申请人，申请设立登记。设立股份有限公司，应当由董事会向公司登记机关申请设立登记。以募集方式设立股份有限公司的，应当于创立大会结束后30日内向公司登记机关申请设立登记。

（三）审查

审查是指登记机关在接到设立商主体的申请后，对申请人的申请及相关文件进行审查的活动。目前各国对商业登记的审查主要有三种立法例：第一，形式审查主义。登记机关对申请人所提交的申请及有关文件只审查形式上是否合法，对其记载事项的真实性不负有审查义务。第二，实质审查主义。登记机关不仅要对申请及文件资料的形式进行审查，而且须对其真实性进行审查。第三，折衷审查主义。即登记机关有实质审查的职权，但没有对每一登记事项进行实质审查的义务，已登记事项不能被推定完全真实，事项真伪最终由法院确定。

从我国《公司法》、《公司登记管理条例》的相关规定看，我国现有的商业登记采取形式审查主义。

（四）核准登记

登记机关对登记事项进行审核后，直接决定是否核准登记。对申请人到公司登记机关提出的申请予以受理的，应当当场作出准予登记的决定，发给《企业法人营业执照》或《营业执照》。

（五）公告

公司登记机关应当将公司登记事项记载于公司登记簿上，供社会公众查阅、复制。目前，我国合伙企业和个人独资企业的登记规范中没有关于登记公示的规定，而公司的设立则有明确的公告要求，公告的主管机关为登记机关。

第三节　商业登记的种类

以商业登记对商人资格存续的影响为标准，商业登记分为设立登记、变更登记和注销登记，我国《公司法》、《公司登记管理条例》还规定了分公司登记制度。

一、设立登记

设立登记又称为开业登记，是指商主体的筹办人为设立商主体而向登记机关提出申请，登记机关审查后办理登记的法律行为。

申请设立股份有限公司，应当向公司登记机关提交下列文件：公司法定代表人签署的设立登记申请书；董事会指定代表或者共同委托代理人的证明；公司章程；依法设立的验资机构出具的验资证明；发起人首次出资是非货币财产的，应当在公司设立登记时提交已办理其财产权转移手续的证明文件；发起人的主体资格证明或者自然人身份证明；载明公司董事、监事、经理姓名、住所的文件以及有关委派、选举或者聘用的证明；公司法定代表人任职文件和身份证明；企业名称预先核准通知书；公司住所证明；国家工商行政管理总局规定要求提交的其他文件。

二、变更登记

变更登记是商主体存续过程中因登记事项发生变更而进行的登记。未经变更登记，公司不得擅自改变登记事项。公司变更登记事项涉及公司章程修改的，应当提交由公司法定代表人签署的修改后的公司章程或者公司章程修正案。

公司变更名称的，应当自变更决议或者决定作出之日起 30 日内申请变更登记。公司变更住所的，应当在迁入新住所前申请变更登记，并提交新住所使用证明。公司变更法定代表人的，应当自变更决议或者决定作出之日起 30 日内申请变更登记。公司变更注册资本的，应当提交依法设立的验资机构出具的验资证明。公司变更经营范围的，应当自变更决议或者决定作出之日起 30 日内申请变更登记；变更经营范围涉及法律、行政法规或者国务院决定规定在登记前须经批准的项目的，应当自国家有关部门批准之日起 30 日内申请变更登记。公司变更类型的，应当按照拟变更的公司类型的设立条件，在规定的期限内向公司登记机关申请变更登记，并提交有关文件。公司登记事项变更涉及分公司登记事项变更的，应当自公司变更登记之日起 30 日内申请分公司变更登记。

公司章程修改未涉及登记事项的，公司应当将修改后的公司章程或者公司章程修正案送原公司登记机关备案。公司董事、监事、经理发生变动的，应当向原公司登记机关备案。

变更登记事项涉及营业执照载明事项的，公司登记机关应当换发营业执照。

三、注销登记

注销登记是商主体终止营业时为消灭其主体资格进行的登记。有下列情形之一的，公司清算组应当自公司清算结束之日起 30 日内向原公司登记机关申请注销登记：公司被依法宣告破产；公司章程规定的营业期限届满或者公司章程规定的其他解散事由出现，但公司通过修改公司章程而存续的除外；股东会、股东大会决议解散或者一人有限责任公司的股东、外商投资的公司董事会决议解散；依法被吊销营业执照、责令关闭或者被撤销；人民法院依法予以解散；法律、行政法规规定的其他解散情形。

登记机关对商主体注销登记的申请应进行审查，符合条件的予以注销登记，撤销其注册号，收缴营业执照的正、副本和公章，通知开户银行。经公司登记机关注销登记，公司终止。

四、分公司登记

分公司登记是指具备法人资格的商主体就其在住所外成立分公司进行的登记。

公司设立分公司的，应当自决定作出之日起 30 日内向分公司所在地的公司登记机关申请登记；法律、行政法规或者国务院决定规定必须报经有关部门批准的，应当自批准之日起 30 日内向公司登记机关申请登记。分公司的公司登记机关准予登记的，发给营业执照。公司应当自分公司登记之日起 30 日内，持分公司的营业执照到公司登记机关办理备案。

分公司出现记载事项变更或注销分公司时，应进行相应的变更登记或注销登记。分公司注销登记时，其经营中产生的全部责任，由设立该分支机构的总公司承担。

第四节　商业登记的效力

一、商业登记的意义

商业登记作为国家对商主体监督管理的必要手段，可以赋予商主体以合法资格，保障交易当事人的合法权益，维护正常的社会经济秩序。商业登记的意义具体表现在以下几个方面。

（一）商主体取得从事经营活动的资格

商主体从事经营活动，必须在符合法定条件后经申请取得其资格，经过商业登记，商主体的名称、住所、注册资本、法定代表人、企业类型、经营范围等基本信息得到核准确认后，取得合法的商主体资格，以商主体的名义享有权利和履行义务，实现对其财产的支配权。

（二）保护交易当事人的利益

商主体和第三人的合法权益都可以通过商业登记得以保护。商业登记确认了商主体的从业资格，商主体可以在登记范围内行使权利，从事正常的生产经营活动，排除外来的妨害和干涉，维护其合法权益。可以说，商业登记是商主体正常从事经营活动的必要手段。同时，商业登记使社会公众了解到商主体的基本信息，第三人可较为准确地评价商主体的规模、资信及履约能力等，以便进一步作出决定。

（三）国家对商主体进行行政管理

各级工商行政管理机关充分掌握了已登记商主体的信息资料，了解商主体和相关行业的实时状态，便于进行相应的数据统计，有效地对不同商主体进行必要的监督管理。

二、商业登记的效力

商业登记的效力，是指商业登记事项经过登记后所产生的法律约束力。商业登记的效力主要是指商业登记对商主体的效力和对第三人的效力。

（一）对商主体的效力

各国关于商主体与商业登记关系的立法，大致有以下几种情形：第一，商业登记不是商主体资格取得的必要条件，当事人未经商业登记而从事经营活动的，仍可享有商主体权利并承担其义务，商业登记仅具有商号等的保护作用。第二，商业登记是部分商主体成立的必要条件，未经登记，商法人实施的经营行为不能视为商行为；未经登记，非法人商主体从事经营活动的，不影响其商事义务的履行。商业登记对非法人商主体仅具有宣告性。第三，商事登记是商主体成立的必要条件，未经登记当事人实施的商行为是无效行为，不享有商主体的权利或承担其义务。

经登记管理机关审核，符合申请条件的即可登记为相应的商主体，取得其营业执照，获得从事商事经营活动的资格。因此，商业登记具有授予登记申请人商主体资格的效力。商事登记是我国法人或非法人商主体成立的必要条件，对无照经营者可予以行政处罚。

（二）对第三人的效力

商业登记对第三人的法律效力可以从以下几个方面理解：

（1）应登记事项在得到正确登记后，该事项对第三人生效，可以对抗恶意第三人，也可以对抗善意第三人。例如，公司将原聘任经理解聘，在变更登记前，该经理以公司名义与第三人发生交易，第三人对解聘事实善意不知情时，公司即不能主张经理的行为为无权代理而对抗第三人，而如果已做变更登记，则产生对抗效力。

（2）应登记事项不真实时，原则上对第三人生效。当事人因故意或过失而为错误登记的，仍应以登记事项为准，不得以该事项不真实对抗善意第三人。第三人可以根据已登记事项与商主体进行交易，除非第三人知道登记错误。此时，要求第三人必须是善意的，不能是登记事项的直接参与人，并且是基于对登记事项的信赖而作出了交易判断。

（3）应登记事项未登记或已登记但尚未公告，原则上对第三人不生效。应登记事项未登记或已登记但尚未公告时，第三人无从通过查阅登记簿或经由公告得知商主体的基本信息，此时，该应登记事项的任何参与人都不能援用该事项对抗第三人。如果第三人已经了解应登记而未登记的商主体的情况，并与之发生交易的，则不受该规定保护。

第五节 商 号

一、商号的概念与特征

商号，又称为商业名称，是商主体在从事商行为时使用的用以表明自己营业的名称。商号具有以下特征：

（1）商号是商主体使用的名称。为保持营业的统一性和继续性，商主体使用其商号标示一个特定的营业组织。商法人、商合伙和商自然人都可以使用商号表彰其营业活动，商号也是企业设立的条件之一。

（2）商号为营业上使用的名称。商主体只有在营业过程中使用其商号才有意义，如果非法人商主体不是以商主体身份行为，可以使用其姓名，而商法人正是为从事经营活动而成立的，必然需要确定的名称表彰权利享有和义务承担者。商主体出借商号，或明知他人使用其商号而不加以制止或提出异议的，商主体应承担连带法律责任，其原因也在于在营业中使用了商号，对方当事人即认为是该商主体实施的行为，该商号所代表的商主体应承担相应法律责任。

（3）商号是商主体表彰其营业的名称。商主体是一个由多种因素构成的有机整体，在对外关系中，必须表彰自己以区别于他人，这就是商号的作用。在商主体已经建立起较好的商誉时更是这样，通过商号长期一致的使用，可以增强社会公众的识别力。

二、商号的选用与限制

（一）商号选用的一般原则

在商号选用与商主体的关系上，立法上主要存在着真实主义原则和自由主义原则。

真实主义原则要求商主体所选定的商号与其营业内容相一致，禁止商号与营业内容毫无关系或引起他人误解，如《德国商法典》第18条规定，商号必须适合于标志商人，并且便于识别。事项容易使人对业务情况产生误解，而此种业务情况对所称的交易范围又十分重要的，此种事项不得加于商号之上。在登记法院进行的程序中，容易引起误解只有在其明显可见时，才予以考虑。

自由主义原则下，商主体的商号由当事人自由选定，商号与其营业是否有关法律不加以限制。但是，自由主义只是没有要求所选定商号与营业内容有密切关系，并不排除在商号选定过程中的法律限制，如《美国标准公司法》规定，公司名称必须包括"有限公司"、"依法成立"、"公司"或者"有限"的字样，或者"有限公司"、"依法成立"、"公司"或者"有限"等缩写字，或者其他语言中有类似含义的文字或者缩写。

我国对商号制度奉行何种原则有较大争议。从《企业名称登记管理规定》的内容来看，应属于商号真实主义原则。

除上述商号选用原则外，有学者还坚持商号稳定原则、商号区别性原则和商号同一性原则。当商主体的商号包括其投资人的姓名，而投资人退出该商主体时，为不损害与此相连的良好声誉，原则上应保持商号稳定。商号区别性原则要求新商号应与同一地区已登记商号明确地区别。商号同一性原则要求一个商主体只能使用一个商号。

（二）商号的选定

不同商主体商号的选定方法有所不同。商个人可以使用其姓名作为商号，表象上商主体与投资人之间关系更为密切；商个人也可以另外选取一个名称登记为商号。早期的商事活动即是以商个人姓名为其商号。商合伙只能另外选取一个名称作为商号，以代表投资人组成的合伙组织。

根据我国《企业名称登记管理规定》的要求，商主体的商号选定应遵从以下规则。

1. 商号的构成

商号应当由以下部分组成：地名、字号、行业或者经营特点、组织形式。

（1）地名。商号应当冠以企业所在地省（包括自治区、直辖市）或者市（包括州）或者县（包括市辖区）行政区划名称。全国性公司、国务院或其授权的机关批准的大型进出口企业、国务院或其授权的机关批准的大型企业集团和国家工商行政管理局规定的其他企业，可以申请在企业名称中使用"中国"、"中华"或者冠以"国际"字词。上述企业，以及历史悠久、字号驰名的企业和外商投资企业，经国家工商行政管理局核准，其企业名称可以不冠以企业所在地行政区划名称。

（2）字号。字号可以由当事人在不违反法律强制性规定的情况下自由选取，是商号中可以自由创设的一部分，是商号的核心部分。企业可以使用地名作为字号，但不得使用县级以上行政区划名称作为字号。

（3）行业或经营特点。企业应根据其经营的业务和行业分类标准，在其商号中标明所属行业和经营特点。

（4）组织形式。不同商主体的设立条件不同，当事人选择商主体时必须满足法定条件，在商号登记时自然应明确所选取的商主体类型。如采取有限责任公司形式的，应在商号中标明"有限责任公司"字样；采取股份有限公司形式的，应在商号中标明"股份有限公司"字样。

2. 商号选用的相关要求

（1）语言文字要求。商主体商号应当使用汉字，民族自治地方的企业名称可以同时使用本民族自治地方通用的民族文字。企业使用外文名称的，其外文名称应当与中文名称相一致，并报登记主管机关登记注册。

（2）分支机构登记要求。商主体设立分支机构，在商号中使用"总"字的，必须下设3个以上分支机构；不能独立承担民事责任的分支机构，其商号应当冠以其所从属商主体的名称，缀以"分公司"、"分厂"、"分店"等字词，并标明该分支机构的行业和所在地行政区划名称或者地名。

（三）商号选用的限制与禁止性规定

（1）商主体应选用与其性质相符的商号。如有限责任公司必须在公司名称中标明"有限责任公司"或者"有限公司"字样，公司须标明公司的种类。

（2）不得使用相同或相似的商号。在同一个登记管理机关辖区内，不得使用

与已登记商号相同或相似的商号，以避免发生混淆。此外，申请登记注册的商号
与下列情况的商号相同或者近似的，登记主管机关不予核准：企业被撤销未满 3
年的；企业营业执照被吊销未满 3 年的；企业因撤销或吊销执照以外的原因办理
注销登记未满 1 年的。

（3）商号中禁止使用特定的内容或文字。商号中不得含有下列内容和文字：
有损于国家、社会公共利益的；可能对公众造成欺骗或者误解的；外国国家（地
区）名称、国际组织名称；政党名称、党政军机关名称、群众组织名称、社会团
体名称及部队番号；汉语拼音字母（外文名称中使用的除外）、数字；其他法律、
行政法规规定禁止的。

三、商号登记

（一）商号登记的概念和种类

在商主体申请设立时，商号由登记主管机关核定，商号经核准登记注册后方
可使用，在规定的范围内享有专有权。商号登记制度旨在防止他人滥用，保护其
合法权益，商号登记也是商号权取得的必要程序。

商号登记是商主体将其选定的商号依照法定程序，在登记机关办理注册登
记，以取得其专用权的行为。商号申请登记时，符合法律规定的，由登记主管机
关依法核准登记；不符合法律规定的，由商号登记主管机关予以驳回。

商号登记包括以下几种类型：

（1）商号创设登记。商主体设立登记时，须同时对商号进行登记，即为商号
创设登记。商号创设登记后，即可用以表彰特定商主体的营业活动。

（2）商号变更登记。商号登记注册后，如进行变更，应履行变更登记手续。
企业名称经核准登记注册后，无特殊原因在 1 年内不得申请变更。

（3）商号转让登记。商号可以随商主体或其一部分一并转让。商号只能转让
给一个商主体。商号的转让方与受让方应当签订书面合同或者协议，报原登记主
管机关核准，转让后，转让方不得继续使用已转让的商号。

（4）商号废止登记。商主体终止营业时，注销所登记的商号，即为商号废止
登记。

（5）商号撤销登记。当出现法定事由时，主管机关依法撤销商主体的营业资
格，此时商号被一并撤销，即为商号撤销登记。

（二）商号登记的纠纷处理

两个以上商主体向同一登记主管机关申请相同的符合规定的商号时，登记主
管机关依照申请在先原则核定。属于同一天申请的，应当由申请人协商解决；协
商不成的，由登记主管机关作出裁决。

两个以上商主体向不同登记主管机关申请相同的商号的，登记主管机关依照受理在先原则核定。属于同一天受理的，应当由申请人协商解决；协商不成的，由各登记主管机关报共同的上级登记主管机关作出裁决。

两个以上的商主体因已登记注册的商号相同或者近似而发生争议时，登记主管机关依照注册在先原则处理。

（三）商号登记的效力

（1）排他效力。商号一经登记，该商主体即取得专用权，排斥他人在一定地区内使用相同或相似的商号。排他效力要求被排除使用的商号应与已登记商号相同或相似，即在商号结构、文字、含义或读音上相同或相似，并且是在同一行业中使用。

（2）救济效力。商号登记后产生专有权，擅自使用他人已经登记注册的商号或者有其他侵犯他人商号权行为的，被侵权人可以向侵权人所在地登记主管机关要求处理。登记主管机关有权责令侵权人停止侵权行为，赔偿被侵权人因该侵权行为所遭受的损失，没收非法所得并处罚款。对侵犯他人商号权的，被侵权人也可以直接向人民法院起诉。

四、商号权的法律保护

（一）商号权

商号权是指商号经登记后，商主体取得对商号的专有权和使用权，包括商号所有人不允许他人妨碍其使用商号的使用权和禁止他人使用同一或类似商号的权利。

商号权的取得在各国的规定有所不同。我国法律规定，商号权以商事登记为取得要件，非经登记不能以商主体的名义从事经营活动。

关于商号权的性质，理论上有较大争议。我们认为，商号权具有财产权属性，可以转让和继承；同时，商号权又具有一定的人身权属性，商号权与所依附的商主体密切相连，不能单独存在。因此，商号权兼具人身权与财产权双重属性。

商号权具有以下特征：

（1）地域性。根据我国法律规定，商主体只能有一个商号，并且只能在其所登记的区域内享有专有使用权。因此，商号权受保护范围的大小取决于其注册登记的登记管理机关的管辖区域，由国家工商行政管理局登记的全国性公司，其商号在全国范围内受到保护，其他商主体的商号只能在所登记的局部地区受到保护。

（2）公开性。商号登记是取得商号权的必经程序，社会公众可以向登记管理机关申请查询登记事项，体现了商号权的公开性。同时，商号登记公开也是保护第三人利益的需要。商号的创设、变更、废止、转让等都应进行登记，以及时地公示商号权。

（3）可让与性。商号具有财产权属性，可以继承或转让。各国对转让的具体方式有较大分歧，有的规定商号只能随同商主体或其部分转让，有的规定商号可以不随同营业而单独转让。

（4）长期性。与知识产权的时间限制性不同，商号权在各国几乎没有限制，商主体可以对其商号保持长期的专有使用权。在商主体终止营业，且未转让其商号的情况下，商号权才消失。当然，经过法定期间后，可由他人申请该商号的专有使用权。

（二）侵害商号权的法律救济

商号权受到侵害时，首先是商号权人可自行进行救济，商号被他人擅自使用或者以其他形式受到侵害，商号权人可以请求停止侵害并赔偿损失；其次，商号权的受侵害人可以要求登记管理机关进行公力救济。当事人使用了不符合法律法规规定的商号时，登记管理机关应予以纠正，对于无照经营、擅自改变商号、擅自转让或出租商号、使用保留期内的商号从事生产经营活动的，应及时作出处理。这既是对商号权行使的限制，也是对商号权的保护，维持第三人对商号登记的信赖利益，才能保障商号权人积累起良好的声誉。

第二编　商主体的设立与治理

第三章　商主体概述

商主体是商事活动的参加者，作为一种特殊的民事主体，商主体的本质属性在于其对利益的追求。现实生活中，商主体种类繁多，作用各异。本章涉及商主体的基本共性问题，介绍了商主体的含义、特征，商法人、商中间人和商辅助人三类商主体。学习本章，应重点掌握商主体的特征以及不同商主体间的差别。

第一节　商主体的概念和特征

由于商法典或者其他形式意义上的商法的缺失，我国对商主体尚没有一个统一的法律规定，而是散见在各商事法律之中。与其他法律关系的主体一样，商主体无论对立法、司法，还是对法学研究方面，都有着十分重要的意义。首先，在市场经济条件下，经商者资格的确立，是建立社会经济秩序的重要条件。商主体是国家参与经济生活的中介，国家对经济生活的管理、调控，基本是通过对商主体调整实现的。其次，不同社会主体，如国家机关、事业单位、企业组织等，在社会中扮演的角色是不同的，国家应分别情况予以引导和规制。商主体的确立，是落实政企分开、实现国家有效管理社会的基本前提。如果商主体资格不明确，其权利义务模糊，真正意义上的市场经济秩序就无法建立起来。

一、商主体的概念

法律上的主体概念，包括自然人，也包括具备一定条件的组织体。不同部门法对主体的界定不尽相同，如民事主体是指享有民事权利和承担民事义务的自然人、法人或其他组织，刑事主体则包括因犯罪应负刑事责任的自然人和单位。我国尚未制定商事基本法，没有法律规定的商主体概念。学者则从不同的角度对商主体进行了概括，理解上存在较大的差异。有代表性的观点包括：

（1）法定主体说，认为商主体是由商法确定的依据法定程序登记注册的营业主体。有学者认为，商主体以持续性地从事某种商事经营行为为基本条件，凡是以特定的商事经营行为为基本条件，凡是以特定的商行为作为其经营性营业的个人或组织，都可以经过法定程序注册为商事主体。

（2）商行为主体说，认为商主体是指依据商法的规定，参加商事活动，享有权利和承担义务的人，即商法上的权利义务的归属者。还有学者认为，商主体是法律为了对从事营利性活动加以资格限制而在民事能力的基础上由商法赋予的商事能力或资格，能够以自己的名义从事营业性商行为，独立享有商法上权利并承担商法上义务的组织或个人。

（3）商事法律关系主体说，是从主观主义角度来分析商人的本质特征。"商主体又称商事法律关系的主体，是指依照法律规定参与商事法律关系，能够以自己的名义从事商行为，享受权利和承担义务的人，包括个人和组织。"① 也有学者认为商主体是经济人在法学上的具体表现，也就是指具有商事权利能力，依法独立享有商事权利和承担商事义务的个人或者组织。

本书采第三种观点，认为商主体是指依法律规定参与商事法律关系，以自己的名义从事营业活动并能够独立享有民事权利和承担民事义务的个人或组织。

二、商主体与相关概念的区分

（一）商主体与商人

中世纪以前的商主体，一般称为商人，是一个具有特殊社会地位的阶层。这一时期的商人是一个由自然人所派生的法律人格，在表现形式、权利属性等方面含有许多自然人的特征。他们的商人资格由国王、封建主或行会组织特许获得，享有比较广泛的商事特权，对国家或封建主负有特定义务，即负有向国家缴纳繁重赋税、捐税的义务。

在《德国商法典》、《法国商法典》中，仍只有商人的概念而没有商主体概念。《德国商法典》第1条规定，"本法典所称的商人是指经营营业的人"；《法国民法典》第1条规定，"以实施商事行为作为其经常职业的人就是商人"；《日本商法典》第4条规定，"本法所谓商人是指用自己的名义，以从事商行为为职业的人"。

可以看出，国外传统意义上的商人与我国商法学中商主体的内涵并不相同。首先，考虑到德、法颁布商法典的时代背景，商人的主要形态是自然人，法人的概念还不是很盛行。而我国商主体最主要的是企业。其次，传统意义上对商人的理解强调商人的营利性质，以从事营利活动为其必要的条件；我国商法学中的商主体强调对商事关系的参与，并不仅限于营利性的组织或个人。从广义上讲，商

---

① 范健：《商法》（第二版），高等教育出版社，2002年，第29页。

主体还包括广大的生产者和消费者。

(二) 商主体与企业

企业并不是一个严格意义上的法律概念。一般认为,企业是"从事生产、运输、贸易等经济活动的部门,如工厂、矿山、铁路、公司等"①。对企业内涵的理解应注意两点:其一,企业是从事经营活动的组织,但不是必须具有营利性。企业是否以营利为目的并不取决于行为人是否从事营利性的行为,而是取决于其对利润的分配方式。公益组织也可从事谋取利润的经营活动,或者委托其他专门机构为其投资谋利,但并不因此而改变其公益性质。其二,不是所有的企业都必须具备法人资格,如个人独资企业、合伙企业都是典型的企业,但均不是法人。

在现代市场经济下,商主体发生了根本性的变革,其结构从以传统的自然人商人为核心的商主体结构过渡并演化为以现代企业商人为核心的商主体结构。现代社会经济活动的主要商事主体已不再是传统观念上的商人,而是具有一定经济规模和组织形式的企业;企业是商法中的主体和商法调整的对象,处于商法的核心地位。由于企业营业规模的不断扩大,企业本身特别如公司企业,从企业主这一自然人人格中独立出来,成为享有独立人格的商主体,成为市场经济中最为重要、最有影响的商主体。

商主体和企业之间存在如下区别:其一,商主体包括企业和个人,而企业不包含作为自然人的个人;其二,公益企业不属于商主体。公益企业不以营利为目的,即使依法从事一定的经营活动,所得利润也不得用于非公益目的。

(三) 商主体与民事主体

民事主体,又称民事法律关系主体,是指参加民事法律关系,享有民事权利和承担民事义务的人。② 近现代各国民法典规定的民事主体多有两种,即自然人和法人。根据《中华人民共和国民法通则》(以下简称《民法通则》)和《中华人民共和国合同法》(以下简称《合同法》)的规定,我国的民事主体有自然人、法人和其他组织。在有些情况下,国家也参与民事关系成为民事主体。

商主体不完全等同于民事主体,它是民事主体的一种特殊形式。表现在:

(1) 市场准入方面的要求不同。商主体进入市场从事交易活动是为了实现资本增值,并且,商主体一般都是经济实力雄厚的企业,对整个特定的市场甚至社会都可能产生很大的影响。因此,法律会对商主体的市场准入加以必要的限制,以维护市场秩序。针对商主体的不同形式,法律设定了不同的准入条件。而一般民事主体进入市场进行交易的目的主要是为了满足生活的需要,法律便对此不加以准入限制。

---

① 《现代汉语词典》,商务印书馆,2007年,第1074页。
② 魏振瀛:《民法》(第三版),高等教育出版社,2007年,第34页。

（2）意思自治的程度不同。作为私法上的主体，商主体的意思自治在受到尊重和保护的同时，为维护社会经济秩序，要受到很多强制性规范的限制。而法律对民事主体的意思自治则给予最大可能的保护，民事主体尽可以自由地从事法律不予禁止的事项。

（3）法律适用的选择不同。对于商主体，基于其营利性的特点，当事人如无约定，一般推定其行为为有偿行为；而对于一般的民事主体，当事人如无明确约定，其相互之间所进行的活动一般则推定为无偿行为。

（4）权利能力和行为能力的关系不同。商主体是一种法律拟制的主体，其权利能力和行为能力总是同时产生的；而民事主体的权利能力是其必备要件，但行为能力则非必备要件，即民事主体的权利能力可以独立存在，权利能力与行为能力不同时具备时，并不影响其作为民事主体的资格。此外，各国法律奉行政府部门不得成为商主体、不得直接经商办企业的原则。作为财产所有者，政府各部门可以成为民事主体，但不得成为商主体从事商事经营活动。

我国是一个在立法上采取事实上的民商合一的国家，在有关商主体和民事主体的划分上，法律上未作具体规定。具体表现在：其一，《民法通则》关于自然人、合伙和法人等制度与商法上的商个人、商合伙、商法人只是体现了一般法与特别法的关系，而在本质上没有区别。其二，商主体和民事主体事实上具有相通性。民事主体在商事领域从事营利性活动即为商主体，而商主体退出商事领域则又以民事主体的身份出现。其三，就同一个主体而言，其民事活动和商事活动的界限是不清晰的，这导致了商主体资格的泛化，又给交易安全带来了隐患，这是今后我国商主体立法上必须要解决的问题。

三、商主体的基本特征

商主体除具备民法中有关民事主体的基本特征外，还具有一些独特的法律特征，主要表现在以下几方面。

（一）商主体必须具备商事能力

商事能力是指商主体在商法上的商事权利能力与商事行为能力的统称，有两层含义：一是指商主体必须能够参加商事活动，二是指商主体有特定的经营范围。也就是说，商主体是市场交易中的独立参与者，是具体商事关系中权利的享有者和义务的承担者，是具有民事权利能力和民事行为能力的市场主体，能独立承担民事责任。

商事能力是一种特殊的民事能力，其特殊性表现在具备民事能力并不意味着必然具备商事能力，商事能力的获得以法律授权为前提，能力的范围是有限的，即须在国家准许的经营范围内从事经营活动；并且，从事经营活动的起止时间也以法律授权的时间为限。

（二）商主体所从事的必须是商行为

商主体是营业性交易的主体，商主体的营利性特征使其与一般的民事主体、党政机关、司法机关、军队和其他非营利性社团严格区分开来。商主体资格的取得来源于商业登记制度。按照我国现行的工商登记法规，任何个人或社团组织凡从事营利性营业行为，成为企业法人、合伙企业、个人独资企业者，都必须履行登记手续，领取营业执照；未履行登记手续的组织和个人不得从事营利性营业活动。

（三）商主体须持续地从事营利性行为

从事商行为的持续性表现在：商主体应选择特定的目的事业作为固定的经营事项或主营业事项；商主体所选择的特定主营业事项及经营活动应在一定期限内具有持续状态，其经营应具有相对稳定性。经营活动是商主体生命延续的源泉，商主体必须以实施商行为为经常的职业。商行为状态的持续性是确保商主体能够被人识别、建立稳定的商事关系的重要条件。偶然从事某项营利活动的个人或组织，通常不属于商主体。

（四）商主体资格具有法定性

商主体法定，首先意味着法律规定应予登记注册的商主体，须经登记注册方可取得商主体资格，如合伙企业、公司企业等。法律对商主体的类型、性质、责任形式以及资格取得的条件、程序、方式都作出了具体规定，此类商主体须依据商事登记取得主体资格。其次，民事主体特别是自然人从事营业活动，但不属于商法上确定的商事主体类型时，可根据其营业行为适用商法的有关规定，如自然人从事证券买卖，从事无须登记的商品买卖或商品性服务等活动，应视为适用商法的商事主体。

四、商主体的分类

商主体的种类不仅在不同国家有不同的表现形态，在同一国家的不同历史时期也有着明显的差异。在当代，不同的商事理论与商事立法例，依据不同的标准、从不同的角度对商主体进行归类，致使商主体呈现出多种表现形式。

（一）商法人、商个人、商合伙

这是按组织机构特征和人格属性为标准进行的分类。

在大陆法系各国民商法实践中，商法人又称为"营利性法人"，在我国法律中则称之为"企业法人"，是指依照法定构成要件和程序设立的，基于营利目的，具有特定的商事能力和资格，依法独立享有权利和承担义务的组织。

商个人又称"商自然人"、"个体商人"，是指按照法定程序取得特定商事能力，独立从事营业性商行为，并享有商法上权利和承担商法上义务的个人或自然人。

商合伙是指为实现共同营利之目的，由两个或两个以上的合伙人按照合伙协议的规定共同出资、共同经营、共享收益、共担风险，合伙人对合伙经营所产生的债务承担无限连带责任的商事组织。

（二）基础商主体、直接商主体、间接商主体、服务商主体、风险商主体

这是按照商主体在商事活动中的地位和作用进行的分类。

基础商主体，是指生产商品、提供劳务和服务的组织，也就是独立经营、自负盈亏，以营利为主要目的，从事商事经济活动的经济实体组织。基础商主体的主要活动并不是从事商事交易活动，但是基础商主体却是商事交易活动的源头，它不断向社会提供商事交换的商品、劳务和服务，从而使商事交易活动得以发生和继续。

直接商主体，在英美法系国家也称为买卖商、第一商主体。它沟通生产和消费，专门从事商品买卖活动，是商活动的主要承担者，具有典型的商主体特征。直接商主体决定着商事活动的规模和发展方向，也影响其他商主体的规模和发展。

间接商主体，在英美法系国家也称为第二商主体。间接商主体不直接参与商事交换，在商事买卖活动中，间接地沟通生产和消费，如行纪人。间接商主体的产生是商活动发展的客观要求，也是直接商主体走向成熟的具体反映。

服务商主体，在英美法系国家也称为第三商主体，是指通过承担各种服务性业务，实现商品由生产者向消费者转移的各类经济实体，如安装公司、信托公司、银行等。服务商主体为商事活动的开展提供便利。

风险商主体，在英美法系国家也称为第四商主体，是为商主体提供保险的经济实体，如保险公司。风险商主体为直接商主体承担意外损失，风险商主体对推动商实践活动具有不可低估的作用。

（三）法定商人、注册商人、任意商人

这是按照商主体资格的取得是否要求注册进行的分类。

法定商人，是以法律规定的特定商行为为营业内容，并经特殊程序而设立的商主体（特许设立）。依据我国的现行法律规定，设立此类商主体须在工商登记程序之前，首先履行行政审批手续，如商业银行、保险公司等。

注册商人，是指不以法律规定的绝对商行为为营业内容，而经一般商业登记程序设立，并以核准的营业范围为其商行为内容的商主体（准则设立）。按照大陆法系商法理论，注册商人经登记核准的营业内容，并非必然属于商行为（非绝对商行为）的范畴，但由于此类主体是以营利性营业方式从事经营活动，并且选

定了商业登记程序作为主体认定的前提，故法律上均推定其为商主体。

　　任意商人，是指不以绝对商行为和营业商行为为其行为内容，并且依法不需要进行商业登记而存在的商主体，是某些大陆法系国家特有的概念。任意商人的主要特征在于：任意商人所从事的活动并不属于各国商法认定的当然商行为的范畴，而是多属于辅助性商行为；任意商人所从事的此种活动就其性质来说，并不必然具有营利性，不具有明确稳定的营业内容，其活动往往变动性较大。

（四）商人本人和商业辅助人

　　这是以商主体在营业活动中的具体功能为标准进行的分类。

　　商人本人是以自己的名义从事营业活动，且对商事活动的后果承担法律责任的商主体。

　　商业辅助人，又叫商业使用人，是基于委任合同或雇佣合同关系，以商人本人的名义辅助商人本人进行营业的人，主要包括经理人、代办人等。

（五）企业商主体与非企业商主体

　　这是按照商主体登记形式的不同进行的分类。

　　企业商主体是以企业形式登记，取得企业营业执照的商主体，如合伙企业、公司企业、全民所有制企业、中外合资经营企业等；

　　非企业商主体即不进行营业登记，或须经营业登记但不登记为企业的商主体，如《民法通则》第26条规定的农村承包经营户、个体工商户等。

　　此外，按照商主体的职业特征和经营事项，可将商主体划分为制造商、加工承揽商、销售商、供应商、租赁商、运输仓储商、餐饮服务商、金融证券商、保险商、代理商、行纪商、居间商、信托商等。

第二节　商　法　人

一、商法人的概念及特征

　　商法人是指依照法定条件及程序设立的，以营利为目的，具有法人资格的商事组织。商法人具有以下基本特征：

　　其一，商法人是依法定条件和程序设立的商事组织。作为商事组织，商法人应具备法律规定的条件，如一定的出资人、独立的财产与资本条件、统一的组织机构和意思机关、合法的独立商号、固定的经营场所以及其他经营条件等。此外，商法人还须依法进行注册登记，取得法人资格之后，方可以法人名义从事经营。

　　其二，商法人是具有独立人格的商事组织。商法人的独立人格是指商法人依法成立之后，有自己的独立财产，能够以自己的名义从事商事活动，独立享受权利和以其全部财产对外承担法律责任。这种独立人格具体表现为商法人与其他商主体的独立、商法人与其出资人的独立、商法人与其内部成员的独立。

其三，商法人是以营利为目的的商事组织。商法人的营利属性使其与以公益为目的公益法人以及因行使职权需要而以法人身份从事民事活动的机关法人相区别。

二、商法人的种类

商法人是从事现代商事活动中最基本和最重要的商主体类型。各国民商法中，商法人的法律形态主要是公司，包括有限责任公司、无限公司、两合公司、股份有限公司及股份两合公司。本书对商法人的介绍，即以公司为主。

按照资本来源的国籍不同，商法人可以分为内资商法人与外资商法人。内资商法人是指资本来自于本国商人出资的企业法人，如国有商法人、集体商法人、全部资本由国内自然人出资构成的商法人等均为内资商法人。外资商法人是指全部或部分资本来自于境外的企业法人。

按照商法人的国籍的不同，商法人可以划分为本国商法人和外国商法人。本国商法人是依照本国商事法的规定设立并在本国登记注册的企业法人，如依照我国《公司法》、企业法和其他特别商事法登记设立的企业法人，即为本国商法人。外国商法人是指依照外国商事法设立并在外国登记注册的企业法人。外国商法人一般只能在内国设立分支机构，其商事责任应由设立分支机构的外国商人承担。

在我国，严格意义上的商法人制度，是随着现代企业制度建立即公司制度的建立出现的。根据商法人出资和资本构成来源的所有制，我国商法人可以分为国有商法人、集体商法人、私营商法人、合营或合资等混合所有制商法人、外商投资商法人等。具体内容将在本书第五章至第七章中作详细介绍。

第三节　商中间人

一、商中间人的概念及其法律特征

商中间人，是指为从事直接商行为的商主体服务，通过间接商行为或中间商行为代理促成商行为成立、变更或终止的个人或组织。商中间人从事的虽然也是经营性行为，但其与直接从事生产和销售的商主体在经营方式及政府对其管理方式等方面有很大差异。与直接商主体比较，商中间人有以下特点：

（1）业务性质的服务性。商中间人所从事的工作具有明显的为他人服务的性质，如房地产中介服务公司的业务，商中间人以提供这种服务性业务为其职业。

（2）行为的中间性。商中间人在商事交易过程中，其角色是或受人之托促成某项交易，或向委托人提供特定服务，或应委托人要求从事某种行为，并把行为结果转交给委托人。

二、商中间人的类型

按照其是否以中间业务为其主业，可将商中间人划分为专营商中间人和兼营商中间人。专营中间人以中间业务为其主要营业事项；兼营中间人则除从事中间业务外，还兼营其他业务。按照主体的法律属性，商中间人可以划分为自然人型商中间人、合伙型商中间人、法人型商中间人。根据商事关系和权利义务的不同，商中间人可以划分为行纪商、居间商和代理商。

（一）行纪商

行纪商是以自己的名义为他人购买或销售货物、有价证券并将其作为职业性经营的人。与其他商中间人相比，行纪商具有以下特征：

其一，行纪商在行为时以行纪商自己的名义履行其义务，独立与第三人发生交易关系，但应按照委托合同的约定及时向委托人报告委托事务的处理情况。这是行纪商与其他商中间人的一个重要差异。

其二，行纪商是行纪合同和交易合同的当事人，同时与委托人、第三人直接发生权利与义务关系，委托人与第三人之间则不存在直接的权利与义务关系。行纪合同是指行纪人以自己的名义为委托人从事交易，委托人支付报酬的合同。

其三，行纪商以行纪交易的缔结作为其主要的经营业务，并应按照委托人的指示进行交易。其履行行纪行为所追求的交易结果是为了委托人。行纪商与第三人订立的合同及由该合同产生的权利和义务，可以直接转让给委托人，由委托人承担最后的交易后果。

行纪商独立、专业性的行纪行为，可以弥补委托人在购买或销售货物、有价证券买卖方面的不足，有利于国际贸易分工的具体化和专业化；行纪商的行纪行为以自己名义开展业务，有利于充分利用异地商人的营销网络，迅速拓展委托人的业务；有利于利用行纪商特别是异地行纪商的商誉，增强顾主对委托人之产品或服务的信用度。

（二）居间商

居间是指居间人向委托人报告订立合同的机会或者提供订立合同的媒介服务，委托人支付报酬的行为。

居间商是专为促成交易双方的交易而从中收取佣金的人。按其居间的方式，居间商可以划分为传达居间商与介绍居间商。传达居间商是以传达当事人要约和承诺意思表示为居间业务的居间商。介绍居间商是通过提供信息，斡旋于交易双方之间，促成其直接缔约的居间商。

与其他商中间人比较，居间商具有以下特征：

其一，居间商应就其所知，向委托人如实报告与交易有关的事项，如相对人的信用状况等。但居间商是一种完全商人，其活动是独立的。

其二，居间商仅以其行为为交易双方当事人报告订约的机会，或设法促成交易的成功。交易双方最终能否达成协议，居间商并不负有义务。

其三，居间商行为的目的是为了获取佣金。与我国《合同法》427 条关于居间人必要费用请求权的规定不同，居间商只有在其居间行为取得效果时，方有资格获取佣金。

（三）代理商

代理是一种重要的民事制度，有广义与狭义之分。广义的代理包括直接代理和间接代理，狭义的代理仅指直接代理。直接代理是指代理人在代理权限内，以被代理人的名义与第三人为民事法律行为，由此产生的法律效果直接由被代理人承担的法律制度。间接代理是指代理人以自己的名义与第三人为民事法律行为，而使其法律效果间接地由被代理人承担的法律制度。我国《民法通则》只规定了直接代理，《合同法》对间接代理作了相关规定，如行纪合同即是对间接代理的承认。

代理具有以下特征：

其一，接受委托人的委托，为委托人的利益，促成委托人与第三人达成交易或代理委托人与第三人达成交易。

其二，代理商有相对独立的意思，在代理权限内能够独立地按照自己的意思为行为，完成委托人委托的业务。这一点明显区别于居间商，居间商只是起到传达交易双方意思的作用，不能独立表达自己的意思。

其三，代理商的业务范围广泛。由于代理商的委托人可以是商人，也可以是自然人，还可以是公法人，因此，代理商所代理的行为不一定是以营利为目的的商行为。

按照委托人是否可以委托其他代理商，代理商可以分为独家代理商和一般代理商。独家代理商是接受业主的专有委托，在特定地域，独自以业主名义从事委托的特定业务的商主体。独家代理商享有在特定地域、特定业务内的专有、排他性代理权，在同一地域或同一业务内，委托人不可把某一业务再委托给其他代理商代理。一般代理商是指接受委托人的一般委托，促成委托人与第三人达成交易，或以委托人的名义在委托范围内开展业务，与第三人缔结合同的商主体。一般代理商没有专有代理的权利，在同一地域、同一业务里，委托人还可以委托其他代理商代理。

第四节 商辅助人

一、商辅助人的概念及法律特征

商辅助人，又叫商业使用人，是指在商事交易过程中，基于商主体的委托或雇佣而从事属于商主体的业务，辅助商主体进行营业的人。商辅助人对外不是独立的法律关系主体，以受其辅助的商主体的名义为法律行为，行为后果由商主体享受或承担。商辅助人具有以下法律特征：

其一，辅助性。商辅助人只是辅助商主体的行为，按商主体的指令或根据合同约定做好辅助性的工作，例如广告宣传、运输储存、托收承付等。

其二，从属性。商辅助人在商事活动中仅能以商主体的名义从事商事活动，不能以自己的名义，本身不是独立的商主体，只能在商主体的授权范围之内，以商主体的名义对企业进行管理以及对外进行经济交往活动。

二、商辅助人与相关概念的区分

（一）商辅助人与商主体

商辅助人与商主体的区别在于：

其一，商辅助人只是在其同商主体签订的雇佣或委任合同的授权范围内履行义务享受权利，受到的是合同而不是商法的制约。而商主体是商事法律关系中的当事人，即在商法上享有权利并承担义务。

其二，商辅助人多是为了获得佣金而为商主体提供服务，其行为本身不能视为经营性活动。而商主体是从事以营利为目的的经营性活动的主体。商主体只能是特定商行为的主体，商主体能力的存在与其所实施的经营性活动密切相连。

其三，从本质上说，商辅助人是基于商主体的委任或雇佣而加入到商事活动当中的，其能力范围是基于商人的授权。而商主体是一种法律拟制的主体，它所享有的权利能力和行为能力具有特殊性，这种特殊性首先表现在能力的形成上，即商主体的形成一般须经过国家的特别受权程序。

（二）商辅助人与代理商

商辅助人不是商事代理中的代理人。代理商也称代办商，本身也是商人，其所为的行为属于商事代理行为，以为商法人或商自然人进行代理或居间活动为其营业种类（范围）。二者的区别在于：

第一，商事代理人必须是经过商业登记或公司登记的商人，商辅助人可以是自然人。在委托代理合同终止后，代理商同被代理人的代理关系即行消灭，但其作为商事主体即商人的身份仍然存在。

第二，商事代理人的行为属于一种商行为，其行为是有偿的；商辅助人的行为不限于此。

第三，商事代理人既可以以被代理人的名义，也可以自己的名义从事代理活动；商辅助人只能以商人的名义从事活动，其所为行为的后果直接归属于商人。

第四，代理商是在自己的商号通过营业为商人办理业务，因营业所开支的费用，由自己负担。未经商人特别允许，商辅助人不得兼任其他业务。

三、商辅助人的分类

按照基础法律关系的不同，商辅助人可以分为基于雇佣关系产生的商辅助人和基于委托关系产生的商辅助人。基于雇佣关系产生的商辅助人，是指依据商主体和商辅助人订立的雇佣合同而产生的商辅助人，包括推销员、采购员等。基于委托关系产生的商辅助人，是指依据商主体和商辅助人之间订立的委托合同而产生的商辅助人，包括经理人、代办人等。

（一）经理人

经理人是指接受商人授权而为商人进行商事管理及商事经营的人。经理人是商事活动中的特殊行为主体。从法律上讲，经理人以经理权的获得为其产生和存在的基础。经理权是一种特殊的代理权，以民法上的代理权为基础。其特殊性表现在：

第一，经理人所享有的经理权是基于委托或者代理关系而产生的，由商主体与经理人之间的委托或雇佣合同来确定其权利范围。

第二，经理人的业务活动签名必须与商主体的商号、印鉴结合才产生法律效力，以表明该行为与个人行为相区别。

第三，经理人的主要职责是对内管理商主体的日常经营活动，对外代理商主体处理各类业务。

第四，实践中，经理权在被授予的同时会附加若干不同程度的限制。但是，这些限制仅对委托人与经理人有效力，不能对抗第三人，除非第三人明知这些限制的存在。

第五，商人明确授权与登记相结合，经理权授予方能生效。商事登记部门的登记是商人成立的前提，也是经理人获得经理权的前提，但并不是经理人获得经理权的唯一前提。在商人有效成立的前提下，商人还必须通过明确意思表示授予经理权，经理权才能生效。

（二）代办人

代办人是指接受商主体的委托，代为商主体办理营业事务的人。从法律上讲，代办人以代办权的获得为其产生和存在的基础。代办权是一种特殊的经理权。不管是在法律上还是在实务中，经理权的范围广泛，经理人在此广泛范围内的法律行为直接对授予其经理权的商人生效，该商人不得不承担相应的风险。为减少该风险，商法允许商人在授权时对代理权限定一个明确的范围，这种有明确范围限定的代理权就是代办权。

代办人和经理人同样为商辅助人，但具有不同于经理人的一些特征，表现在：

第一，委托主体的要求不同。经理人必须登记注册，所以只有完全商人才能够委托经理人；小商人一般不委托经理人，但可以委托代办人。

第二，代理权限范围不同。经理人的代理权限抽象而且比较广泛；代办商的代理权比较具体而且狭窄，如有的国家商法规定，代办人不享有不动产抵押、汇票接收等方面的权利。

第三，签字要件不同。经理人权限广泛，经理人的签名必须结合商主体的商号、印鉴才能产生法律效力；而代办人权限有限，其行为只是及于某一具体的专项事务，故在某一事项的代理上，只需要代办商的签名就可以产生代理的效力。

第四，获得的程序不同。经理人的经理权必须由商人亲自授予；代办人的代办权可以由商人亲自授予，也可由商人的代理人授予。并且，经理权必须明示授予，代办权可以通过默示授予。

第四章 公司总论

公司是依法设立的以股东出资为基础，以营利为目的的企业法人，是最为重要的商事主体之一。本章阐述了公司的起源与沿革、公司的能力与人格、公司组织机构、公司财务会计等。学习本章，应了解公司的特点与种类、公司的作用、公司的权利能力与行为能力、公司人格的基本内容、公司财务会计的有关规定，重点掌握公司的组织机构。

第一节 公司概述

一、公司的历史沿革

关于公司的起源，目前尚无确凿定论。一说起源于古罗马，一说起源于中世纪，后者为通说。其产生大致可以分为四个阶段。

第一阶段，在中世纪最为发达的意大利及地中海沿岸的商业城市中出现了家族经营团体，这是合伙的一种形式，是后来的无限公司以及其他家族经营式公司的原始形态。

第二阶段，地中海沿岸的一些城市出现了以海运企业为主的康孟达（康孟达为拉丁语，为信用和委托之意）组织，这是航海者与资本家进行合作的一种商业合伙形式，比家族共同经营又向前发展了一步。康孟达组织后来就发展成为隐名合伙和两合公司。

第三阶段，中世纪在欧洲一些地方已经存在一些具有法人地位的实体，这些实体都是根据皇家颁发的特许状设立或政府特别准许设立的组织或独立法人。最初设立的这种组织多是非经营性的，如牧师会、寺院、自治城市等，后来逐渐特许成立一些贸易团体，特别是海外开发性的或国家特别赞助的经营团体，商人可以自由入股。这种经营组织的向心力、持久性和稳定性都比康孟达强，逐渐就发展成为特许设立的公司，并直接影响了后来的公司立法。

第四阶段，中世纪出现的同业行会。同业行会是一种商人组织，具有社团法人性质，其主要任务是保护同业商人的利益，有时也兼有某些共同经营的职能，如 15 世纪的意大利银行家行会。同业行会的有限责任以及康孟达组织中银行家的有限责任都成为后来公司的主要责任形式。

最早出现的公司形态为无限公司，实质上只是一种更加稳定和规范的合伙团体，其后出现的是两合公司，这与康孟达组织已无本质区别。在公司制度发展史中具有划时代意义的是股份有限公司的出现。1600年成立的英国东印度公司和1602年成立的荷兰东印度公司是最早的股份有限公司。后来又出现了股份两合公司。

工业革命之后，在"金钱至上"价值观念和"个人本位"主义理论的影响下，商人投资兴办公司的活动十分发达。19世纪，美国大举兴办铁路及其他大型设施工程，单个资本家和少数人投资已无法完成，因而股份公司得到较大的发展。在西方一些学者看来，公司制度是近代最伟大的发明之一，其对社会的推动比蒸汽机和电的发明还要大。

随着股份公司的发展，在形成大型的托拉斯、辛迪加、卡特尔、康采恩等垄断组织的同时，还出现了一种新的公司形式——有限责任公司，该种公司形式最早出现在19世纪中叶的德国。

总之，历经300多年的发展，无限公司、两合公司、股份有限公司、股份两合公司、有限责任公司等公司形态相继出现，公司制度逐渐完备。

二、公司的概念和分类

(一) 公司的概念

由于各国历史、法律文化及公司制度的差异，各国对公司概念的表述也有所不同。在英美法系国家，公司是指两个或两个以上的主体为了共同的目的而组建的一种组织，这种形式主要适用于合伙难以胜任的情况。英美法系国家在学理上强调公司是有别于合伙的一种经济组织。在大陆法系国家，公司是指依法定程序设立的以营利为目的的社团法人。

英美法系与大陆法系在公司的定义上尽管有所不同，但都确认了公司是由两个或两个以上的股东出资组成的以营利为目的的企业法人。虽然我国公司法中规定了国有独资公司和一人有限责任公司这一特殊的公司形式，但从总体上并未抛弃传统的公司概念。总结各个国家的公司概念，我们可以从学理上将公司概括为：公司是指依法设立的以股东投资为基础，以营利为目的的企业法人。我国《公司法》第3条规定：公司是企业法人，有独立的法人财产，享有法人财产权；公司以其全部财产对公司的债务承担责任。依照该定义，一般来讲，公司具有以下三个基本特征。

1. 公司具有独立性

法人是与自然人并列的一类民商事主体，具有独立的主体性资格，具有权利能力和行为能力，能够以自己的名义从事民商事活动并以自己的财产独立承担民事责任。依照我国公司法的规定，公司法人资格的取得需符合以下条件：

(1) 公司必须依法设立。凡在我国境内设立的公司，必须依照我国《公司法》、《公司登记管理条例》及其他相关法律、法规所规定的条件和程序设立。

（2）公司必须具备必要的财产。一定的财产是公司得以存在的物质基础。公司作为一个以营利为目的的企业法人，必须有相应的财产相匹配，以便从事经营活动。股东一旦履行了出资义务，其出资标的物的所有权即转移至公司，构成公司的财产。公司财产与股东个人的财产相分离，这是公司财产的重要特征，是公司能够独立承担民事责任的基础，也是股东仅以出资额为限对公司债务承担责任的依据。

（3）公司必须有自己的名称、组织机构和场所。公司的名称可以自由选用，但依照公司法的规定，必须标明公司的性质，即是属于有限责任公司还是股份有限公司。公司必须具备完备的组织机构。健全的组织结构是公司法人意志得以实现的组织保障，一般包括权力机构、执行机构和监督机构。公司必须有自己的住所，住所是公司法律关系的中心地域，凡是涉及公司债务的清偿、诉讼的管辖、诉状的送达均以住所为标准。其可以与场所一致，也可不一致。

（4）公司必须能够以自己的名义从事民商事活动并独立承担民事责任。公司必须在依法自主组织生产和经营的基础上自负盈亏，用其全部法人财产对公司债务独立承担责任。公司的独立责任意味着公司股东的有限责任，有限责任是公司制度的基石。有限责任公司的股东以其认缴的出资额为限对公司承担责任；股份有限公司的股东以其认购的股份为限对公司承担责任。同时，《公司法》第20条规定，公司股东不得滥用股东权利损害公司或其他股东的利益；不得滥用公司法人独立地位和股东有限责任损害公司债权人的利益。公司股东滥用权利给公司或者其他股东造成损失的，应当依法承担赔偿责任；公司股东滥用公司法人独立地位和股东有限责任，逃避债务，严重损害公司债权人利益的，应当对公司债务承担连带责任。也就是说，如果公司股东滥用有限责任或恶意利用有限责任制度而损害公司其他股东或公司债权人利益的，由股东承担无限责任。

2. 公司具有社团性

依法人内部组织基础的不同，可将法人分为社团法人和财团法人，公司属于社团法人。其社团性通常表现为公司由两个或两个以上的股东出资组成。股份有限公司具有完全的社团性，因为其股东为两人以上。有限责任公司则有例外，依照我国公司法的规定，存在一人公司和国有独资公司，但这并不影响有限责任公司的社团性。

一人公司分为形式上的一人公司和实质上的一人公司。形式上的一人公司是指全部资本由一人拥有，而实质上的一人公司是指公司的真正股东只有一人，其余的为仅持有最低股份的挂名股东。对于形式上的一人公司，世界各国早期的公司法都作出了禁止性的规定，不仅要求公司在设立时发起人应在两人以上，而且要求在公司成立后的营运过程中，如果由于各种原因导致公司股东仅剩一人，则该公司应解散。随着公司制度的发展，一人公司已愈来愈多地得到许多国家的认可。但从一人公司的产生上看，大多禁止直接设立一人公司，即在公司设立阶段对股东的发起人数均有明确的要求，不容许股东和发起人仅为一人，只是规定在公司依法定条件成立后，因各种条件导致股东仅为一人时，公司并不解散。

因此，就一人公司而言，多为后天形成的。一人公司绝非公司的典型形式，也非公司的发展趋势。就国有独资公司而言，由于投资主体的单一性，它显然属于一人公司。在我国，由于历史的原因，有大量的国有企业存在，因此在我国公司法中专门规定了国有独资公司。承认国有独资公司也并不是对公司社团性的否认。

3. 公司具有营利性

公司以营利为目的，是指设立公司的目的及公司的运作，都是为了谋求经济利益。公司的营利性特征有两层含义：

其一，设立公司的目的是为了获取利润。任何投资者出资设立公司，就其目的而言，都是为了获取利润。公司只有以营利为目的，实现公司利益最大化，才能让股东收回投资，法律只有承认并保护公司的营利性，才能鼓励投资、创造社会财富，促进市场经济的发展。尽管以营利为目的开始，而以经营亏损乃至于破产告终的公司不在少数，但并不因此而丧失其设立目的上的营利性特征。

其二，公司应连续地从事同一性质的经营活动，且其从事的经营活动须有固定的内容，即有确定的经营范围。这是公司与临时性合伙偶尔从事的营利性行为的根本区别。根据我国《公司法》第 12 条规定，公司的经营范围由公司章程规定，并依法登记。公司可以修改公司章程，改变经营范围，但是应当办理变更登记。公司的经营范围中属于法律、行政法规规定须经批准的项目，应当依法经过批准。

（二）公司的分类

我国公司立法上的分类包括股份有限公司和有限责任公司，学理上根据不同的标准可以有不同的分类。

1. 以公司股东对公司债务承担责任的不同为标准

以公司股东是否对公司债务承担责任为标准，可以将公司分为无限责任公司、两合公司、股份两合公司、股份有限公司和有限责任公司。这是最重要的公司分类。无限责任公司，是指全体股东对公司债务承担无限连带责任的公司。两合公司，是指一部分股东对公司债务承担无限责任，另一部分股东对公司债务仅以其出资额为限承担责任的公司。股份两合公司是指由部分对公司债务承担无限连带责任的股东和部分仅以所持股份对公司债务承担有限责任的股东组成的公司。有限责任公司，是指由一定人数以下的股东共同组成，股东以其出资额对公司负责，公司以其全部资产对外承担民事责任的公司。股份有限公司，是指公司资本划分为等额股份，全体股东仅以各自持有的股份额为限对公司债务承担责任的公司。有限责任公司和股份有限公司是现代社会最重要的公司形式。

2. 以公司股份转让方式的不同为标准

以公司股份是否可以自由转让为标准，可将公司分为封闭式公司与开放式公司。封闭式公司又称为不公开公司、不上市公司等，是指公司股本全部由设立公司的股东拥有，并且其股份不能在证券市场上自由转让的公司。有限责任公司就属于封闭式公司。开放式公司又称为公开公司、上市公司等，是指可以按法定程序公开招股、股东人数通常无法定限制、公司的股份可以在证券市场公开自由转让的公司。股份有限公司属于开放式公司，但股份有限公司中的非上市公司仍然具有较强的封闭性，只有股份有限公司中的上市公司才是真正意义上的开放式公司。

3. 以公司的信用基础不同为标准

以公司的交易信用基础为标准，可将公司分为人合公司、资合公司以及人合兼资合公司。人合公司是指公司的经营活动以股东个人信用而不是公司资本的多少为基础的公司。人合公司的对外信用主要取决于股东个人的信用状况，所以人合公司的股东之间通常存在特殊的人身信任或人身依附关系。无限责任公司就是典型的人合公司。资合公司是指公司的经营活动以公司的资本规模而非股东个人信用为基础的公司。资合公司的对外信用和债务清偿保障主要取决于公司的资本总额及其现有的财产状况，因此，各国法律都对资合公司的设立和运行作了较严的规定，如强调最低注册资本额、法定公示制度等。股份有限公司是典型的资合公司。人合兼资合公司是指公司的设立和经营同时依赖于股东个人信用和公司资本规模，从而兼有两种公司的特点。两合公司、股份两合公司和有限责任公司均属于人合兼资合公司。

除上述主要的公司分类外，对公司还可以作其他分类。例如，根据公司之间的控制或支配关系，可以把公司分为母公司和子公司，母、子公司都是各自独立的法人。根据公司内部的管辖系统，可以把公司分为本公司（总公司）和分公司，本公司是法人，分公司是本公司的分支机构，不具有独立的法人资格。此外，根据公司国籍的不同，还可以把公司分为本国公司和外国公司。值得注意的是，这些公司类型的划分并不是绝对的，有时候是交叉的。

三、公司的作用

（一）有利于筹集资金

公司是最有效的筹资方式，股份有限公司的表现尤为明显。股份有限公司资金筹集的作用主要是通过发行股份而实现的，其筹资的优势在于融资成本低、手段灵活、筹资的规模大且速度快、转让方便等。

大量的资金是市场所必需的，公司强大的资金筹集能力使其成为经济社会最重要的市场主体。

（二）有利于企业内部的科学管理

公司有其独特的内部组织管理机构，形成相互协调、相互制约的内部管理机制。它首先表现为"所有权"与管理权相分离，即股东为公司资产的真正所有人，但股东对外并不直接代表公司，对内也不直接从事经营活动；公司的管理权由股东选出的董事会行使，由监事会依法对董事和高级管理人员执行职务的行为进行监督。其次决策权与执行权相分离。股东会有权决定公司的重大事项，决定公司的经营方针和投资计划；董事会负责执行股东会的决议，决定公司的经营计划和投资方案，制定公司的年度财务预算方案、决算方案，等等；而公司具体事务的执行，则由董事会任命的经理负责。

（三）有利于形成合理的产权结构

在市场经济条件下，企业应有明确的产权。公司的法人财产来源于股东，但公司法人财产又与股东的个人财产相区别，股东不能直接参与公司的经营活动。而公司通过登记取得公司法律人格，通过从事具体的经营活动来实现公司的营利目的。在公司中股东的股权与公司的法人财产权相分离，股东无权占用公司财产和处分公司的财产，公司成为真正意义上独立的企业法人。

第二节　公司的能力与人格

一、公司的能力

根据当前学术界的通说，公司的能力指公司的权利能力和行为能力。[①] 本书也依此通说阐述这一问题。

（一）公司的权利能力

1. 公司权利能力的含义

公司的权利能力是指公司作为法律主体依法享有权利和承担义务的资格。这种资格是由法律赋予的，它是公司在市场经济活动中具体享有权利、承担义务的前提。

在私法的领域，权利能力是据以成为民事主体，享有民事权利、承担民事义务的法律资格。郑玉波先生认为，权利主体之地位或资格，谓之"权利能力"，亦曰"人格"，法、日民法上称之为"私权之享有"，德、瑞民法称为"权利能

[①] 关于公司能力指代权利能力和行为能力一说，学界有不同观点，例如，有学者认为，公司能力应当从权利能力、行为能力、法律行为三个角度理解。详见邢军：《再论公司能力——对一个传统观念的质疑》，《法学杂志》2005年第4期。

力"。唯有现代民法，凡享有权利者必须承担义务，故又称"权义能力"。[①]

公司权利能力的起始时间与自然人有所不同。自然人的权利能力始于出生、终于死亡。而公司的权利能力于公司成立时产生，至公司终止时消灭。我国《公司法》第 7 条规定，依法成立的公司，由公司登记机关发给营业执照，公司营业执照签发日期为公司成立日期。由此可见，公司营业执照签发之日，为公司权利能力取得之时。同样，依照《公司法》第 189 条规定，公司清算结束后，清算组应当制作清算报告，报股东会、股东大会或者人民法院确认，并报送公司登记机关，申请注销公司登记，公告公司终止。因此，公司注销登记之日，即为公司权利能力丧失之时。

2. 公司权利能力的限制

公司的权利能力与自然人的权利能力不同，前者大多属于特别的民事权利能力，往往受到一定的限制，具体表现在三方面。

（1）性质上的限制。公司是法人，因而专属于自然人、与自然人人身属性直接相关的权利，如生命权、健康权、亲属权、继承权等，公司都是不享有的。

（2）经营范围上的限制。各国公司法普遍要求公司须在其章程记载的目的范围内活动。超越该目的范围的行为是越权行为。我国立法上习惯于将此称之"经营范围"。其意义表现在：

第一，公司的经营范围必须由公司章程作出规定；

第二，公司的经营范围必须依法登记，经依法登记的，才产生公示的效力；

第三，公司的经营范围中属于法律、行政法规限制的项目，必须经过批准。否则，公司不得经营，如经营银行、保险、证券，必须经相应机关批准。

第四，根据我国《公司法》第 12 条规定，公司的经营范围由公司章程规定，并依法登记。公司可以修改公司章程，改变经营范围，但是应当办理变更登记。公司的经营范围中属于法律、行政法规规定须经批准的项目，应当依法经过批准。修订后的《公司法》取消了原《公司法》"公司应当在登记的经营范围内从事经营活动"的表述，可以认为，我国立法目前的态度是，除国家限制经营、特许经营以及法律、行政法规禁止经营的活动外，公司可以超出其经营范围进行活动，且该行为应为有效。新规定对于维护市场交易的安全、保护第三人的合法权益、促进我国现代市场经济的发展具有重要的意义。

（3）公司转投资的限制。所谓公司转投资，是指公司作为投资主体，以公司法人财产作为对另一企业的出资，从而使本公司成为另一企业成员的行为。根据《公司法》第 15 条的规定，公司可以向其他企业投资；但是除法律另有规定外，不得成为对所投资企业的债务承担连带责任的出资人。按照这一条规定，公司可

[①]　郑玉波：《民法总论》，三民书局，1979 年，第 66 页。

以向其他有限责任公司或者股份有限公司投资，但公司通常不得通过投资成为合伙企业的合伙人或者其他公司的无限责任股东。

（二）公司的行为能力

公司的行为能力是指公司以自己的意思或行为独立地取得权利、承担义务的资格。由于学者对法人的本质有不同的看法，因此在对待公司的行为能力的问题上，也有分歧。采用法人拟制说的学者认为，只有自然人才可以成为权利义务的主体，而法人乃是法律上的假设，并无实体存在，因而法人无行为能力，公司当然也无行为能力；采取法人实在说的学者则认为法人并非法律拟制的结果，法人有其实体存在，因而法人有行为能力。我国采法人实在说，规定法人享有民事行为能力，因而公司也具有民事行为能力。公司能够通过自己的意思表示，设立、变更或消灭民事法律关系，独立地享有民事权利并承担民事义务。

公司的侵权行为能力和犯罪行为能力也是其中的重要内容。公司的侵权行为能力，即公司的经营活动对他人造成损害的能力。公司的侵权行为是公司法定代表人或其委托授权的工作人员在执行职务时的加害行为，且具备侵权行为的一般构成要件。公司侵权行为的法律后果或由公司承担，或由行为人承担。其判断标准主要有：该行为是否可能使法人受有不当利益、是否含有法人与行为人之间的利益冲突、是否为公司章程和公司纪律明令禁止、行为人是否尽到了合理注意的义务等。公司的犯罪行为能力，即公司的行为违反法律构成犯罪的，公司作为刑事主体依法承担刑事责任。公司犯罪采用双罚制，除对公司处以罚金外，还须对责任人追究刑事责任。

二、公司的人格

公司的人格，是指公司取得抽象的法律人格或者具备一般商主体资格的基本构成要素。从公司的发展史可以发现，随着商品经济的发展，公司基于股东出资形成的独立财产，能够摆脱单个股东进入与撤出对其存在的影响而获得持续存在的资格，可以区别于单个股东的利益要求。把公司当做独立的法律上的人来看待，更有利于经济与社会秩序的维护。公司得以成为民商事主体，是法律出于现实经济生活的需要而构造或拟制或确认而成。一般认为，公司人格独立的内涵为：公司财产独立、公司责任独立、股东责任有限。

（一）公司财产独立

公司作为营利性法人，拥有独立于其成员的财产。没有独立的财产，现代公司就失去其作为独立的法律人格参加民商活动的物质基础，财产对于公司的意义确实远胜于财产对于自然人的意义。财产是法人人格不可缺少的要素。一方面，公司的设立必须以财产独立为前提条件，各国对于公司成立的条件都有财产方面的要求，而且作为公司成立的法定条件；另一方面，独立的财产是公司赖以经营的物质基础，并决定公司经营规模的大小。同时，财产也是公司信誉的基础以及公司承担责任的保证，财产的多少是公司对外承担责任能力的物质体现。对于现代公司而言，可谓"没有财产就没有人格"，没有独立的财产意味着没有独立的人格。

（二）公司责任独立

公司应以其全部财产对其债务承担独立责任，这是由民事责任的一般原则和公司的独立人格所决定的。一方面，从民法的基本理念上说，任何债务人都应该以自己的全部资产承担清偿债务的责任，因此，在公司作为债务人时，也应当与自然人一样以自己的全部财产负责。另一方面，公司作为相对于自然人而言的独立民事主体，它与自然人一样具有自己在法律上的独立人格，作为一个独立主体，它具有自己的独立财产，此种财产与公司成员及创立人的财产是分开的，公司只能以自己的独立财产承担清偿债务的责任。公司的独立人格只有在公司能承担独立责任时才具有完整性。"团体之是否具有独立人格最终取决于它是否独立承担责任，或者更准确些说，最终表现为它是否独立承担责任。……独立财产与独立责任是法人独立人格的两根基本支柱，而独立责任是独立财产的最终体现。"[①]

（三）股东有限责任

公司股东的有限责任与合伙企业有着明显的差异。合伙作为组织体，同样具有法律人格，也具备一定的财产作为其物质基础。但是，法律对于合伙财产并无严格要求，尽管合伙在成立和经营过程中会形成合伙财产，但法律并不对合伙财产的最初来源——注册资本作严格要求，因此合伙不能像公司那样在最低资本的限定下获得较为可靠的责任财产。在合伙利润的分配上，法律也未予以严格限制，从而难以形成坚实的积累。在合伙事务执行方面，只要是合伙人的自愿安排，法律不予干涉。因此，尽管在理论上合伙人作为投资人承担有限责任没有障碍，但是合伙人在合伙企业中所享有的上述权利，把交易相对人置于十分危险的境地。而公司作为独立责任者，股东承担有限责任。这种区别并非由于公司系独立承担责任的法人，而是由于公司具有合伙所没有的严格的财产制度与治理结构。正是由于股东承担的有限责任，使得公司能够按照相互制衡的原理架构起公司法人治理结构，独立作出意思表示，形成公司独立人格。[②]

---

① 江平：《法人制度论》，中国政法大学出版社，1996年，第32页。
② 范健、王建文：《商法基础理论专题研究》，高等教育出版社，2005年，第181页。

第三节 公司组织机构

公司的组织机构总体上实行三权分立的原则，可以分为三个部分：权力机构、执行机构和监督机构，即决策权、经营管理权和监督权分别属于股东会或股东大会、董事会或执行董事和经理人、监事或监事会。① 三个机构相互制衡，形成公司合理的治理机构。

一、权力机构

具体的权力机构的名称在有限责任公司和股份有限公司中是不同的，在有限责任公司，股东会为最高权力机构；在股份有限公司，股东大会为最高权力机构。

（一）股东会

1. 股东会的概念和职权

有限责任公司的股东会是依照公司法和公司章程的规定所设立的，由全体股东组成的公司权力机构。

依照我国《公司法》第 38 条的规定，股东会行使下列职权：①决定公司的经营方针和投资计划；②选举和更换非由职工代表担任的董事、监事，决定有关董事、监事的报酬事项；③审议批准董事会的报告；④审议批准监事会或者监事的报告；⑤审议批准公司的年度财务预算方案、决算方案；⑥审议批准公司的利润分配方案和弥补亏损方案；⑦对公司增加或者减少注册资本作出决议；⑧对发行公司债券作出决议；⑨对公司合并、分立、解散、清算或变更公司形式作出决议；⑩修改公司章程；⑪公司章程规定的其他职权。对前款所列事项股东以书面形式一致表示同意的，可以不召开股东会会议，直接作出决定，并由全体股东在决定文件上签名、盖章。

从实质意义上讲，股东会是"公司的权力机构"，意指公司的一切重大问题，需要由该机构来作出决议，既区别于执行机构，不执行日常业务，也区别于监督机构和咨询机构。股东会只负责就公司的重大事项作出决议，集体行使所有者权利。股东会以会议的形式行使权力，而不采取常设机构或日常办公的方式，是由股东会的权力性质和"所有权"与经营权相分离的现代公司制度的基本原理决定的。股东会应当依照法律和公司章程的规定，行使自己的职权，做到不失职；同时，股东会也不能超越职权，代行公司其他机构的职权。

---

① 江平、李国光：《最新公司法理解与适用》，人民法院出版社，2006 年，第 139 页。

2. 股东会会议及其议事规则

股东会会议分为定期会议和临时会议。前者是按公司章程规定的时间定期召开的股东会会议；后者是依公司法规定情形临时召开的不定期股东会会议，即由代表 1/10 以上表决权的股东，1/3 以上的董事，监事会或者不设监事会的公司的监事提议召开。

除股东会的首次会议由出资最多的股东召集和主持外，其他股东会会议由董事会召集，董事长主持；董事长不能履行职务或者不履行职务的，由副董事长主持；副董事长不能履行职务或者不履行职务的，由半数以上董事共同推举一名董事主持。有限责任公司不设董事会的，股东会会议由执行董事召集和主持。董事会或者执行董事不能履行或者不履行召集股东会会议职责的，由监事会或者不设监事会的公司的监事召集和主持；监事会或者监事不召集和主持的，代表 1/10 以上表决权的股东可以自行召集和主持。召开股东会会议时，应于会议召开 15 日以前通知全体股东；股东会会议由股东按照出资比例行使表决权，股东会会议作出修改公司章程、增加或者减少注册资本的决议，以及公司合并、分立、解散或者变更公司形式的决议，必须经代表 2/3 以上表决权的股东通过。

所谓股东会的临时会议，是指公司章程中没有明确规定什么时间召开的一种不定期的会议。临时会议相对于定期会议，指在正常召开的定期会议之外，由于法定事项的出现而临时召开的会议。正如上文所述，提议召开临时会议的人员要求、比例限制都是严格的。只有当公司需要作出重要决策，或者出现重大问题时，才能由法定人员提议召开。一般性、经常性的问题，都可以在股东会的定期会议上解决。

（二）股东大会

1. 股东大会的概念和职权

股份有限公司的股东大会是股份有限公司必须设立的法定机构，由股份有限公司的全体股东所组成。作为具有独立人格的法人实体，公司需要通过一定的机构来形成、表达和执行其团体意志。股东大会是股份有限公司形成公司团体意志的重要机构，这种团体意志是全体股东按照一定规则形成的集体意志。公司股东向公司投资之后，丧失了对其投入的财产的直接控制权，作为回报，股东们获得了包括对公司重大生产经营活动决策的参与和监督的综合性的股东权。公司的任何一个股东，无论其所持有的股份有多少，都是股东大会的成员，都有权参加股东大会，任何人都不得以某一股东所持有的股份少为理由而拒绝该股东参加股东大会。

我国《公司法》第 38 条第 1 款关于有限责任公司股东会职权的规定，适用于股份有限公司的股东大会。

2. 股东大会会议及议事规则

股东大会会议分为股东年会和临时股东大会两种。股东年会是指依照公司法和公司章程的规定每年按时召开的股东大会会议。股东大会以会议的形式对公司的重大事项作出决议，每经过一段时间就应当举行一次。这样既可以及时对公司的重大事项作出决议，又可以节省股东的时间和精力，并节约公司为召集会议而必须支付的费用。临时股东大会是指根据法定的事由在两次股东大会年会之间临时召开的不定期的股东大会。根据公司法的规定，临时股东大会的召开的情形主要有：①董事人数不足公司法规定的人数或者公司章程所定人数的 2/3 时；②公司未弥补的亏损达实收股本总额 1/3 时；③单独或者合计持有公司 10％以上股份的股东请求时；④董事会认为必要时；⑤监事会提议召开时；⑥公司章程规定的其他情形出现时。

二、执行机构

依照公司法的规定，有限责任公司和股份有限公司的执行机构大体上是一致的，为董事会和经理，只是具体情形略有不同。

（一）有限责任公司的董事会和经理

1. 董事会

有限责任公司的董事会是依照公司法和公司章程的规定设立的，由董事组成的公司经营决策和业务执行机构。

董事会是有限责任公司的常设机构，其成员为 3 至 13 人，董事会设董事长 1 人，可以设副董事长。董事长、副董事长的产生办法由公司章程规定。股东人数较少和规模较小的有限责任公司，可以设一名执行董事，不设董事会。执行董事的职权由公司章程规定。两个以上的国有企业或者两个以上的其他国有投资主体投资设立的有限责任公司，其董事会成员中应当有公司职工代表；其他有限责任公司董事会成员中可以有公司职工代表。董事会中的职工代表由公司职工通过职工代表大会、职工大会或者其他形式民主选举产生。

董事会对股东会负责，依法行使下列职权：

（1）召集股东会会议，并向股东会报告工作。股东会是公司的权力机构，公司的重大事项必须由股东会决策，然后由董事会执行。由于董事会主要是由公司的股东会选举产生，因此董事会的活动必须代表股东的利益。为了使股东了解公司的经营管理情况，及时调整公司的方针政策，董事会应当将公司的经营活动及公司情况向股东会报告。

（2）执行股东会的决议。股东会的决议不仅是股东意志的集中体现，也是公司意志的体现。股东会的决议一旦形成，必须得到落实。由于股东会并不是公司的经营管理机构，股东们不能亲自执行自己形成的决议，而是应当由公司的经营管理机构执行股东会的决议。董事会不仅有权利，而且有义务执行股东会的决议。股东会和监事会有权监督和检查董事会执行股东会决议的情况。

（3）决定公司的经营计划和投资方案。在股东会决定的公司经营计划和投资计划的指导下，董事会有权安排公司的生产、销售等经营计划，有权决定公司的经营生产方式，有权决定公司的资金流向。董事会在决定公司的经营计划和投资方案时，不得违背股东会决定的公司经营计划和投资计划，否则，其行为造成的损害，由董事会承担，公司不承担任何责任。

（4）制订公司的年度财务预算方案、决算方案。董事会对公司的经营管理范围十分广泛，涉及公司的方方面面。财务管理是董事会运用价值形式对整个公司的经营活动进行的综合性管理，是董事会的重要职责。

（5）制订公司的利润分配方案和弥补亏损方案。公司的利润分配主要有两大部分，一是提取公积金，二是分配股利。提取公积金包括提取法定公积金和任意公积金。公司的利润分配除了法定公积金是固定的，其他的由公司董事会制订分配方案。分配方案必须详细，并将该方案提请股东会批准。并且，当公司的经营出现亏损时，公司在进行利润分配前，应当先弥补公司的亏损。董事会制订弥补亏损方案，提请股东会批准后，才能执行。

（6）制订公司增加或者减少注册资本以及发行公司债券的方案。出于公司的发展需要，公司需要增加或者减少注册资本时，应当由董事会提出详细的方案，报股东会批准，修改公司章程中注册资本的条款后，才能实施。

（7）制订公司合并、分立、解散或者变更公司形式的方案。公司的合并、分立、解散及其企业形式变更应当由董事会制订详细的方案，提请股东会作出决定。

（8）决定公司内部管理机构的设置。为了有效地领导和管理公司，董事会应当依据其开展工作的需要设置一定的内部管理机构。董事会设置的内部管理机构包括公司的日常业务机构和一定的咨询机构，前者指的是在经理领导下的生产、销售、采购等业务部门，后者指的是协助董事会决策的执行、生产、销售、财务等专门委员会。

（9）决定聘任或者解聘公司经理及其报酬事项，并根据经理的提名决定聘任或者解聘公司的副经理、财务负责人及其报酬事项。经理是管理公司的高级专门人才，对公司的发展起着至关重要的作用。由擅长公司经营管理的专家担任高级职务，是现代公司发展的必然结果。董事会可以从股东中聘请经理，也可从股东以外的人中聘请。副经理、财务负责人作为经理的主要助手，配合经理的工作。

（10）制定公司的基本管理制度。公司之所以能够发展壮大，很大程度上依赖于董事会有效的管理。董事会的管理涉及人、财、物、产、供、销等各个方面。为了保证管理制度化，董事会应该制定一套行之有效的管理制度，提高管理效率，促进公司发展。

（11）公司章程规定的其他职权。这也是立法惯用的兜底条款。为了使董事会经营、管理好公司，可以使公司的董事会拥有法律规定以外的职权。但是为了规范董事会的行为，公司的章程应当作出明确的规定。

董事会会议由董事长负责召集和主持；董事长不能履行职务或者不履行职务的，由副董事长召集和主持；副董事长不能履行职务或者不履行职务的，由半数以上董事共同推举的一名董事召集和主持。董事会的议事方式和表决程序，除公司法有规定的外，由公司章程规定。董事会应当对所议事项的决定作成会议记录，出席会议的董事应当在会议记录上签名。董事会决议的表决，实行一人一票。

2. 经理

有限责任公司的经理是公司经营管理的执行机构，是公司具体业务的执行者，由董事会决定聘任或者解聘，经理对董事会负责，向董事会报告工作。为了使经理更好地执行董事会的决议，公司法规定经理列席董事会会议。

依照公司法的规定，有限责任公司的经理的职权主要包括：

（1）主持公司的生产经营管理工作，组织实施董事会决议。经理负责主持公司的日常生产经营管理工作，组织实施公司董事会作出的决议。

（2）组织实施公司的年度经营计划和投资方案。

（3）拟订公司内部管理机构设置方案。公司需要设立既有一定分工，又能协调配合的内部管理机构，保障生产经营活动的正常进行。公司内部管理机构的设置方案，由经理拟定，报请董事会决定。

（4）拟订公司的基本管理制度。经理负责制定公司的基本管理制度，报请董事会决定。

（5）制定公司的具体规章。经理根据董事会制定的公司基本管理制度，结合具体情况，制定公司的具体规章。

（6）提请聘任或者解聘公司副经理、财务负责人。经理根据工作需要，考察确定公司副经理、财务负责人的人选，提请董事会并由董事会决定聘任或者解聘。

（7）决定聘任或者解聘由董事会决定聘任或者解聘以外的负责管理人员。

（8）公司章程和董事会授予的其他职权。

（二）股份有限公司的董事会和经理

1. 董事会

股份有限公司的董事会是由董事组成的对股东大会负责的公司经营决策和业务执行机构，其职权与有限责任公司董事会的职权完全相同。董事会的成员为 5 至 19 人。一般情况下，董事会成员的人数应当是单数，以防止董事会在表决时出现对峙的局面，影响董事会的工作效率。

董事会设董事长 1 人，可以设副董事长。董事长和副董事长由董事会以全体董事的过半数选举产生。董事长召集和主持董事会会议，检查董事会决议的实施情况，副董事长协助董事长工作，董事长不能履行职务或者不履行职务的，由副董事长履行职务；副董事长不能履行职务或者不履行职务的，由半数以上董事共同推举 1 名董事履行职务。

董事会会议可分为定期会议和临时会议两种。定期会议每年度至少应当召开两次。在董事会举行定期会议之前，董事长应当确定举行董事会会议的时间、地点、讨论决定的事项等，并按照公司章程规定的通知方式，如邮寄通知书、专人送达通知书等方式，将董事会将于何时何地举行、召集的事由等情况在会议召开 10 日之前通知全体董事和监事，以便全体董事和监事能够参加或者列席，只有出席董事会会议的董事占全体董事的 1/2 以上，董事会会议才能召开。当公司在经营过程中可能发生影响到公司生存和发展的问题时，代表 1/10 以上表决权的股东、1/3 以上董事或者监事会，可以提议召开董事会临时会议。董事会在召开临时会议时，可以不按公司章程规定的一般通知方式通知全体董事和监事，可以不在会议召开 10 日以前通知全体董事和监事，而只需按照公司章程规定的或者董事会确定的通知方式和通知时限通知全体董事和监事，就可以召开临时会议。董事会作出决议时，表示同意的董事应当超过全体董事的一半，该决议才能通过。董事应当对董事会的决议承担责任。当董事会的决议违反法律、行政法规或者公司章程、股东大会决议，致使公司遭受严重损失时，参与决议的董事对公司负赔偿责任。

2. 经理

股份有限公司的经理是在公司中辅助董事会执行业务、进行日常经营管理的人员，由董事会任免，对董事会负责。其职权与有限责任公司的经理相同。公司董事会可以决定由董事会成员兼任经理。

三、监督机构

设立监事会，是建立健全公司内部约束机制的重要措施。关于监事会的设置，公司法对于股份有限公司和有限责任公司的规定大致相同。

（一）监事会的概念

监事会是依法产生，对公司董事和高级管理人员的经营管理活动及公司财务进行监督的常设机构。其特征有：

（1）监事会是由依法产生的监事组成的。我国公司法规定，监事的产生途径主要有股东会选举产生和职工通过民主选举的方式产生。《公司法》第52条第二款规定，监事会应当包括股东代表和适当比例的公司职工代表，其中职工代表的比例不得低于1/3，具体比例由公司章程规定。监事会中的职工代表由公司职工通过职工代表大会、职工大会或者其他形式民主选举产生。

（2）监事会是对公司的事务进行监督的机构。监事会对公司的事务进行监督，包括对董事、高级管理人员执行公司职务的行为进行监督和对公司的财务进行监督检查以及依法对董事、高级管理人员提起诉讼。

（3）监事会行使职权时是独立的。监事会要行使监督职权，就要求其具有独立性，否则监督职能就发挥不出来。我国现行公司法规定，董事、高级管理人员不得兼任监事；监事会、监事行使职权所必需的费用由公司承担，就是为了保证监事会的独立性。

（4）监事个人可以行使监督权。设立监事会就是为了对公司业务和财务情况进行监督，作为个体的监事对公司的监督是非常有效的，例如《公司法》第55条规定，监事会、不设监事会的公司的监事发现公司的经营情况异常，可以进行调查；必要时，可以聘请会计师事务所等协助其工作，费用由公司承担。

（5）监事会是常设机构。监事会需对董事、高级管理人员执行公司职务的行为进行有效监督，检查公司财务状况，并及时向股东（大）会汇报工作。

（二）监事会的组成

监事会由监事组成，成员由股东代表和适当比例的公司职工代表组成，其中职工代表的比例不得低于1/3，具体的比例由公司章程规定。

关于监事会的组成人数，我国《公司法》也作出了规定，股东人数较少或者规模较小的有限责任公司，可以设1至2名监事，不设监事会，其余的有限责任公司及股份有限公司的监事会成员不得少于3人。

对于监事会主席的设定，我国《公司法》对有限责任公司和股份有限公司作出了不同的规定。《公司法》第52条规定，有限责任公司监事会设主席1人，由全体监事过半数选举产生；第118条规定，股份有限公司监事会设主席1人，可以设副主席，监事会主席和副主席由全体监事过半数选举产生。

（三）监事会的议事方式

依据《公司法》第56条、第120条的规定，监事会的议事方式和表决程序，除本法有规定的外，由公司章程规定。监事会决议应当经半数以上监事通过。监事会应当对所议事项的决定作成会议记录，出席会议的监事应当在会议记录上签名。

对于监事会会议的召开，《公司法》针对有限责任公司和股份有限公司作出了不同的规定。有限责任公司的监事会每年度至少召开一次会议，监事可以提议召开临时监事会会议；股份有限公司的监事每6个月至少召开一次会议，监事也可以提议召开临时监事会会议。

监事的任期为3年，监事任期届满，连选可以连任。

（四）监事会的职权

各国公司法对监事会的职权规定大相径庭，有的规定粗疏宽泛；有的则详细严格。西方国家的公司实践已经证明：制度健全、权限广泛的，能收到实效；权限较小且规定不严的，则难有监督之实。[①]

依照《公司法》第54条的规定，监事会、不设监事会的公司的监事行使下列职权：

（1）检查公司财务。检查公司财务，主要是审核公司的财务会计报告和其他财务会计资料。监事有权对公司的财务会计报告和其他财务会计资料进行审查与核实，查看其所制作的表册和内容是否合法，是否符合公司章程的规定。

（2）监督董事、高级管理人员履职情况及提出罢免建议。为了确保董事、高级管理人员依法履职，监事会、监事应当对董事、高级管理人员执行公司职务的行为进行监督。如果发现董事、高级管理人员在执行公司职务的过程中，存在违反法律、行政法规、公司章程或者股东会决议情形的，有权提出罢免董事、高级管理人员的建议。建议罢免董事的，应当向股东会提出；建议罢免高级管理人员的建议，应当向董事会提出。

（3）要求董事、高级管理人员纠正其损害公司利益的行为。监事会、监事应当认真履行监督董事、高级管理人员执行公司职务的行为，当发现董事、高级管理人员的行为损害公司的利益时，应当及时向该董事、高级管理人员提出，要求其予以纠正。

（4）提议召开及召集、主持临时股东会会议。监事会、监事在监督工作中，因情况紧急，如董事、高级管理人员实施严重违法行为并拒绝监事会、监事要求纠正的意见，不予制止将对公司产生重大利益影响的，有权提议召开临时股东会。如果董事会不履行召集和主持股东会会议职责的，监事会、监事有权直接召集和主持股东会会议。

（5）向股东会会议提出提案。监事会、监事有权直接向股东会会议提出议案，如提出建议罢免董事的议案等。

---

① 石少侠：《公司法》，吉林人民出版社，1996年，第247页。

（6）依法对董事、高级管理人员提起诉讼。公司董事、高级管理人员在执行公司职务时，违反法律、行政法规或者公司章程的规定，给公司造成损害的，监事会、监事有权依法对董事、高级管理人员提起诉讼，要求董事、高级管理人员赔偿公司损失。

（7）公司章程规定的其他职权。除了上述职权外，监事会、监事还行使公司章程规定的其他职权。

第四节　公司财务会计

一、公司财务会计的概念

公司的财务会计制度，是对存在于法律、行业通行规则和公司章程之中的公司财务会计处理规则的总称。它是利用货币价值形式反映公司财务状况和经营成果，加强内部经营管理，提高经济效益的一项重要制度。公司作为企业的一种，其财务会计事项必须适用会计法、企业会计准则和企业财务通则的一般规定。但是，由于公司在诸多方面均有其特殊性，因而各国公司法都对其财务会计制度另作规定，优先于一般财务会计法规的适用，以便能够更好保障股东、债权人和其他人的利益。我国《公司法》也特设"公司财务、会计"一章，对公司的财务会计制度作出了相应的规定，并要求公司"依照法律、行政法规和国务院财政部门的规定建立本公司的财务会计制度"，从而使公司的财务会计制度成为公司法律制度的重要组成部分。

与其他财务会计制度相比较，公司的财务会计制度具有规范化和统一化两个显著的特征。规范化既是为了保护股东和公司债权人利益的需要，也是为了方便国家的税收征收和使公司的财务活动以及各种报表具有可理解性。统一化则是由公司的资合性特点决定的，也是市场经济平等竞争法则的客观要求。

二、公司财务会计的功能

（一）有利于股东和债权人了解公司财产运营状况

对于股东来讲，有限责任公司和股份有限公司，特别是股份有限公司最显著的特点是实现了财产"所有权"和经营管理权的分离。股东一旦将自己的财产以股份的形式投入公司，除享有收取股息红利、选择管理者和索回公司剩余财产等权利外，已经丧失了对其出资财产的直接控制权。在这种情况下，建立规范化的财务会计制度，保证财务会计信息的真实、准确就成为股东了解公司财产运营状况，监督公司董事、经理行使职权，保护自身利益的重要途径。同时，公司的财务报表提供的与公司财务状况有关的信息有助于债权人更好地评估公司的信用，并采取适当的预防措施避免损失。

（二）有利于社会公众作出判断

对于社会公众来讲，公司的潜在投资者、潜在的交易对方等作出投资于公司或与公司进行交易的决定都依赖于公司财务信息的披露。因此，公司法要求向社会募集股份的公司必须公告其财务会计报告。

（三）有利于国家保证税收

对于国家来讲，规范化的财务会计制度使得国家财政、工商等部门得以切实监督和检查公司的财产运营状况，掌握公司盈亏情况，确保国家税收的及时足额征收，防止偷税、漏税、避税、抽逃出资等现象的发生。

三、公积金

公积金，又称储备金或准备金，是指为巩固公司的财务基础，依法律和公司章程的规定或股东会的决议，按确定的比例从营业利润或其他收入中提取的，不作股息分配，而留存于公司内部，具有特定用途的基金。

按照公积金是否依法强制提取为标准，可以将其分为法定公积金和任意公积金。

（一）法定公积金

法定公积金是指依照法律规定强制提取的公积金。法定公积金的提取比例和数额由法律直接规定，公司必须遵守，不允许以章程或股东会决议为由加以变通。因此，法定公积金也称强制公积金。

依照法定公积金的来源不同，还可将其分为法定盈余公积金和法定资本公积金。法定盈余公积金，是指公司在弥补亏损后，分配股利前，按法定比例在税后利润中提取的公积金。我国《公司法》规定，法定盈余公积金为税后利润的10%。法定资本公积金，是指由公司资本或资产以及其他原因所形成的公积金，其来源主要有：股票超面额发行所得的净溢价额；每一营业年度内，因资产评估增值所获得的估价溢额；处分资产或者出售资产的溢价收入；吸收合并其他公司所承受的资产余额；接受赠与财产的所得额等。

法定公积金的主要用途是弥补亏损和转增股本。在弥补亏损时，一般应用法定盈余公积金，不足时再使用资本公积金。

（二）任意公积金

任意公积金又称任意盈余公积金，是指根据公司章程或股东会决议于法定公积金外自由提取的公积金。在国外，因提存的目的和用途不同，还可将任意公积金分为以偿还公司债为目的而提存的"公司债偿还公积金"、以平衡历年盈余分配为目的而提存的"平衡公积金"以及不为专门用途而提存的"普通公积金"等。

任意公积金的用途一经确定，即转为专用基金，非经股东会决议，不得挪作他用。

四、税后利润分配的顺序

（一）弥补公司的亏损

公司亏损是指在一个会计年度内，公司的盈利低于公司的全部成本、费用及其损失的总和。如果公司年年亏损，将会使公司实有财产低于公司的资本，从而影响到债权人利益的实现和公司正常业务的开展。正是因为如此，在公司持续期间内，公司应当保持与其资本相当的实有财产。当公司有利润时，公司应当首先检查其先前是否有亏损，如果有，应当用利润弥补公司的亏损，使公司资本得以维持。

（二）提取法定公积金

公司当年的税后利润在弥补亏损后，如果仍有剩余，应当提取 10％列入法定公积金。公司的法定公积金累积金额达到公司注册资本的 50％后，可以不再提取。此比例为法定，公司的章程不得削减法定公积金的提取比例，更不得禁止公司提取法定公积金。

（三）提取任意公积金

公司除了可以提取法定公积金以外，可以根据公司的实际情况，在提取了法定公积金后，由股东会或者股东大会决定另外再从税后利润提取公积金。任意公积金提取的数额，由公司自行决定。

（四）支付普通股股利

公司在完成以上各项分配后，如果税后利润仍有剩余，可以按确定的利润分配方案向公司的普通股股东支付股利。有限责任公司，除了全体股东另有约定的外，按照股东实际缴付的出资比例分取红利；股份有限公司，除了公司章程另有规定的外，按照股东持有的股份比例分配。公司持有的本公司的股份不得分配利润。

第五章　有限责任公司

有限责任公司是现实生活中最为常见的公司表现形式，也是公司法重点规范的公司之一。本章重点就有限责任公司的设立条件及程序，公司法对一人公司、国有独资公司、外商投资公司的特别规定，有限责任公司的股权转让等进行阐述。学习本章，应掌握有限责任公司的设立条件，国有独资公司、一人公司的特殊性，有限责任公司股权转让的有关规定。

第一节　有限责任公司概述

一、有限责任公司的概念与特征

有限责任公司是指符合法律规定的股东出资组建，股东以其出资额为限对公司承担责任，公司以其全部资产对公司的债务承担责任的企业法人。

有限责任公司发端于19世纪末，其旺盛的生命力表明了有限责任公司是社会经济现实之需求。有限责任公司的存续是因为有限责任公司对投资者乃至社会总福利具有其他企业形态所无法比拟的优越性。尽管在当下各国公司法改革的热潮中，一些国家对有限责任公司法律制度进行了一些改造，甚至在日本取消了这一称呼，但是有限责任公司仍在企业法律形态序列中居于重要地位。

根据我国《公司法》规定，我国的有限责任公司与其他公司类型相比，具有以下特征：

（1）责任有限性。股东承担责任有限，即有限责任公司的股东以其认缴的出资额为限对公司承担责任。公司以其全部财产对公司的债务承担责任。

（2）股东人数限制性。有限责任公司由50个以下股东共同出资设立，没有最低限制。

（3）具有非公开性。公司在资金募集和经营状况无须对公司之外公开，主要原因在于股东人数少，不涉及公共利益。

（4）组织的简便性。有限责任公司的设立采取登记准则主义，设立方式只有发起设立而无募集设立，设立程序较为简单。另外，有限责任公司的组织机构也比较简单灵活，如《公司法》第51条规定，股东人数较少和规模较小的，可以只设一名执行董事而不设立董事会，执行董事可以兼任公司经理。

（5）资合性与人合性相统一。公司注册资本为全体股东缴纳股本的总和，股东必须以自己的出资对公司负责；股东是基于相互间的信任而集合在一起的，股份的转让须征得其他股东的同意。

二、有限责任公司与股份有限公司的异同

（一）有限责任公司与股份有限公司的共同点

（1）股东都对公司承担有限责任。责任的范围，都是以股东对公司的投资额为限。

（2）股东的财产与公司的财产分离。股东将财产投资公司后，该财产即构成公司的财产，股东不再直接控制和支配这部分财产。

（3）对外都是以公司的全部资产承担责任。责任的范围，是公司的全部资产，包括现在的和将来的。

（二）有限责任公司与股份有限公司的不同

（1）成立条件和募集资金方式不同。有限责任公司的成立条件较宽松，股份有限公司的成立条件较严格；有限责任公司只能由发起人发起设立，不能向社会公开募集资金，股份有限公司可以向社会公开募集资金；有限责任公司的股东人数，有最高要求，股份有限公司的股东人数，只有最低要求，没有最高要求。

（2）股份转让难易程度不同。有限责任公司，股东转让自己的出资有严格的要求，受到的限制较多；股份有限公司，股东转让自己的股份比较自由。

（3）股权证明形式不同。有限责任公司，股东的股权证明是出资证明书，出资证明书不能转让、流通；股份有限公司，股东的股权证明是股票，可以转让、流通。

（4）公司的股东会、董事会权限大小和"两权"分离程度不同。有限责任公司，召开股东会比较方便，股东会的权限较大，董事一般是由股东兼任，"所有权"和经营权的分离程度较低；股份有限公司，股东人数多且分散，召开股东会比较困难，股东会的议事程序也比较复杂，董事会的权限较大，"所有权"和经营权的分离程度比较高。

（5）公司财务状况的公开程度不同。有限责任公司，财务会计报表可以不经过注册会计师的审计，也可以不公告，只要按照规定期限送交各股东即可；股份有限公司，会计报表必须要经过注册会计师的审计并出具报告，还要存档以便股东查阅，以募集设立方式成立的股份有限公司，还必须要公告其财务会计报告。

第二节　有限责任公司的设立

公司的设立，是指发起人为组建公司，使其取得法人资格，必须采取和完成的多种连续的准备行为。依据我国《公司法》，有限公司采取发起设立方式，即

公司的资本由发起人全部认购，不向发起人之外的任何人募集。

一、设立条件

（一）股东符合法定人数

少数国家（如美国、德国）没有要求公司股东人数必须符合法律规定，但大多数国家都对此作了严格的限制，如日本、法国都要求有限责任公司应当有两个以上的股东和数十个以下的股东，即股东人数既有最低限制，也有最高限制。我国《公司法》第 24 条规定：有限责任公司由 50 个以下股东出资设立。没有最低限制只有最高限制，即可以设立一人公司。

（二）股东出资达到法定资本最低限额

我国《公司法》第 26 条规定，公司全体股东的首次出资额不得低于注册资本的 20％，也不得低于法定的注册资本最低限额，其余部分由股东自公司成立之日起 2 年内缴足；其中，投资公司可以在 5 年内缴足。有限责任公司注册资本的最低限额为人民币 3 万元。法律、行政法规对有限责任公司注册资本的最低限额有较高规定的，从其规定。

（三）股东共同制定公司章程

订立公司章程是设立公司过程中关键的一环，它要求体现股东之间的权利、义务。公司章程应当载明下列事项：①公司名称和住所；②公司经营范围；③公司注册资本；④股东的姓名或者名称；⑤股东的出资方式、出资额和出资时间；⑥公司的机构及其产生办法、职权、议事规则；⑦公司法定代表人；⑧股东会会议认为需要规定的其他事项。股东应当在公司章程上签名、盖章。法律赋予股东自由决定公司事务的权利，很多事项都可以由公司的章程规定，股东可以按照其自身能力等决定收益分配和业务执行等事项，并借助公司章程予以"法律化"。

二、有限责任公司的设立程序

一般而言需要经过以下步骤：

（1）订立公司章程。

（2）申请公司名称预先核准。我国《公司登记管理条例》第 17 条规定，"设立公司应当申请名称预先核准。法律、行政法规或者国务院决定规定设立公司必须报经批准，或者公司经营范围中属于法律、行政法规或者国务院决定规定在登记前须经批准的项目的，应当在报送批准前办理公司名称预先核准，并以公司登记机关核准的公司名称报送批准"。

（3）法律、行政法规规定需经有关部门审批的要进行报批，获得批准文件。

（4）股东缴纳出资并经法定的验资机构验资后出具证明。

（5）向公司登记机关申请设立登记。设立有限责任公司，应当由全体股东指定的代表或者共同委托的代理人向公司登记机关申请设立登记。设立国有独资公司，应当由国务院或者地方人民政府授权的本级人民政府国有资产监督管理机构作为申请人，申请设立登记。

（6）登记发照。营业执照的签发日期为有限责任公司的成立日期。公司可以凭登记机关颁发的营业执照申请开立银行账户、刻制公司印章、申请纳税登记等。

三、出资

有限责任公司的注册资本为在公司登记机关登记的全体股东认缴的出资额。股东可以用货币出资，也可以用实物、知识产权、土地使用权等可以用货币估价并可以依法转让的非货币财产作价出资；但是，法律、行政法规规定不得作为出资的财产除外。股东应当按期缴纳公司章程中规定的各自所认缴的出资额。股东以货币出资的，应当将货币出资足额存入有限责任公司在银行开设的账户；以非货币财产出资的，应当依法办理其财产权的转移手续。股东不按照前述规定缴纳出资的，除应当向公司足额缴纳外，还应当向已按期足额缴纳出资的股东承担违约责任。

有限责任公司成立后，发现作为设立公司出资的非货币财产的实际价额显著低于公司章程所定价额的，应当由交付该出资的股东补足其差额；公司设立时的其他股东承担连带责任。

有限责任公司应当置备股东名册，记载下列事项：股东的姓名或者名称及住所；股东的出资额；出资证明书编号。记载于股东名册的股东，可以依股东名册主张行使股东权利。公司应当将股东的姓名或者名称及其出资额向公司登记机关登记；登记事项发生变更的，应当办理变更登记。未经登记或者变更登记的，不得对抗第三人。

第三节　有限责任公司的特别规定

一、一人公司

一人公司，亦称一人有限责任公司、独股公司，很多国家确认了一人有限责任公司的法律地位。在我国，由于受传统观念的影响、社会信用体系的不完善等因素的制约，一人公司长期得不到法律的认可。

随着我国经济的发展，很多自然人个体或其他投资个体有足够实力从事较大规模的商事活动。为了避免一次商务投资的失败而导致"全盘皆输"的命运，投资个体对于"有限责任"的需求日益强烈。现实生活中投资个体为了谋求"有限责任"的保护，采取规避法律的各种手段，比如名为多数股东共同出资但实为一人出资，其他股东挂名或者是一个股东占绝对股权优势，造成了经济秩序的混乱。我国在 1993 年《公司法》中明确规定了股东对外转股和股东之间转股自由的权利，如股东不同意其他股东对外转让股权，该股东应在同等条件下受让该股权，转股自由的权利实际造成股权归一个股东全部占有的情况，而该情形又不是公司解散的事由，导致了法律上的"两难"境地。并且，我国现行法律承认国有独资公司和外商独资企业的法律地位，这与建立公平的市场经济秩序是不相符的。因此，新修订的《公司法》承认了一人有限责任公司的法律地位。

（一）一人有限责任公司的概念及特点[1]

根据《公司法》第 58 条的规定，所谓一人有限责任公司，是指只有一个自然人股东或一个法人股东的有限责任公司。与常规有限责任公司相比，一人有限责任公司具备以下特征：

（1）设立的高门槛与设立限制。有限责任公司设立的注册资本为 3 万元，可采取认缴制，股东出资只要到位 20％，公司即可成立，其余注册资本可在公司成立后规定年限内到位。一人有限责任公司设立的注册资本为 10 万元，且采取实缴制，即股东的出资要全部到位公司才能成立。此外，自然人股东可投资设立有限责任公司的数量并无限制，对有限责任公司进行转投资也无限制；但一个自然人股东只能设立一个一人有限责任公司，且该一人有限责任公司不能投资新设其他一人有限责任公司。

（2）设立程序和股东运作的特别规定。一般有限责任公司中股东会是公司最高权力机构和决策机构，公司章程由股东会制定；而一人有限责任公司不设股东会，公司章程由股东自行制定。

（3）举证责任的倒置。一般有限责任公司，公司的债权人如要越过公司法人向股东主张债权，必须提出足够的证据证明公司与股东的财产混同；但当一人有限责任公司的债权人向公司股东债权人主张债权时，需由股东举证证明公司财产独立于股东财产，否则就要承担连带责任。该规定体现了保护一人有限责任公司债权人的立法精神。

（二）一人有限责任公司的特殊性[2]

（1）主体特殊。与个人独资企业投资人的个人无限责任不同，一人有限公司欠缺社团性，但股东以其出资额为限对公司承担责任。公司一旦成立，公司自身主体即脱离公司成员独立存在，即独立的公司法人人格与投资者人格相脱离，个人资产同企业资产分离，具备民事主体资格。

（2）组织机构及运作模式特殊。一人有限公司不设股东会，但这并不意味着

---

① 李昱：《一人有限责任公司制度辨析》，《安徽农村金融》2006 年第 1 期。
② 王延江：《关于对一人有限责任公司的几点法律认识》，《法学与实践》2006 年第 2 期。

投资人对公司事务可以任意作出决定。股东作出公司经营方针、投资计划，修改公司章程，增加、减少注册资本等关于公司的重大事务时，应当采用书面形式并由股东签名后置备公司。由于股东的单一性，导致公司的监事会也不复存在。《公司法》规定，一人有限责任公司编制的财务会计报告必须经会计师事务所审计。

二、国有独资公司

新《公司法》保留了国有独资公司的特别规定，并根据近年来我国国有企业改革和国有资产监督管理体制改革的成果，对旧法关于国有独资公司的有关规定进行了修改完善，意图为其深入改革继续提供制度支持。

(一) 国有独资公司的概念和特征

所谓国有独资公司，是指国家单独出资、由国务院或者地方人民政府委托本级人民政府国有资产监督管理机构履行出资人职责的有限责任公司。其设立方式有两种：一是新建设立，即国有资产监督管理机构单独出资开办；二是改建设立，即原有国有企业符合公司法设立有限公司条件并为单一投资主体的，可以依照公司法的规定改建为国有独资公司。

国有独资公司具有以下特征。

1. 投资主体的唯一性

国有独资公司是由国家授权投资的机构或者国家授权的部门作为唯一的投资主体投资设立的公司。它与西方的一人公司有许多相似之处，一方面表现为股东的单一性；另一方面表现为股东与公司人格的各自独立性。但二者又存在若干差异。

首先，二者的发展基础不同。股份转让的合法性为全部的股份集中于单一股东提供了可能，从而使西方国家的一人公司在有限责任公司的基础上发展了起来，有的国家还确认了单个股东直接设立的一人公司；而我国的国有独资公司并非公司制度发展的产物，不是对已存在的公司人格的继续之认可，而是国有企业改革的特殊需要，是为我国大中型国有企业实行公司制改革而设计的一种公司组织形式。

其次，西方国家的一人公司多为中小型公司，其股东是自然人抑或法人；我国的国有独资公司是国务院确定的生产特殊产品的公司或者属于特定行业的公司，一般为大型公司，其出资者是国家。

最后，股东权的行使方式及可能出现的问题不同，西方国家的一人公司由自然人股东或法人股东自己去行使股东权[1]，这就使得出资者可能利用公司的独立

---

[1]　徐晓东：《公司法与国有企业改革研究》，法律出版社，2000年，第253页。

人格为自己谋求非法利益,出现股东与公司人格的混同,在法律上也将导致对公司人格的否认,而直接追究股东个人的责任,即英美法上的"揭开公司面纱"和大陆法上的"直索责任"。我国的国有独资公司是由国家授权投资的机构或国家授权的部门代表国家行使股东权利,而这些机构或部门的工作人员可能会过多地支配公司,致使公司无法自主经营从而否定公司的独立人格;也可能过少地监督管理公司,使得公司的董事会或个别公司领导利用公司的独立人格谋取个人私利而损害国家利益。

2. 资产的国有性

公司的全部资产在最终归属上,都是国家所有的财产。虽然国有企业和国有独资公司的投资主体都是国家,但是二者的法律地位发生了较大的变化。① 第一,从法律依据上看,国有企业受我国 1988 年颁布的《中华人民共和国全民所有制工业企业法》调整,国有独资公司受《公司法》调整。第二,从产权关系上看,国家与国有企业间的产权关系不明晰,国家与国有独资公司的产权关系是明晰的。第三,从管理上看,国有企业实行厂长负责制,其权力往往得不到有效的制约,而国有独资公司股东、董事会、监事会机构的设立体现了分权制衡,符合现代企业管理原理的精神。

3. 作为有限责任公司的特殊形态

国有独资公司本质上是有限责任公司,具有和有限责任公司相同的法律属性。但二者在组织结构上有很大的不同。②

其一,国有独资公司只有一个投资者,因此不设股东会,由国家授权投资的机构或国家授权的部门,授权公司董事会行使股东会的部分职权,决定公司重大事项,但公司的合并、分立、解散、增减资本或发行公司债券必须由国家授权投资的机构或国家授权的部门决定。

其二,因为国有独资公司的董事会行使了股东会的部分权力。因此,较之一般意义上的有限责任公司,董事会权力相对扩大,而且董事的产生、任期与人数同一般有限责任公司亦有不同。

其三,关于监事会。国有独资公司监事会主要由国务院或国务院授权的机构、部门委派的人员组成,并有公司职工代表参加。

其四,国有独资公司设经理,由董事会聘任或解聘,经国家授权投资的机构或国家授权的部门同意。董事会成员可兼任经理,我国《公司法》赋予了经理广泛的职权。

---

① 王保树:《国有企业走向公司的难点及其法理思考》,《法学研究》1995 年第 1 期。
② 吴旭鹏、周执前:《如何完善国有独资公司的监督机制》,《湖湘论坛》2001 年第 2 期。

（二）国有独资公司的设立

设立国有独资公司，应当由国家授权投资的机构或者国家授权的部门作为申请人，申请设立登记。国务院确定的生产特殊产品的公司或者属于特定行业的公司，应当采取国有独资公司形式。国有独资公司的名称核准、章程制订、设立登记提交的文件等参照有限责任公司进行。经公司登记机关核准登记并发给营业执照后，公司即告成立。

（三）国有独资公司的章程及组织机构

国有独资公司的设立和组织机构，首先应当适用法律的特别规定；在没有法律的专门规定时，适用《公司法》关于有限责任公司的一般规定。

1. 国有独资公司的章程

公司章程是一个公司组织设立和进行活动必不可少的具有约束力的重要法律文件。公司章程在公司外部关系中，表明该公司的法律形式、公司名称、经营范围、资本数额、公司住所等，是公司登记机关对申请设立公司据以审核的依据，也是交易相对人与该公司进行经济交往时据以了解公司情况的基本依据；公司章程在公司内部关系中，表明股东就设立公司对重要事项达成一致协议，在公司存续期间，公司章程所载事项对公司股东、董事、监事及所聘任高级管理人员具有约束效力。

《公司法》第66条规定，国有独资公司章程由国有资产监督管理机构制定，或者由董事会制定报国有资产监督管理机构批准。这一规定明确了国有独资公司章程制定的主体及制定、批准程序，但对于章程应当记载的事项则没有进一步的规定。因此，对于章程记载事项应当适用法律对于有限责任公司的一般规定，即根据《公司法》第25条的规定来确定章程应当记载的内容。

2. 国有独资公司的权力机构

国有独资公司不设股东会，由国有资产监督管理机构行使股东会职权。国有资产监督管理机构可以授权公司董事会行使股东会的部分职权，决定公司的重大事项，包括决定公司的经营方针和投资计划，审议批准公司的年度财务预算方案、决算方案，审议批准公司的利润分配方案和弥补亏损方案等等，具体职权需要根据国有资产监督管理机构的授权来确定。但公司的合并、分立、解散、增减注册资本和发行公司债券，必须由国有资产监督管理机构决定；其中，重要的国有独资公司合并、分立、解散、申请破产的，应当由国有资产监督管理机构审核后，报本级人民政府批准。至于何谓重要的国有独资公司，应当按照国务院的规定确定，通常是指那些关系国家安全和国民经济命脉的重要行业和关键领域中的国有独资公司，包括涉及国家安全的行业，自然垄断的行业，提供重要公共产品和服务的行业以及支柱产业和高新技术产业中的重要的国有独资公司。

3. 国有独资公司的董事会和经理

国有独资公司董事会的职权范围比一般有限责任公司董事会的职权宽泛。董事会除按《公司法》第 47 条的规定依法行使其本身职权外，还可以依据第 67 条的规定行使股东会的部分职权。

公司董事的每届任期不得超过 3 年。国有独资公司的董事会成员中应当有公司职工代表。为了维护出资人权益，董事会成员由国有资产监督管理机构委派，但董事会成员中的职工代表由公司职工代表大会选举产生。董事会设董事长一人，可以设副董事长，由国有资产监督管理机构从董事会成员中指定，而不是通过董事互选产生。

国有独资公司设经理，由董事会聘任或者解聘。同一般有限责任公司的经理一样，国有独资公司的经理也是辅助董事会执行业务的人员，因此其应当依照《公司法》第 50 条关于有限责任公司经理的相关规定行使其职权。经国有资产监督管理机构同意，董事会成员可以兼任经理。

国有独资公司的董事长、副董事长、董事、高级管理人员，未经国有资产监督管理机构同意，不得在其他有限责任公司、股份有限公司或者其他经济组织兼职。

4. 国有独资公司的监事会

国有独资公司监事会成员不得少于 5 人，其中职工代表的比例不得低于1/3，具体比例由公司章程规定。监事会成员由国有资产监督管理机构委派，但监事会中的职工代表由公司职工代表大会选举产生。监事会主席由国有资产监督管理机构从监事会成员中指定。

国有独资公司监事会的职权来源于两方面的规定：一是《公司法》第 54 条的规定，二是国务院规定的其他职权。包括：检查公司财务；对董事、高级管理人员执行公司职务的行为进行监督，对违反法律、行政法规、公司章程或者股东会决议的董事、高级管理人员提出罢免的建议；当董事、高级管理人员的行为损害公司的利益时，要求董事、高级管理人员予以纠正。

三、外商投资企业

（一）我国外商投资企业的概念与特征①

外商投资企业是指外国投资者在东道国境内经批准投资举办的企业，是利用国际私人投资的一种重要形式。采用这种形式不仅可以引进外国的大量资金，弥补国内资金匮乏的不足；还可引进外国的先进技术、先进设备及其科学的管理经验；同时带动国内相关的产业发展，给东道国带来更多的就业机会。

---

① 沈健：《外商投资企业适用〈公司法〉之研究》，对外经济贸易大学硕士学位论文，2006 年 4 月。

中国外商投资企业的实质是外国投资者依照中国法律，在中国境内采用直接投资方式参与或独立设立的中外合资经营企业、中外合作经营企业和外商独资企业的总称（简称为"三资企业"）。①

1. 中外合资经营企业

中外合资经营企业是依照《中华人民共和国中外合资经营企业法》及其实施条例的规定而设立的，是由外国的公司、企业或其他经济组织或个人，按照平等互利的原则，经我国政府批准，在中华人民共和国境内，同一个或几个中国的公司、企业及其他经济组织共同举办、共同经营和共负盈亏的企业。

2. 中外合作经营企业

中外合作经营企业是外国企业和其他经济组织或者个人同中国的企业或者其他经济组织，按照平等互利的原则，根据《中华人民共和国中外合作经营企业法》及其实施细则和其他有关法规，用书面合同约定合作条件，并经国家批准，在中国境内共同设立的经济组织。

中外合资经营企业（合营企业）与中外合作经营企业（合作企业）均是依据中国法律在中国境内设立的企业，受中国法律的管辖和保护。但二者存在若干不同。主要表现在：第一，合营企业属于股份制企业，按出资比例进行利润分成；而合作企业属契约式企业，各方出资不采取股份形式，也不按股份分享权利和义务，而是根据合营契约的约定享受权利、承担义务；第二，合营企业是中国的法人，具有法律上的独立人格；合作企业可以是法人，也可以是非法人企业；第三，在经营管理方面，合资企业采取董事会领导下的经理负责制，而合作企业可以采取设立董事会、联合机构或委托他人管理等方式。

3. 外商独资企业

外商独资企业是指依照《中华人民共和国外资企业法》及其实施细则，在中国境内设立的，全部资本均由外国的企业、其他组织或个人投资的企业，不包括外国的企业和其他经济组织在中国境内的分支机构。依照实施细则的规定，外资企业的组织形式为有限责任公司，经批准后，也可采用其他形式。

（二）《公司法》在外商投资企业中的适用②

外商投资的有限责任公司和股份有限公司适用《公司法》，法律另有规定的，适用其规定。

根据现行的有关外商投资管理方面的法律、行政法规和政策，外商投资的企业在适用《公司法》上有以下例外规定：

（1）中方股东资格。设立合营企业的中方股东或者发起人只能是企业或者其

① 曹建明、陈治东：《国际经济法专论》第4卷，法律出版社，2000年，第58页。
② 沈健：《外商投资企业适用〈公司法〉之研究》，对外经济贸易大学硕士学位论文，2006年4月。

他经济组织。具有中国国籍的自然人不能以股东身份与外商共同投资设立合营或者合作公司。

(2) 外商身份证明。为加强对外商投资真实性的监督，申请人向审批和登记机关所提交的外国投资者主体资格证明或者身份证明，应当经所在国家公证机关公证并经我国驻该国使（领）馆认证。香港、澳门和台湾地区投资者的主体资格证明或身份证明，应当依法提供当地公证机构的公证文件。

(3) 前置审批要件。设立合营企业各方所签订的合营协议、合同、章程，必须报国家对外经济贸易主管部门审查批准；申请设立合作企业，必须将中外合作者签订的协议、合同、章程等文件报国务院对外经济贸易部门或者国务院授权的部门和地方政府审查批准。以中外合营、中外合作、外商独资形式设立公司的，应当自收到批准文件之日起 30 日内向公司登记机关申请设立登记。逾期申请设立登记的，申请人则应当报审批机关确认原批准文件的效力或者另行报批。

(4) 股东出资及出资方式。外方出资额不应低于注册资本的 25%。作为外国合营者投资的技术和设备，必须确实是适合我国需要的先进技术和设备。股东以自己的名义，通过借贷等方式筹措的资金视为自己所有的资金，可以作为该股东对公司的出资。股东一次性缴付全部出资的，应当在公司成立之日起 6 个月内缴足；分期缴付的，首次出资额不得低于其认缴出资额的 15%，也不得低于法定的注册资本最低限额，并应当在公司成立之日起 3 个月内缴足。

(5) 公司内部机构。合营和合作公司均不设股东会，由董事会决定重大问题。董事会组成人员由各方委派和撤换。合营一方担任董事长的，由他方担任副董事长。合作公司还可以不设董事会，由联合管理机构决定公司重大问题。

(6) 公司法律责任。外商投资的公司的股东、发起人未交付或者未按期交付作为出资的货币或者非货币财产的，由公司登记机关按照《公司注册资本登记管理规定》的适用原则实施处罚；外商投资的公司超出核准登记的经营范围，擅自从事《外商投资产业指导目录》限制类、禁止类项目活动的，视同无照经营，由公司登记机关适用《无照经营查处取缔办法》的规定予以处罚。构成犯罪的，依法追究刑事责任。

第四节　有限责任公司的股权转让

一、概述

(一) 股权转让的概念

股权有广、狭义之分。广义的股权，泛指股东得以向公司主张的各种权利，故股东依据合同、侵权行为、不当得利和无因管理对公司享有的债权亦包括在内；狭义的股权，则仅指股东基于股东资格而享有的、从公司获取经济利益并参与公司经营管理的权利。[1] 股权转让也有广义与狭义之分，狭义的股权转让是指股份的有偿交易即股份买卖；广义的股权转让是指因买卖、继承、赠与、离婚、强制执行等事由，股权由公司股东转让给其他股东或股东之外的人。

有限责任公司的股权转让分为对内转让（或称内部转让）和对外转让（或称外部转让），股权对内转让即股东将股权转让给公司其他股东的行为，股权对外转让系指股东的股权转让给公司股东之外的其他人的行为。由于有限责任公司股权内部转让不像外部转让那样必然导致新股东的加入，不会动摇基于股东之间相互信任关系的公司之人合性，因此，有限公司股权转让的法律法规，大都区分内部转让与外部转让，分别制定规则，对内部转让多采取自由主义，对外部转让多采取限制主义。

（二）股权转让与出资转让、股份转让

股权转让与出资转让、股份转让通常都被认为指向的是同一行为，但事实上其法律含义并不相同。

1. 出资转让

1993年《公司法》第35条规定："股东之间可以相互转让其全部出资或者部分出资。股东向股东以外的人转让其出资时，必须经全体股东过半数同意；不同意转让的股东应当购买该转让的出资，如果不购买该转让的出资，视为同意转让。经股东同意转让的出资，在同等条件下，其他股东对该出资有优先购买权。"当时，之所以规定了出资转让而不是股权转让制度，是基于"法人财产权"理论。这一理论的进步意义在于，它承认公司作为企业法人，针对股东投资形成的财产享有全部法人财产权，即占有、使用、收益和依法处分的权利，但尚不是财产所有权。股东投入有限责任公司的认缴投资的所有权仍然属于股东所有，有限责任公司股东在公司中享有出资所有权，而不是股权。因此，股东针对公司产权转让的客体也只能是"出资"，而不是股权。

原始出资和股权是两个既相互联系又有着严格区别的概念。股东原始出资是指在有限责任公司成立时，股东向公司交纳的资本数额，它量化为一定的货币资金。股权是指公司股东基于原始出资而对公司享有的各项权利的总称。股权包含财产权，如股东依法享有的资产受益权、剩余财产分配请求权等；股权也包含身份权，如选择管理者、参与公司重大决策等权利。股东原始出资与股权之间的联系表现在：股权的大小是根据股东原始出资在公司注册资本总额中所占的比例来确定的。[2] 因此，从产权处分原则上讲，股东真正享有处分权的客体是股权，而

---

① 江平、李国光：《最新公司法培训教程》，人民法院出版社，2006年，第117页。

② 钱明星：《公司财产与公司财产所有权、股东股权》，《中国人民大学学报》1998年第2期。

不是原始出资。股东的"出资转让"制度，没有反映股东针对公司产权转让行为的本质属性。股东针对公司产权转让行为的客体是股权，而不是原始出资。原始出资仅仅是一个财产概念，如果说股东转让的是原始出资，那么这种转让只涉及财产属性，不能涵盖股东针对公司的其他权利转让的内涵；而且将股东针对公司产权转让界定为"出资转让"，势必导致股东将原始出资已经转移给公司占有、结果仍然享有原始出资处分权的逻辑矛盾。

2. 股份转让

出资是一种在公司设立时确定的价值，而在公司存续期间，公司股份所代表的财产价值与出资本身的价值会有很大的差异，股份所代表的价值可能远远大于或小于当时出资本身的价值，即前者是变数，后者是定值。股权作为财产性权利，其价值随公司的经营状况及其他因素而变化，而出资非依法定条件和程序不能任意改变。大多数国家针对有限责任公司股东转让公司产权时都使用了"股份转让"的概念。

股份与股权的关系是形式与内容的关系，股权以股份为载体，并随着股份的移转而移转。因此，股份的移转必然导致股权的移转，而股权的移转也必须以移转股份为前提。

2005 年《公司法》采用"股权转让"术语。《公司法》第 72 条规定，股东向股东以外的人转让股权，应当经其他股东过半数同意。股权是股东权的简称，是出资人基于出资购买的公司股份而享有的权利，性质上属于社员权。[1] 股权转让与出资转让的最主要差别在于，股权是一种财产权利，而出资仅仅是特定财产的数量表现。

二、股权转让规则

（一）股权转让的种类及转让条件

有限责任公司具有资合性与人合性特点。有限责任公司一般股东人数较少，股东之间的信用程度较高，股东内部关系的稳定对公司有至关重要的意义。所以，各国公司法无一例外地对有限责任公司股东的股权转让予以比较严格的限制。主要有以下三种立法例：第一，股东之间自由转让，向公司外第三人转让须经股东大会同意，如日本。第二，股东之间在章程无限制的情况下自由转让，向公司以外第三人转让需征得至少代表 3/4 出资的多数股民同意，如法国。第三，公司章程可以对转让股份附加除书面合同以外的其他条件，尤其是可以规定转让须经公司批准，如德国。[2]

---

① 王保树、崔勤之：《中国公司法原理》，社会科学文献出版社，1998 年，第 168 页。
② 范健：《商法》（第二版），高等教育出版社，2002 年，第 137 页。

　　根据转让方向的不同，股权转让可分为股东之间的股权转让和对外转让。其中，对外股权转让，又可分为一般转让与特殊转让。一般转让是股权转让的一般情形，指通过签订股权转让协议进行有偿转让，即股份买卖。特殊转让是指除股份买卖之外的其他引起股权移转的情形，包括股份的赠与、继承、遗赠、夫妻共同财产的分割和股份强制执行等。

　　（1）股东之间的股权转让。股东之间可以相互转让其全部或者部分股权。这种转让是自由的，法律不做任何的限制，章程有规定的从其规定。由于股东之间的转让只会改变股东的出资份额，不会破坏股东之间的信用联系。所以，可以不经股东会同意，转让股东与受让股东可以自行决定。

　　（2）股权对外转让。股东向股东以外的人转让股权，其他股东对股权转让的制约包括同意权和优先购买权。必须经其他股东过半数同意。股东对外转让其股权，应书面通知其他股东征求其同意，其他股东接到通知之日满30天未答复的，视为同意转让。不同意的股东应当购买该转让的股权，不购买的视为同意转让。

　　经股东同意转让的股权，在同等条件下，其他股东有优先购买权。两个以上的股东主张行使优先购买权的，应协商确定各自的购买比例。协商不成的，按照转让时各自的出资比例行使优先购买权。公司章程对股权对外转让另有规定的，从其规定。发生股权转让的，公司应更改公司的股东名册，并应当向公司登记管理机关办理变更登记，未经登记的不得对抗第三人。记载于股东名册的股东可以股东名册主张股东权利。

　　1. 关于股东的"同意"问题

　　股东向股东以外的人转让其出资时，应采取何种表决方式，是按照出资比例来行使表决权，还是按照股东人数行使表决权，法律规定存在不够协调、明确之处。本书认为，对此事项的表决不能按照出资比例行使表决权，而应按照股东人数行使表决权。

　　首先，法律对此事项专门规定的表决方式，是必须经"其他股东过半数"同意，而不是其他股东按照出资比例所持表决权的过半数同意，其文义明确强调按照股东人数行使表决权。《公司法》第43条虽原则性地规定股东会会议由股东按照出资比例行使表决权，但第72条的规定，应当视为是对股东向股东以外的人转让其出资时表决权行使的特殊规定，应优先适用。

　　其次，从资合性质讲，有限责任公司股东会应当按照出资比例来行使表决权；而从人合的性质讲，股东会应按照股东人数行使表决权。要确定在某一具体事项上如何行使表决权，关键在于该事项涉及公司的资合性质还是人合性质。有限责任公司具有人合性质的根据之一，就是法律规定股东向股东以外的人转让其出资要受到限制。股东向股东以外的人转让其出资涉及公司出资人的变化，应属于人合性质的事项，应当由全体股东按照股东人数行使表决权。每一股东无论出资多少，在设立公司时均有同等的权利选择其认为适当的合作伙伴，否则可不参加公司。在设立公司后股东发生变化时，同样应有同等的权利选择是否接受新的合作伙伴，不同意时便可优先购买被转让的出资。此项权利的性质与股东持股多少无关，当然也就不能采取按照出资比例行使表决权的方式决定。

　　2. 关于优先购买权

　　优先购买权，又称先买权，指特定的民事主体依照法律规定享有的在同等条件下先于他人购买特定标的物的权利。有限责任公司股东的优先购买拟转让股权的权利是优先购买权的一种，其他还包括共有人、承租人、合伙人等的优先购买权等。①

　　从性质上讲，股东优先购买权是一项法定权利，是公司为维护公司股东的信赖利益而赋予公司股东的一项重要权利。股东优先购买权是基于特殊的社员资格而附属于股东权上的一种权利，它不能独立于股东资格和地位而存在，而是随着股东资格的取得而取得，随着股东资格的丧失而丧失。股东优先购买权是股东基于自身利益而行使的权利，属于股东权利中的自益权，其行使与否由股东基于自身利益的考虑而决定。股东优先购买权的行使限制在"同等条件"范围内，以避免损害欲转让股权的股东的合法权益。

　　异议股东的购买义务指当其他股东半数以上不同意或视为不同意对外转让股权时，不同意转让股权的股东所应承担的购买该拟转让股权的义务。我们认为，优先购买权与购买义务存在较大差别：

　　第一，二者发生的条件不同。股东的购买义务产生在前，其产生的条件是"其他股东半数以上不同意转让"，此时，股东对外转让股权已被否决，外部人已无法购买股权而仅有其他股东有权购买。在外部人已经无权购买的情况下，应当不存在与外部人相比较的同等情况下的优先性；而股东的优先购买权，发生于过半数其他股东同意转让或视为同意转让的情形，此时其他股东与外部受让人之间进行竞争，其他股东在同等条件下可优先于外部受让人购买股权。

　　第二，二者的性质不同。股东的购买义务并非是对转让股东的限制，而是对其他股东行使否决权课加的义务。股东的购买义务体现了法律在照顾其他股东权利时，兼顾了转让股东的合法权益以实现利益的平衡。而优先购买权则纯粹是股东的一种权利，是对股权外部转让的限制，即当对外转让股权已经获得其他股东过半数同意时，其他股东有权选择是否以同等条件优先于外部受让人购买股权而不负有必须购买股权的义务。

　　不履行购买义务的法律后果。我国《公司法》对异议股东不履行购买拟转让股权义务的法律后果的规定是："其他股东半数以上不同意转让的，不同意转让

---

① 戴孟勇：《刍议行使优先购买权》，《人民法院报》，2000 年 12 月 16 日，第 3 版。

的股东应当购买该转让的股权；不购买的，视为同意转让”，即不履行该义务的后果仅仅是视为同意转让。这一规定强调了对公司其他股东利益的保护，强调对公司人合性的维持，但忽视了市场经济下民商事活动应当具备的效率，忽视了对转让股东权益及公司外部人利益的合理保护，因为愿意受让股权的第三人并非随时都可以找到。所以，规定股东不履行购买义务的法律后果仅仅是“视为同意转让”无法有效防止股东滥用其否决权，也难以保障转让股东的合法权益。在此种情况下，法律赋予转让股东向第三人转让与要求异议股东履行购买义务的选择权，更为妥当。

（二）股权回购请求权

资本充实是公司资本管理的一个重要原则，公司一般不得购买本公司的股权。但有下列情形之一的，对股东会该项决议投反对票的股东可以请求公司按照合理的价格收购其股权：

（1）公司连续 5 年不向股东分配利润，而公司该 5 年连续赢利，并且符合公司法规定的分配利润条件的；

（2）公司合并、分立或转让主要财产的；

（3）公司章程规定的营业期限届满或者章程规定的其他解散事由出现，股东会会议通过决议修改章程使公司存续的。

自股东会会议决议通过之日起 60 日内，股东与公司不能达成股权收购协议的，股东可以自股东会会议决议通过之日起 90 日内向人民法院提起诉讼。

第六章　股份有限公司

股份有限公司是我国重要的公司形式之一。学习本章，应了解股份有限公司的特点、设立股份有限公司的条件、股份有限公司股份的概念和分类，重点掌握股份有限公司股份转让的有关规定，以及股份有限公司上市的条件等。

第一节　股份有限公司概述

一、股份有限公司的概念

股份有限公司又称股份公司，是指将公司的全部资本划分为若干等额股份，由一定数量的股东持有，股东以其所持股份为限对公司债务承担责任，公司以全部财产对公司债务承担责任的一种公司形式。

股份有限公司起源于17世纪的荷兰和英国。荷兰的东印度公司和英国的东印度公司是世界上最早的股份有限公司。成立于1602年的荷兰东印度公司是殖民地商品经济的产物，起初其内部组织还没有股东大会，董事的选任和经营范围也不受投资人的限制，董事由政府以特许状指定有经营能力的殖民者担任。尽管股份公司一产生就成了殖民者对外侵略和扩张的工具，但它作为集资经营、共担风险的经济组织形式，在社会生活中起的作用是其他任何公司形态都无法取代的。因此许多西方的经济学家和法学家都将股份公司视为新时代的最伟大发现，认为它的重要性并不亚于蒸汽机与电力的发明。马克思曾经指出，假如必须等到积累去使某些单个资本增长到能够修建铁路的程度，那恐怕直到今天世界上还没有铁路，但是通过股份公司转瞬间就把这件事完成了。400多年来，股份公司在西方国家得到了长足的发展，成为西方国家占统治地位的公司形式。

二、股份有限公司的特征

股份公司是现代公司制度中最重要的一种形式，具有以下特征。

（一）股东责任的有限性

股份公司的股东仅以其所持有的股份数为限对公司的债务承担责任。除此之外不对公司及公司债权人承担任何财产责任。公司的债权人只能要求用公司的财产进行追偿，不能直接要求股东承担责任。

（二）股份公司的资合性

股份有限公司是一种最为典型的资合性公司。在这类公司中股东的身份对公司没有实质意义，公司的信用在于公司的财产，公司的股东人数没有上限的限制，股东之间也不强调相互的信赖，由于股份的自由转让性使得股东人数和股东随时处于变动之中。因而该类公司的设立和经营完全是以公司的财产为基础的，交易相对安全。

（三）股份公司的开放性

股份公司的资本来源除了由发起人投资而外，往往可通过公开募集的方式由社会公众来形成，即股份公司的股东既包括发起人，也包括许多不特定的社会公众，公司规模较大，上市公司尤为如此。因此，股份公司的财务必须强制公开，使广大的股东及潜在的投资者对于公司的经营情况进行了解和作出判断。由于股份公司的经营情况涉及千家万户的利益，对这类公司的监管也比有限责任公司要严格，从新修订的《公司法》中能够明显地看出这一点。

（四）股份公司资本的等额划分性

股份公司的资本划分为若干等额的股份，股份是公司资本的最小构成单位，由不同人数的股东分别持有。在股份公司中分别以股东所持有的股份数的多少表示股东权的大小。公司总的资本就等于公司发行的股份数与每股票面值的乘积。这样既便于公司资本和股东权益的计算，也便于公司筹集资本。

（五）股份公司股份的流通性

股份公司发行的股份以股票的形式存在，股票是证券市场上一种可以交易的有价证券。根据《公司法》的规定，股份公司的股东可以自由转让股份而不必经其他股东的同意，这与有限责任公司股东有限制地转让出资形成鲜明的对比。自由转让的结果使股东变动更加频繁，股东与公司的分离更加彻底。

第二节　股份有限公司的设立

股份公司的设立是指为了取得股份公司的法律人格而依法进行的循序的、连续的法律行为的总和。股份有限公司的设立依据其采取的划分标准的不同，可以分为不同的种类。

一、股份有限公司的设立方式

（一）发起设立和募集设立

发起设立，是指由发起人认购公司应发行的全部股份而设立公司。公司发起人认购第一次发行的全部股份，也就是说，公司第一次发行的股份不向社会公开募集。《公司法》第81条规定，股份有限公司采取发起设立方式设立的，注册资本为在公司登记机关登记的全体发起人认购的股本总额。公司全体发起人的首次出资额不得低于注册资本的 20％，其余部分由发起人自公司成立之日起 2 年内缴足；其中，投资公司可以在 5 年内缴足。在缴足前，不得向他人募集股份。

募集设立，是指由发起人认购公司应发行股份的一部分，其余部分向社会公开募集或者向特定对象定向募集而设立公司。公司第一次发行的股份由发起人、社会共同认购或者由发起人和特定的非发起人认购，缴足股款从而设立股份有限公司。依照《公司法》第 85 条、第 86 条的规定，以募集设立方式设立股份有限公司的，发起人认购的股份不得少于公司股份总数的 35％；但是，法律、行政法规另有规定的，从其规定。发起人向社会公开募集股份，必须公告招股说明书，并制定认购书。

募集设立与发起设立相比较，主要的优越性在于可以通过发行股份的方式，一方面充分吸收社会的闲散资金，在短期内筹足公司所需要的巨额资本，另一方面，全部资本不需要发起人筹足，可缓解发起人出资压力，有利于公司成立。但募集设立公司的程序极为复杂，受到许多方面的制约，筹资过程较长，筹资成本较高。募集设立的方式主要是需要巨额资金的公司设立时选择的方式。

（二）公开发行设立和非公开发行设立

公开发行股份设立股份有限公司，是指公司设立采取了证券法规定的方式公开发行股份而成立的公司。所谓非公开发行股份设立公司，是指没有采取证券法规定的方式公开发行股份有限公司。

二、股份有限公司的设立条件

设立股份有限公司，必须满足法律规定的条件。根据《公司法》第 77 条规定，设立股份有限公司应当满足下列条件。

（一）发起人数符合法定人数

在国外，一些国家允许设立一人公司。一人公司可以将其资本划分为等额的股份，也可以不将其资本划分为等额的股份。公司的资本划分为等额股份的一人公司，称为一人股份有限公司；公司的资本不划分为等额股份的一人公司，称为一人有限责任公司。根据我国的实际情况，结合世界公司立法的经验，我国修订后的公司法仅允许设立一人有限责任公司。因而《公司法》第 79 条明确规定，设立股份有限公司，应当有 2 人以上 200 人以下为发起人，其中须有半数以上的发起人在中国境内有住所。

（二）发起人认购和募集的股本达到法定资本最低限额

股份有限公司的注册资本是在公司登记机关登记的发起人认购的或实收资本总额。股份有限公司注册资本最低限额为人民币 500 万元。

（三）股份发行、筹办事项符合法律规定

股份有限公司的股份发行必须按照法律规定的条件和程序进行。股份有限公

司发行人应当承办公司的筹办事务，并承担公司不能成立的责任。根据《公司法》第 80 条的规定，股份有限公司发起人承担公司筹办事务。发起人应当签订发起人协议，明确各自在公司设立过程中的权利和义务。

（四）发起人制定公司章程，采用募集方式设立的经创立大会通过

采用募集方式设立股份有限公司的，经创立大会通过的公司章程是公司最为重要的法律文件，经常被人们喻为"公司的宪法"。发起人应当根据公司法及相关法规的要求，在律师等法律专家的协助下，起草制定章程草案。董事会在向公司登记机关申请设立登记时，应提交公司章程。采用募集方式设立的，公司章程必须经创立大会通过。董事会应于创立大会结束后 30 日内，提交公司章程等文件向公司登记机关申请设立登记。

（五）有公司名称和建立符合股份有限公司要求的组织机构

股份有限公司应当依照工商登记的要求选定公司名称，公司名称应当符合国家有关规定，如公司名称中应当标明其所属地域，但不得使用行政区划的名称作为公司字号，不得未经批准使用"中国"字样，公司名称不得含有歧视性、侮辱性的字样等，在公司名称中应当标明股份有限公司字样。公司只能使用一个名称，经公司登记机关核准登记的公司名称受法律保护。同时，公司还要建立以股东大会、董事会、监事会为特征的组织机构体系。

（六）有公司住所

法人以它的办事机构所在地为住所，股份有限公司作为社团法人，应当确定公司主要办事机构的地点，以进行公司营运和法律监管。

三、股份有限公司设立的程序

股份公司如以发起方式设立，其设立程序与有限责任公司类似，但必须由相关的国家机关对其进行审核和批准。而募集设立的程序则表现得很复杂，下面仅对此进行介绍。

（一）确定公司的发起人并由发起人认购股份

各国对发起人的人数规定各不相同，我国规定发起人必须在 2 人以上 200 人以下，且过半数在中国境内有住所。发起人之间为了明确相互的权利义务、责任承担、认购的股份等，应当签订发起人协议。

（二）制定公司章程

公司章程是关于公司组织和活动的基本准则，也是社会公众了解公司情况的主要法律文件，对每个股东均有法律约束力。按照《公司法》的规定，股份公司的章程所包括的事项有：公司的名称和住所；公司的经营范围；公司的设立方式；公司的股份总数、每股金额和注册资本；发起人的姓名或者名称、认购的股份数、出资方式和出资时间；董事会的组成、职权和议事规则；公司法定代表人；监事会的组成、职权和议事规则；公司的利润分配办法；公司的解散事由和清算办法；公司的通知和公告办法；股东大会会议认为需要规定的其他事项。

（三）募股申请

在取得允许设立股份公司的批准之后，由于采用募集设立的方式需向发起人以外的社会公众筹集资金，因此必须向国务院证券管理部门递交募股申请。在申请募股时需要提交的法律文件包括：批准设立公司的法律文件、公司章程、经营估算书、发起人姓名或者名称及发起人认购的股份数、招股说明书、代收股款银行的名称及地址、承销机构的名称及有关的协议。

（四）公告招股说明书

招股申请被批准后，发起人应当制作招股说明书并进行公告。招股说明书应当附发起人制定的公司章程，并载明下列事项：发起人认购的股份数、每股的票面金额及发行价格、无记名股票的发行总数、募集资金的用途、认购人的权利义务、本次募股的起止期限及逾期未募足时认购人可撤回所认购股份的说明。

（五）制作认股书，向社会公开募集股份

认股书上应载明招股书上记载的内容，由认股人填写所认购的股份数、金额、住所，并签名盖章。认股人以其认购数对公司承担出资责任。发起人向社会公开募集股份，应当有依法设立的证券公司承销，签订承销协议，并同银行签订代收股款协议。

在填写完认股书后，发起人和其他认购人应当在规定的时间内向公司缴纳股款。发起人可以用货币、实物、知识产权、土地使用权等可以用货币估价并可以依法转让的非货币财产作价出资。对作为出资的非货币财产应当评估作价，核实财产，不得高估或者低估作价。

（六）召开创立大会，申请创立登记

发起人应当自股款缴足之日起 30 日内主持召开公司创立大会。创立大会应当由发起人、认股人组成。发行的股份超过招股说明书规定的截止期限尚未募足的，或者发行股份的股款缴足后，发起人在 30 日内未召开创立大会的，认股人可以按照所缴股款并加算银行同期存款利息，要求发起人返还。

发起人应当在创立大会召开 15 日前将会议日期通知各认股人或者予以公告。创立大会应有代表股份总数过半数的发起人、认股人出席，方可举行。创立大会行使下列职权：审议发起人关于公司筹办情况的报告；通过公司章程；选举董事会成员；选举监事会成员；对公司的设立费用进行审核；对发起人用于抵作股款的财产的作价进行审核；发生不可抗力或者经营条件发生重大变化直接影响公司设立的，可以作出不设立公司的决议。创立大会对上述事项作出决议，必须经出

席会议的认股人所持表决权过半数通过。

发起人、认股人缴纳股款或者交付抵作股款的出资后，除未按期募足股份、发起人未按期召开创立大会或者创立大会决议不设立公司的情形外，不得抽回其股本。董事会在创立大会结束后 30 日内，向公司登记机关报送文件，申请设立登记。

四、发起人的法律责任

发起人在股份有限公司的设立过程中起着非常重要的作用，是一个不可或缺的法律角色。因此，公司法针对发起人规定了大量的限制条件，用较大的篇幅设置了发起人的法律责任。

（一）负担债务与费用责任

在实践中，发起人协议往往会对发起人各自承担的费用比例作出约定，如果约定与法律不相悖，可以承认其效力。但对第三人承担的债务，则应当由全体发起人负担连带责任。

（二）资本充实责任

公司成立后，如果发起人未按照章程的规定缴足出资的，应当补缴；其他发起人承担连带责任。以发起方式设立股份有限公司的，其发起人在公司成立 2 年内未按照章程的规定缴纳其认购的出资余额的，应当补缴，其他发起人对此承担连带责任。

如果在公司成立后，发现作为出资的非货币财产的实际价额显著低于公司章程所定价额的，应当由交付该出资的发起人补足其差额；其他发起人承担连带责任。无论是以发起方式设立股份有限公司，还是以募集方式设立股份有限公司，公司发起人都可以以非货币财产出资，当发现非货币财产的实际价额显著低于公司章程所定价额的，应当由交付该出资的发起人补足其差额；其他发起人承当连带责任。

（三）返还股款责任

在募集设立股份有限公司的过程中，如果认股人已经认购并缴足了所认购的股款，而公司却因为其设立不符合《公司法》规定的条件，或者创立大会决议不设立公司而公司不能成立时，认股人必然会遭受损失。因此，《公司法》规定，发起人对认股人因公司不能成立所遭受的损失，应当承担连带赔偿责任。在这种情况下，认股人可以按照所缴股款并加算银行同期存款利息，要求发起人返还。由于所有的发起人之间对返还股款及其银行同期存款利息负连带责任，认股人可以要求发起人中的任何一个人或者几个人予以返还，被要求的发起人不得拒绝。发起人在承担股款认缴义务和赔偿认股人损失义务时，并不考虑发起人在主观上是否具有过错，只要发起人未缴足股款，或者公司没有成立而给认股人造成损失的，发起人就应当承担赔偿责任。

（四）损害赔偿责任

发起人对因自己的过失而给设立中的公司造成的损害承担赔偿义务。在公司设立过程中，发起人如果没有做到尽职尽责，并因为自己怠于行使应履行的义务，从而给公司造成了损害，发起人就应当对这种损害负赔偿责任。但是，损害赔偿责任与返还股款责任不同的一点是，发起人的损害赔偿责任以发起人主观上具有过失为前提；如果没有过失，即使造成公司的损害，也不承担赔偿责任。这种责任，同样是连带赔偿责任。

第三节　股份有限公司股份

一、股份有限公司股份的概念和分类

（一）股份的概念

股份有限公司的股份，我们可以从以下三个方面加以理解：第一，股份是公司资本的组成部分，是构成资本的最基本的计算单位，也是均等的计算单位，即公司全部资本划分为均等股份。全部均等股份金额的总和即为公司资本总额；第二，股份是计算股东权利义务的单位。股东在公司中的法律地位基于其拥有的股份，股东权利义务的大小、范围也取决于其拥有的股份数额，也就是说，股份代表着股东的地位。出资人对公司进行投资后，正是基于股份的多少在公司中享有权利和承担义务。第三，股份是股东行使权利的计算标准。股东以其所持有的股份行使权利。例如，对于股东大会表决权的行使，每一股有一个表决权。股东权的行使以持有股份为必要条件，股东如果不持有公司的股份，即丧失其股东权。

股份主要具有以下特点：①股份代表的资本额一律平等，所包含的权利和义务也一律平等，同股同权、同股同利是公司法的一项重要原则。②股份可以自由转让和流通，即使是记名股份，在办理背书和过户手续后也可以转让，除法律有特别规定外，公司不得以章程或其他方式进行限制。③股份具体表现为股票，股票作为股份的证券形式，是公司签发的证明股东所持股份的书面凭证。因此，在一般情况下，股票的持有者即为股东权的享有者，股票的转让即为股东权的转让。

（二）股份的分类

根据《公司法》的规定，股份主要有以下几种分类方式。

1. 记名股和无记名股

记名股，是指将股东的姓名或名称记载于股票上的股份。记名股的权利只能由股东本人享有，非股东持有股票并不享有股权。公司发行记名股票的，应当置备股东名册，记载下列事项：股东的姓名或者名称及住所；各股东所持股份数；各股东所持股票的编号；各股东取得股份的日期。转让时，由股东以背书方式或者法律、行政法规规定的其他方式转让；转让后由公司将受让人的姓名或者名称及住所记载于股东名册。

无记名股，是指股票票面不记载股东姓名的股份。无记名股的合法持有人即为公司股东，股份转让时只需将股票交付给受让人即发生转让的效力。我国《公司法》第130条规定，公司发行的股票可以为记名股票，也可以为无记名股票。因而，在我国，记名股票和无记名股票都是可以发行的。但公司向发起人、法人发行的股票，应当为记名股票，并应当记载该发起人、法人的名称或者姓名，不得另立户名或者以代表人姓名记名。

2. 普通股和特别股

普通股，是指法律和公司章程对股东权利不作特殊规定的股份，也是公司中风险最大的股份。特别股，是指股东的权利由法律和公司章程作出区别于普通股股权的特殊规定的股份，特别股又可以分为在股息和红利分配、剩余财产分配、表决权行使等方面的优先股（权利行使先于或优于普通股）和劣后股（权利行使后于或劣于普通股）。

我国目前没有明文规定是否可以发行普通股和特别股。从理论上讲，公司法未作禁止性规定的，应当视为允许。《公司法》第132条规定，国务院可以对公司发行本法规定以外的其他种类的股份，另行作出规定。

3. 额面股与无额面股

额面股又称金额股，即在股票票面上表示一定金额的股份。无额面股又称为比例股或部分股，即股票票面不表明一定金额，只表明其占公司资本总额一定比例的股份。我国《公司法》第129条第二款第三项规定股票应当载明股票种类、票面金额及代表的股份数，因而没有规定无额面股。

二、股票

股票是股份有限公司股份证券化的形式，是股份有限公司签发的证明股东所持股份的凭证。股份有限公司的股份采用股票的形式。股票具有以下特征。

首先，股票是一种要式证券。它的制作和记载事项必须按照法定的方式进行。《公司法》第129条规定，股票采用纸面形式或者国务院证券监督管理机构规定的其他形式。股票应当载明下列主要事项：公司名称；公司成立日期；股票种类、票面金额及代表的股份数；股票的编号。股票由法定代表人签名，公司盖章。发起人的股票，应当标明发起人股票字样。

其次，股票是一种非设权证券，它仅是一种代表股东权的证券，而不是创设股东权的证券。股票仅仅是把已经存在着的股东权表现为证券形式，因此，股东丢失股票，并不丧失股东权和股东资格。

再次，股票是一种有价证券，持有证券，就表示享有权利。股票作为一种有价证券，所代表的是股东的财产权。因此，股票持有者可享有分配股息的权利，公司终止时，股票持有者可以取得公司剩余财产。

三、股份有限公司股份的发行

（一）股份发行的原则

1. 公平原则

参与股份发行的当事人在相同条件下的法律地位是平等的，相同的投资者享有相同的权利，相同的发行人在法律上负有相同的责任，不允许在相同的投资者之间存在不平等的待遇。同次发行的股份，每股的发行条件、发行价格应当相同。任何单位和个人所认购的股份，每次应当支付相同的价格。

2. 公正原则

公司在发行股份时要依法处理发行中的问题。在股份发行中必须遵守统一制定的规则，股份发行活动应当做到客观公正。具体包括：要公正地审查申请发行股份的公司，要公正地审查承销股份发行业务的证券经营机构，要公正地反映要求发行股份的公司的经营状况和其他有关资料，要公正地办理股票承销业务。

3. 同股同权、同股同利原则

相同的股份在相同的条件下应当具有平等性。同一个公司、相同的股份，在享有的权利和承担的义务上是平等的。在股票上所体现的权利也应当是平等的，按持有股份的多少行使表决权，按照持股的多少决定股利的分配，而不应是相同的股份有不相同的权利和股利分配。

（二）股份发行的种类

（1）设立发行，是指公司在设立过程中发行股份。在发起设立情况下，公司章程规定发行的股份必须由发起人全部认足，不再向社会募集；在募集设立情况下，发起人只依法认缴公司发行的部分股份，其余股份须向社会公开发行募足。公司既可以发行记名股票，也可发行无记名股票。

（2）新股发行，是指公司在成立之后再次发行股份。新股发行往往导致公司注册资本的增加，因此必须满足下列条件：前一次发行的股份已经募足，并间隔1年以上；公司在最近3年内连续赢利，并可向股东支付股利（公司以当年利润分派新股的，不受此项限制）；公司在最近3年内财务会计文件无虚假记载；公司预期利润率可达同期银行存款利率。

公司法对发行新股作了详细的规定。公司发行新股，股东大会应当对以下事项作出决议：新股种类及数额，新股发行价格，新股发行的起止时间，向原有股东发行新股的种类及数额。公司经国务院证券监督管理机构公开核准发行新股时，必须公告新股招股说明书和财务会计报告，并制作认股书。公司发行新股募足股款后，必须向公司登记机关办理变更登记，并公告。

四、股份的转让

所谓股份转让，是指股份有限公司的股份持有人依法自愿地将自己所持有的股份转让给他人，使他人取得股份成为股东的法律行为。有的学者认为，股份转让是指股份有限公司的股东依一定程序把自己的股份以高于或低于原来出资的价款让与他人，受让人取得股份成为该公司股东的行为。[①] 有的学者认为，股份转让是指通过转移股票所有权而转移股东权利的法律行为。股票是公司签发的证明股东持有股份的凭证，股份随股票而转让，因此股东权随股票而转让。股份转让是股东权继受取得的途径之一，以转让人的意思表示为必要，区别于因继承而继受取得股东权。因此，股份转让为民法上的法律行为。[②] 有的学者认为，股份转让是股东收回其投资的方法之一，由于股份有限公司并没有采取退股制度，从而股份转让成为公司股东收回其投资之最主要的方法。[③] 需要注意的是，股份自由转让是股份有限公司的一项基本原则。在股份转让中，只要股份转让行为符合法定要求，其他人就无权干涉股份持有人转让自己的股份。由于股份有限公司是典型的资合性公司，公司与股东的关系并不重要，只要公司的资本不减，就能够维持公司的正常运行，确保公司债权人的合法权益。无记名股票的转让非常简单，由股东将该股票交付给受让人后即发生转让的效力。至于记名股票转让的程序，则复杂一些，下面单独阐述。

（一）记名股票的转让

由于记名股票的发行有一定的限制条件，因而公司法针对记名股票的转让也规定了一定的条件。

记名股票的转让应当采取背书方式，即出让人将转让股票的意思表示记载于股票的背面，并签名盖章和注明日期。记名股票的受让人还必须按照法律和公司章程的有关规定办理过户手续，将受让人的姓名或者名称及住所记载于公司的股东名册。违反该项程序的股票转让，对公司没有效力。这是因为，如果没有依法办理股票过户手续，公司的股东名册没有变更，股权就没有真正转移，公司股东所应当享受的一切权利和应尽的一切义务，仍然以原公司股东名册上的记载为

---

① 王保树、崔勤之：《中国公司法原理》，社会科学文献出版社，1998年，第235～236页。

② 江平：《新编公司法教程》，法律出版社，2003年，第194～195页。

③ 柯芳枝：《公司法论》（上），三民书局，2002年，第208页。

准，股票受让人的权益就无从保护。

为了防止个别股东利用股票转让分散表决权，以达到操纵股东大会的目的，以及为了保证股利分配能够顺利进行，避免发生不必要的纠纷，《公司法》规定，公司在股东大会召开前 20 日内或者公司决定分配股利的基准日前 5 日内，不得进行记名股票股东名册的变更登记，即不予办理股票转让过户手续。但是，法律对上市公司股东名册变更登记另有规定的，从其规定。

（二）股份转让行为的限制

1. 股东转让股份的限制

发起人持有的本公司股份，自公司成立之日起 1 年内不得转让。公司公开发行股份前已发行的股份，自公司股票在证券交易所上市交易之日起 1 年内不得转让。其目的是为了增强发起人在公司创办阶段的责任感，防止某些人利用创办公司的名义实施违法投机行为，确保上市公司上市初期的稳健运作，严防"皮包公司"的出现。

2. 公司高级管理人员转让股份的限制

公司董事、监事、高级管理人员应当向公司申报所持有的本公司的股份及其变动情况，在任职期间每年转让的股份不得超过其所持有本公司股份总数的 25％；所持本公司股份自公司股票上市交易之日起 1 年内不得转让。上述人员离职后半年内，不得转让其所持有的本公司股份。公司章程可以对公司董事、监事、高级管理人员转让其所持有的本公司股份作出其他限制性规定。公司法之所以这样规定，目的是防止高级管理人员从事投机行为损害其他投资者的合法权益。需要说明的是，如果高级管理人员同样属于法定限制的发起人，那么就应当同时执行有关发起人的限制性规定。

3. 股份回购的限制

所谓股份回购，是指股份有限公司将本公司已发行在外的股份购回的法律行为。具体而言，是通过买回一定数额的已发行在外的股票来实现股份的回购。股份回购是一种大规模改变公司资本结构的行为。由于股份既可以对内转让，也可以对外转让，所以使得通过要约或协议收购目标公司股份成为可能，并能实现结构的调整和资源的重新配置。但是，不管是英美法系国家还是大陆法系国家，公司法很少给股份回购一个确切的定义。《香港公司购回本身股份守则》则给出了很明确的定义："指由要约人或要约人代表向要约人股东提出的购买、赎回或以其他方式取得股份的要约，而全部或部分属于此类要约的私有化计划、协议安排或其他形式的重组计划亦包括在内。"[①]

股份有限公司是"所有权"和经营权完全分离的独立经营体，公司本身和股

---

① 高汉：《股份回购及中小股东权益保护》，《甘肃社会科学》2007 年第 5 期。

东在法律上也是相对独立的主体，依照一人仅具一人格的法理，公司在理论上不可能同时成为自己的股东。公司如果能够收购本公司的股份，就意味着它变成了自己的公司的股东，使公司具有了公司本身和股东的双重身份，这会给公司带来一系列的问题，使公司和其他股东的利益平衡受到破坏，从而侵犯其他股东的权利。并且，股份回购违反了资本维持和资本充实的原则。资本维持原则，强调公司在其存续过程中，应当经常保持与其资本额相当的财产，其目的在于维持公司清偿债务的能力，保护债权人的权益。资本是公司对外交往的一般担保和从事生产经营活动的物质基础。所以如果公司取得自己的股份，则形同股东出资返还，公司的资产就因而减少，这将危及资本的充实，有悖于资本维持原则，可能剥夺对债权人的清偿机会，损害债权人的权益。如果被允许收购自己的股份，公司得以任意操纵股票的价格，容易导致市场投机，对公司的股东来说是一种诈欺行为。公司内部人员利用其地位可掌握内部信息，通过买卖公司的股票获得不正当的权益，会损害其他投资者的权益。

有关股份回购的立法体例大体分为两种：一种是原则允许，例外禁止。美国的公司立法原则上容许公司取得自己的股份，如公司出于善意，在不侵害债权人的情况下，可以取得自己的股份；另一种是原则禁止，例外允许。大陆法系国家对股份回购一般采取限制或禁止的立法态度，如德国、法国、日本等国，但都规定了例外情况。

我国公司法采用大陆法系的做法，即原则禁止，例外允许的立法例。新修订的《公司法》对允许回购股份的情形作了详尽的规定，与旧法相比，股份回购的情形明显扩大。

依照我国《公司法》第143条规定，公司不得收购公司的股份，但以下几种情形例外：

（1）减少公司注册资本。公司成立后，应当遵循资本不变原则，但资本不变原则并非一般的禁止资本之变更，仅禁止自由减少资本而已。减少资本，应当遵循严格的程序。在公司的经营方针和市场需求发生重大变化时，为了使经营规模与资本相称并减少分派股利的压力，使资本与财产相平衡，确保公司资本的真实性，公司就可以把一部分股份购回。但是公司减少资本必须按照公司法规定的程序进行，并经股东大会决议。在收购本公司股份后，应当自收购之日起10日内注销。基于法定原因引起的公司资本减少，并不与资本不变原则相悖。许多国家的公司立法都允许公司通过以取得自己股份的方式达到公司减资之目的。

（2）与持有本公司股份的其他公司合并。公司收购是资本重组的重要形式，有利于公司的扩大生产及经营活动，成为资源配置的有力市场手段和公司外部成长的途径。因此，在很多国家都认可公司的合并是股份回购的法定情形。我国新旧《公司法》对此都有规定。采取这种形式的收购，应当经股东大会决议，并在依照规定收购本公司股份后，6个月内转让或注销。

（3）将股份奖励给本公司职工。这种举措有利于增强职工的主人翁意识和责任感，大大激发职工的工作积极性，因而为各国所普遍采用。很多公司所采用的"员工持股计划"就是这方面典型的事例。依照《公司法》143条第三款的规定，将股份奖励给本公司的职工，不得超过本公司已发行股份总额的5%；用于收购的资金应当从公司的税后利润中支出；所收购的股份应当在1年内转让给职工。

（4）股东因对股东大会作出的公司合并、分立决议持异议，可要求公司收购其股份。在各国现代公司法中，公司的决策通常采用"多数表决"的规则。持少数股份的中小股东应当服从股东大会依照法定程序基于多数股东的意见而作出的决议。这一规则最大限度地体现了股东民主、股份平等的原则，同时也有利于维护公司经营的顺利进行。但在实践当中，多数股东特别是有控制权的大股东利用"多数表决规则"排挤中小股东，侵害少数股东合法权益的情况也相当普遍。我国2006年实施的新《公司法》也针对中小股东的权益保护作了详尽的规定，股份收买请求权就是其中的一种形式。股份收买请求权也称为异议股东回购权。其含义是当公司股东大会经过多数表决通过决议，就有关公司章程修改、重大资产买卖、重大公司重组、公司合并或分立解散等重大事项作出决定时，持异议的少数股东拥有要求对其持有的股份由公司或其他股东以公平价格予以购买或补偿的权利。

股份收买请求权制度最早产生于20世纪30年代美国的特拉华州，此后逐渐被美国其他绝大多数州及《标准公司法》所采用。当股东大会通过表决决定对公司进行重大变更时，持异议的少数股东可以通过请求股份回购退出公司。另外，这一制度在保护少数股东利益的同时，也使公司重大决策得以顺利实施。异议股东行使股份收买请求权后能获得股份的公平价格，不会再提起股东大会决议无效或可撤销之诉，这样就可以防止少数股东滥用诉权来破坏公司重大决策。

第四节　股份有限公司的上市

一、上市公司的含义

《公司法》第121条规定，本法所称上市公司，是指其股票在证券交易所上市交易的股份有限公司。据此，我们可以总结出上市公司的两个特征：

（1）上市公司必须是股份有限公司。以募集设立方式成立的股份有限公司，可以按照法律规定的条件，申请其股票在证券交易所内进行交易，成为上市公司。以发起设立方式成立的股份有限公司，在公司成立，经过批准向社会公开发行股票后，如果达到公司法规定的上市条件的，也可以依法申请为上市公司。

（2）上市公司的股票必须在证券交易所所开设的交易场所公开竞价交易。证券交易所是国家批准设立的专为证券交易提供公开竞价交易场所的事业法人。我国目前有深圳证券交易所和上海证券交易所。

依照《证券法》第 50 条的规定，股份有限公司申请股票上市交易，应当符合下列条件：股票经国务院证券监督管理机构核准已公开发行；公司股本总额不少于人民币 3000 万元；公开发行的股份达到公司股份总数的 25％以上；公司股本总额超过人民币 4 亿元的，公开发行股份的比例为 10％以上；公司最近 3 年无重大违法行为，财务会计报告无虚假记载。证券交易所可以规定高于前款规定的上市条件，并报国务院证券监督管理机构批准。

二、上市公司组织机构的特别规定

（一）股东大会的特别决议

上市公司在 1 年内购买、出售重大资产或者担保金额超过公司资产总额 30％的，应当由股东大会作出决议，并经出席会议的股东所持表决权的 2/3 以上通过。公司股东大会是公司权力机关，召开股东会议，对关系公司、股东切身利益的重大事项进行表决，是股东行使权利的方式。《公司法》第 38 条对有限责任公司股东会的职权作了规定，上市公司股东大会可以依照该条行使职权，在此不再赘述。但是，由于上市股东人数众多，股本规模大，重大的资产变动会产生较大的风险，给公司的长期经营和广大股东的长远利益带来影响。所以，当上市公司负债发生重大变化时，应由股东大会作出特别决议，经出席会议的股东所持表决权的 2/3 以上通过。

（二）独立董事

1. 独立董事的概念

所谓独立董事，一般是指不实际执行公司业务，与公司及其控制者之间无利害关系，并具有良好的品质、经验与能力来监督及评估公司管理层运作的董事。独立董事的主要特征在于其与公司的控制者以及股东间并无利害关系，并且不承担公司实际执行业务的任务。其职权与一般董事相同，不但可通过客观行使董事职权的方式来监督公司的运作，并且可通过其积极地参与各种委员会来影响公司的决策与经营。

独立董事制度最早出现在美国。20 世纪 70 年代末 80 年代初，美国出现了很多对公司董事会或管理层的法律诉讼案，控诉公司的高层管理人员和大股东董事为满足高层集团的利益而影响董事会选举的透明性和公正性，从而使董事会丧失了监督经营者的职能。如何防止内部人控制及大股东操纵，完善董事会的职能与结构，重树投资者的信心成为证券市场的重要问题。此时，独立董事制度作为一种确保董事会公正、透明运作的方法受到了重视。

中国证券监督管理委员会曾于 2001 年颁布了《关于在上市公司建立独立董事制度的指导意见 》（以下简称《指导意见》），该文件规定，境内上市公司应当聘请适当人员担任独立董事，其中应当至少包括 1 名会计专业人士；在 2002 年 6 月 30 日前，董事会成员中应当至少包括 2 名独立董事；在 2003 年 6 月 30 日前，上市公司董事会成员中应当至少包括 1/3 的独立董事。2005 年公司法修订，从进一步改善上市公司治理结构，保护广大中小股东利益出发，对独立董事作出了规定：上市公司设立独立董事，具体办法由国务院规定。为了加强对上市公司董事会决策过程的监督，强化对大股东的制衡机制，更好地维护广大中小股东的利益，法律对上市公司独立董事提出了要求，应当按照国务院有关上市公司设立独立董事的具体办法执行（第 123 条）。

2. 独立董事的任职条件

根据中国证券监督管理委员会《关于在上市公司建立独立董事制度的指导意见》，担任独立董事应当符合下列基本条件：①根据法律、行政法规及其他有关规定，具备担任上市公司董事的资格；②具有本《指导意见》所要求的独立性；③具备上市公司运作的基本知识，熟悉相关法律、行政法规、规章及规则；④具有 5 年以上法律、经济或者其他履行独立董事职责所必需的工作经验；⑤公司章程规定的其他条件。

同时，《指导意见》还规定了下列人员不得担任独立董事：①在上市公司或者其附属企业任职的人员及其直系亲属、主要社会关系（直系亲属是指配偶、父母、子女等；主要社会关系是指兄弟姐妹、岳父母、儿媳女婿、兄弟姐妹的配偶、配偶的兄弟姐妹等）；②直接或间接持有上市公司已发行股份 1% 以上或者是上市公司前 10 名股东中的自然人股东及其直系亲属；③在直接或间接持有上市公司已发行股份 5% 以上的股东单位或者在上市公司前 5 名股东单位任职的人员及其直系亲属；④最近 1 年内曾经具有前三项所列举情形的人员；⑤为上市公司或者其附属企业提供财务、法律、咨询等服务的人员；⑥公司章程规定的其他人员；⑦中国证监会认定的其他人员。

3. 独立董事的职权

独立董事除了行使公司董事的一般职权外，还被赋予了以下特别职权：①重大关联交易（指上市公司拟与关联人达成的总额高于 300 万元或高于上市公司最近经审计净资产值的 5% 的关联交易）应由独立董事认可后，提交董事会讨论；独立董事作出判断前，可以聘请中介机构出具独立财务顾问报告，作为其判断的依据；②向董事会提议聘用或解聘会计师事务所；③向董事会提请召开临时股东大会；④提议召开董事会；⑤独立聘请外部审计机构和咨询机构；⑥可以在股东大会召开前公开向股东征集投票权。

独立董事除履行上述职责外，还应当对以下事项向董事会或股东大会发表独立意见：①提名、任免董事；②聘任或解聘高级管理人员；③公司董事、高级管理人员的薪酬；④上市公司的股东、实际控制人及其关联企业对上市公司现有或新发生的总额高于 300 万元或高于上市公司最近经审计净资产值的 5% 的借款或其他资金往来，以及公司是否采取有效措施回收欠款；⑤独立董事认为可能损害中小股东权益的事项；⑥公司章程规定的其他事项。

（三）上市公司董事表决的限制

根据《公司法》第 125 条的规定，上市公司董事的表决主要受到以下限制：

（1）上市公司董事与董事会会议决议事项所涉及的企业有关联关系的，不得对该项决议行使表决权，也不得代理其他董事行使表决权。此处所称的关联关系，是指上市公司的董事与董事会决议事项所涉及的企业之间存在直接或间接的利益关系。上市公司董事对上市公司负有忠实和勤勉的义务，当存在关联关系时，从维护公司整体利益的角度出发，董事不得对该项决议行使表决权，也不得代理其他董事行使表决权。

（2）董事会会议由过半数的无关联关系董事出席即可举行，董事会会议所作决议须经无关联关系董事过半数通过。

（3）董事会会议的举行和决议的通过一般采用简单多数的方式进行，但当出席董事会的无关联关系董事人数不足 3 人时，董事会会议已无法进行表决。由于董事会是由公司股东大会选举出来的，对股东大会负责，此时上市公司董事会应将该事项提交上市公司股东大会审议。

第七章　非公司商主体

商主体除其典型的形式——公司外，非公司型国有企业、集体企业、合伙企业、个人独资企业在数量上也占有相当的比例，特别是合伙企业、个人独资企业，在商事活动中十分活跃。本章分别介绍了各类非公司商主体的基本法律规定。学习本章，应重点掌握商合伙的种类、特征和相关设立、运行规则。

第一节　非公司型商法人

非公司型商法人，是指依据特别法律设立的不采取公司形式的企业法人，如非公司型国有企业、集体企业等。

一、国有企业

（一）国有企业的概念

国有企业有广义和狭义之分。广义的国有企业，不仅包括根据《中华人民共和国全民所有制工业企业法》（以下简称《全民所有制工业企业法》）设立的国有企业，而且包括根据公司法设立的国有企业。狭义上的国有企业，仅指根据企业法设立的国有企业。由于公司法上的国有独资公司和公营公司由公司法调整，因此，本书所指的国有企业，专指按照我国《全民所有制工业企业法》设立的国有企业，这类企业是依法设立的自主经营、自负盈亏、独立核算、自我发展、自我约束的商品生产和经营单位，是独立享有民事权利和承担民事业务的企业法人，对于国家授予其经营管理的财产享有占有、使用和依法处分的权利。

在我国现阶段，社会主义全民所有制采取国家所有制形式，一切国家财产属于以国家为代表的全体人民所有。《中华人民共和国物权法》第 45 条规定，法律规定属于国家所有的财产，属于国家所有即全民所有。国有财产由国务院代表国家行使所有权；法律另有规定的，依照其规定。由于我国幅员辽阔，国家财产种类繁多，数量巨大，国家不可能也无必要事必躬亲，直接或亲自行使所有权的每项权能，在由国务院代表国家行使所有权的同时，可以由国务院各部门或地方人民政府的有关部门，依照法律规定行使有关权利。

（二）国有企业的法律地位

国有企业的投资主体是国家，投资主体具有单一性。国有企业对于国家授予其经营管理的财产享有占有、使用和依法处分的权利。所谓依法处分，是指企业必须依照法律的特别规定处分其法人财产，不得超越法律允许的范围，也不得违背法律规定的处分方式。国有企业财产属于国家所有，国务院代表国家行使企业财产的所有权。

国有企业具有独立的法人资格，是一种非公司型企业法人。作为一种企业法人，它能够独立享有民事权利和和承担民事义务。对内，它是一种经营自主、自负盈亏、独立核算、自我发展、自我约束的商品生产和经营单位；对外，它能够独立承担责任。

（三）国有企业的经营方式

国务院代表国家行使国有企业财产的所有权，企业则通过一定的资产经营形式，依法行使经营管理权。所谓资产经营形式，是指用以落实企业法的规定，具体规范国家与企业的责、权、利关系，保障双方权益的企业经营国有资产的责任制形式。企业采取何种资产经营形式或由企业的主管部门确定，或由主管部门与企业协商确定。

（四）国有企业的权利义务

国有企业享有的权利范围比较广泛，包括：生产经营决策权，投资决策权，产品和劳务定价权，进出口经营权，劳动人事和工资、奖金分配权，产品销售权，物资采购权，留用资金支配权，资产处置权，联营、兼并权，内部机构设置权，拒绝摊派权等。

企业承担的义务包括：完成国家下达的指令性计划；遵守国家的有关规定；努力提高劳动效率，节约能源和原材料，降低劳动成本；保证产品质量和服务质量；鼓励和支持科学研究，等等。

（五）国有企业的内部管理机制

国有企业采取厂长（经理）负责制，厂长（经理）由国家委派、招聘，或者由职工代表大会选举并报政府主管部门批准。厂长（经理）在企业中处于中心地位，是企业的法定代表人。凡政府主管部门委任或者招聘厂长（经理），或者主管部门对其委任或招聘的厂长（经理）予以免职或解聘时，均需事先征求职工代表的意见；由职工（代表）大会选举或者罢免厂长（经理）时，则需报政府主管部门批准。

企业设立管理委员会或者采取其他形式，协助厂长（经理）决定企业的重大问题。

职工（代表）大会是企业实行民主管理的基本形式，是职工行使民主管理权利的机构，其工作机构是企业的工会委员会。

（六）国有企业与政府的关系

为确保企业财产的所有权，政府及其有关部门有权对国有企业享有如下职权：考核企业财产保值、增值指标，对企业资产和负债情况进行审查和审计监督；决定国家与企业之间的收益分配方式、比例或者定额；决定或批准企业自主权限之外的投资项目；决定或者批准企业的资产经营形式，企业的设立、合并（不含兼并）、分立、终止和拍卖，批准企业提出的被兼并申请和破产申请；审批企业财产的报损、冲减、核销，关键设备、成套设备或者重要建筑物的抵押、出售，组织清算并收缴被撤销、解散的企业财产；决定或批准企业厂长（经理）的任免、聘任、解聘和奖惩；拟订有关企业的财产管理制度，对其执行情况进行检查监督；维护企业依法行使经营权，协助企业解决实际困难。

（七）国有企业的监督管理

国有资产管理部门是政府管理国有资产的职能部门。国有资产管理部门采取分级监管的方式，负责对国有资产管理进行监督管理。地方各级人民政府根据国务院的规定设立国有资产管理部门，对地方管辖的国有企业财产依法实施监督管理。国务院授权有关部门或者有关机构，对国务院管辖的企业和国务院指定由其监督的地方管辖的企业实施分工监督。除国务院授权的监督机构外，省、自治区、直辖市人民政府可以确定有关部门或者有关机构，对省级人民政府管辖的企业和省级人民政府指定由其监督的下级地方人民政府管辖的企业实施分工监督。

国有企业财产监督机构根据需要可以向企业派出监事会。但这种监事会与《公司法》规定的监事会在性质上有所不同。《公司法》规定的监事会是公司内部机构，而向国有企业派出的监事会属于企业的外部机构，是针对一般国有企业实行厂长（经理）负责制、不设董事会和监事会而采取的一项监督企业财产保值的措施。

（八）国有企业的整顿和撤并

1. 企业停产整顿

企业发生经营性亏损严重的，可以申请自行停产整顿，整顿方案经政府主管部门批准后，由企业自行组织实施；政府主管部门也可责令企业停产整顿，此时应由企业的法定代表人负责制定整顿方案，经主管部门批准后实施。停产整顿的期限一般不超过1年。企业停产整顿期间，可以暂停上交承包利润，延缓支付贷款利息，同时不得发放奖金。

2. 企业的合并

国有企业的合并分为无偿合并和有偿兼并两种情况。由政府决定或者批准合并的，合并各方在政府主管部门的主持下协商订立合并协议。在全民所有制的范围内，资产可以无偿划拨。兼并则为一种有偿合并的方式，如前所述，国有企业兼并其他企业的，由企业自主决定；国有企业被兼并的，因涉及国家财产所有权的转移问题，所以要报兼并企业的主管部门批准。

企业经停产整顿仍然达不到扭亏目标，且无法与其他企业合并，或因其他原因应当终止的，由政府主管部门提出，经省级政府或者国务院主管部门批准，可予以解散，并由政府主管部门指定成立的清算组进行清算。企业破产的，则适用破产法的规定。

二、集体企业

（一）集体企业的概念

集体企业，全称为集体所有制企业，是指以生产资料的劳动群众集体所有制为基础而设立的独立的商品经济组织。

集体企业可以分为城镇集体企业和乡镇集体企业。前者是指财产属于劳动群众集体所有、实行共同劳动、在分配方式上以按劳分配为主体的社会主义经济组织。后者是指农村集体经济组织或者以农民投资为主，在乡镇（包括所辖村）举办的承担支援农业义务的各类企业。所谓投资为主，是指农村集体经济组织或者农民投资超过 50%，或者虽不足 50%，但能起到控股或者实际支配作用。

目前，我国规范集体企业的法律法规有《中华人民共和国城镇集体所有制企业条例》、《中华人民共和国乡镇企业法》、《中华人民共和国乡村集体所有制企业条例》等。

（二）集体企业的法律地位

城镇集体企业是独立的商品经济组织，具有法人资格，实行自主经营、自负盈亏、独立核算，依法独立地享有民事权利和承担民事义务。

乡镇企业依法实行独立核算，自主经营，自负盈亏。具有企业法人资格的乡镇企业，依法享有法人财产权。

集体企业的自主经营权比较广泛，具体包括：在产、供、销方面，享有生产经营活动自主安排权、物资选购权、产品销售权、进出口权、制定价格权、联合经营权等；在人、财、物等方面，享有人事劳动管理权、拒绝摊派权和优惠权（即企业有权享受国家法律、法规和政策规定给予集体所有制企业的各种优惠待遇）。

（三）集体企业的产权关系

集体企业的财产属于集体性经济组织所有或本集体成员集体所有，具体来说，就是属于组建、开办、投资该企业的全体成员或者集体性质的组织所有。集体企业对其全部财产享有占有、使用、收益和处分的权利。企业有权按照国家规定自主支配其税后利润，确定公积金、公益金、劳动分红和股金分红的比例。可见，在产权关系上，集体企业与国有企业不同。国有企业只享有对国家授予其经营管理的财产的经营管理权，并不享有所有权。

（四）集体企业的分配制度

集体企业实行按劳分配为主、入股分红为辅的分配制度。集体企业的职工收入可分为两部分：一是根据职工的劳动数量和质量，以工资、酬金的形式支付；二是可以依照职工的股金比例进行股金分红。

（五）集体企业的管理体制

1. 城镇集体企业的管理体制

城镇集体企业在民主管理的条件下实行厂长（经理）负责制。职工大会或者职工代表大会是集体企业的最高权力机构，由其选举和罢免企业管理人员，决定经营管理的重大问题。厂长（经理）由职工（代表）大会选举产生，对职工（代表）大会负责并报告工作。厂长（经理）是企业的法定代表人。

应当注意的是，城镇集体企业的管理机构与国有企业的管理机构虽然在形式上相同，但其产生程序不同。在集体企业，厂长（经理）必须由职工（代表）大会选举产生，而国有企业的厂长（经理）或者由企业上级主管部门委派、招聘，或者由职工（代表）大会选举并报主管部门批准；在集体企业，职工（代表）大会是最高权力机构，而在国有企业，职工（代表）大会则是职工行使民主权利的机构和监督机构。

2. 乡镇集体企业的管理体制

乡镇集体所有制企业实行厂长（经理）负责制，厂长（经理）是企业的法定代表人。乡镇集体所有制企业的厂长（经理）由企业所有者选举或者选聘。乡镇集体所有制企业职工有权参加企业的民主管理，有权对厂长（经理）和其他管理人员提出批评和控告。企业职工大会或者职工代表大会有权对企业经营管理中的问题提出意见和建议，评议、监督厂长（经理）和其他管理人员。

乡镇集体企业的管理体制的产生方式既与城镇集体企业不同，又与国有企业不同。在乡镇集体企业，厂长（经理）由企业的所有者选举或者选聘，职工或者职工（代表）大会有权对其行为实施监督。

第二节　商　合　伙

一、商合伙的概念与特征

商合伙也称为商业合伙、合伙企业，是指由两个以上的合伙人基于合伙协议，共同出资、共同经营、共享收益、共担风险所形成的人身信任和财产相结合的集合体，典型的如合伙企业等。

商合伙具有以下法律特征：

第一，商合伙是两个以上人的组合，它是通过工商登记程序设立的经营实体组织。合伙企业登记后，有自己的名称，能以自己的名义从事经营活动和诉讼活动。

第二，商合伙成立的基础是合伙协议。商合伙是合伙人之间的自愿联合，合伙存在的前提是合伙人就出资、利润分享等事项达成一致协议。与其他契约不同的是，合伙协议的目的不是在合伙人之间转让财产或提供劳务，而是意在建立一种长期合作关系，共同经营。合伙关系的内容由合伙协议加以规定，同时受法定强行性规则的控制。

第三，商合伙是某种财产的组合，是在合伙人之间形成的财产共有关系。合伙基于各个合伙人共同出资、共同经营的财产权基础，出资可以是资金、实物、无形财产等，这样在合伙人之间形成了财产共有关系，任何合伙人都有权利基于合伙财产从事经营并取得利润。

第四，商合伙是非法人的商事组织，是一种相对独立的商事主体。对于合伙的债务承担，适用无限责任原则，合伙组织以其全部财产对合伙债务承担清偿责任；对于合伙债务承担，在合伙人之间适用连带责任原则，每一个合伙人都有义务以其财产对全部合伙债务承担清偿责任。

第五，商合伙人之间存在信托关系。合伙人是合伙体的主人，都有权对内经营管理合伙事务，对外代表合伙体进行交易。因此，每个合伙人既是合伙体的代表人，也是其他合伙人的代理人。

二、合伙的分类

（一）自然人合伙与合伙型联营

自然人合伙，又称个人合伙，是全体合伙人均为自然人的合伙形式。个人合伙可以取自己的商事名称，也可以不取商事名称。但个人合伙的建立须履行工商登记，并以工商个体户的名义领取营业执照。

合伙型联营，是指企业、事业单位之间依照联营合同组建的商事组织。我国《民法通则》第52条规定：企业之间或者企业、事业单位之间联营，共同经营，不具备法人条件的，有联营各方按照出资比例或者协议的约定，以各自所在的或者经营管理的财产承担民事责任。

（二）普通合伙与有限合伙

按照合伙人责任方式的不同，商合伙可以划分为普通合伙与有限合伙。普通合伙是指在商事合伙关系中，全体合伙人对合伙债务承担无限连带责任的合伙类型。普通合伙的特征有两个：一是全体合伙人全部出名，二是全体合伙人共同承担无限连带责任。合伙财产不足以清偿全部债务时，合伙人须以自己的财产承担无限责任，而且合伙人之间对合伙债务承担连带责任，所以，普通合伙又是一种无限合伙。

有限合伙是指在商事合伙关系中，一部分合伙人承担无限责任，而另一部分合伙人承担有限责任的合伙类型。许多国家承认有限合伙，如德国、法国、美国等。我国《中华人民共和国合伙企业法》（以下简称《合伙企业法》）对此亦有明确规定。有限合伙具有其自身的优势，主要体现在，它将有限责任引入合伙制度之中，为合伙企业融集资金提供了方便。

（三）显名合伙与隐名合伙

按照合伙人是否出名为标准，商合伙可以分为显名合伙与隐名合伙。显名合伙即全体合伙人均出名并载于合伙协议，对外公示全体合伙人身份的合伙形式。一般而言，普通合伙即为显名合伙。隐名合伙是指在商事合伙关系中，一部分合伙人仅仅作为匿名合伙人存在，匿名合伙人对外不出名公示其合伙人身份，一般不参与合伙经营；而另一部分合伙人则作为显名合伙人存在，显名合伙人对外出名公示其合伙人的身份且负责合伙经营。

欧洲许多国家，如德国、法国的法律中都规定了隐名合伙。我国法律目前无隐名合伙的明确规定，但学理上一般给予认可。

三、合伙企业

根据我国《合伙企业法》第2条的规定，合伙企业是指自然人、法人和其他组织依照本法在中国境内设立的普通合伙企业和有限合伙企业。普通合伙企业由普通合伙人组成，合伙人对合伙企业债务承担无限连带责任；法律对普通合伙人承担责任的形式有特别规定的，从其规定。有限合伙企业由普通合伙人和有限合伙人组成，普通合伙人对合伙企业债务承担无限连带责任，有限合伙人以其认缴的出资额为限对合伙企业债务承担责任。

合伙协议由全体合伙人协商一致，以书面形式订立。合伙协议是合伙成立的基础，合伙成立的要件之一，是规范合伙人权利义务与合伙经营管理的基本规则，有类似公司章程的性质。

（一）普通合伙企业

1. 设立普通合伙企业的条件

（1）有两个以上合伙人。合伙人为自然人的，应当为具有完全行为能力的人。

（2）有书面合伙协议。合伙协议是关于合伙人之间权利义务的约定。合伙协议必须采用书面形式，并经全体合伙人签名、盖章后才能生效。合伙协议一经生效，合伙人依照合伙协议享有权利，履行义务和承担责任。

（3）有各合伙人实际交付的出资。合伙人可以用货币、实物、知识产权、土地使用权或者其他财产权利出资，也可以用劳务出资。以非货币出资的须评估作价。

（4）有合伙企业的名称。其名称中应当标明"普通合伙"字样。但由于这种营业组织对外须承担无限连带责任，所以，合伙企业在其名称中不得使用"有限"或者"有限责任"字样。

（5）有经营场所和从事合伙经营的必要条件。

2. 设立合伙企业的登记

根据《中华人民共和国合伙企业登记管理办法》（以下简称《合伙企业登记管理办法》）的规定，合伙企业的设立、变更、注销，均应办理企业登记。合伙企业经依法登记，领取合伙企业营业执照后，方可从事经营活动。工商行政管理部门是合伙企业登记机关。国务院工商行政管理部门负责全国的合伙企业登记管理工作，市、县工商行政管理部门负责本辖区内的合伙企业登记。

（1）设立登记。设立合伙企业，应当由全体合伙人指定的代表或者共同委托的代理人向企业登记机关申请设立登记。

（2）变更登记。合伙企业登记事项发生变更的，执行合伙事务的合伙人应当自作出变更决定或者发生变更事由之日起15日内，向原企业登记机关申请变更登记。

（3）注销登记。合伙企业依法解散的，清算人应当自清算结束之日起15日内，向原企业登记机关办理注销登记。合伙企业办理注销登记时，应当缴回营业执照。经企业登记机关注销登记，合伙企业终止。

（4）设立分支机构的登记。合伙企业可以设立分支机构。合伙企业设立分支机构，应当向分支机构所在地的企业登记机关申请登记，领取营业执照。

合伙企业申请分支机构变更登记或者注销登记，比照合伙企业变更登记、注销登记的规定办理。

3. 合伙企业财产

（1）合伙企业财产的性质。合伙企业财产由合伙人的出资、合伙从事经营活动取得的财产以及合伙企业依法从其他渠道取得的收益构成。对合伙企业财产的性质即合伙企业财产的归属问题各国在认识上有分歧。日本民法典规定为按分共有，德国民法典则规定为共同共有。根据我国《合伙企业法》的规定，合伙企业的财产属于合伙人共同共有，包括对土地使用权、知识产权的准共同共有，由全体合伙人共同管理和使用。

（2）合伙企业财产的保全。为维护合伙企业的稳定，在涉及合伙财产权与合伙人财产权关系时，需要对合伙人的财产权进行必要的限制，包括财产分割限制、财产转让限制以及财产出质限制。合伙人发生与合伙企业无关的债务，相关债权人不得以其债权抵消其对合伙企业的债务；也不得代位行使合伙人在合伙企业中的权利。

4. 合伙事务的执行

合伙企业事务的执行是指合伙人在合伙经营中对于共同问题的处理决议与实施，既包括对合伙企业事务的决策权，也包括对合伙事务的执行权；既包括对合伙企业内部关系的处理，也包括对合伙企业外部关系的处理。合伙企业是合伙人之间的共同经营联合体，合伙人对执行合伙事务享有同等的权利，每个合伙人都有管理权，都可以参与合伙企业事务的执行。合伙企业的事务执行方法分为以下三种情况。

(1) 全体合伙人共同执行。除合伙协议另有约定外，合伙企业的下列事项应当经全体合伙人一致同意：改变合伙企业的名称，改变合伙企业的经营范围、主要经营场所的地点，处分合伙企业的不动产，转让或者处分合伙企业的知识产权和其他财产权利，以合伙企业名义为他人提供担保，聘任合伙人以外的人担任合伙企业的经营管理人员。

(2) 部分合伙人执行。按照合伙协议的约定或者经全体合伙人决定，可以委托一个或者数个合伙人对外代表合伙企业，执行合伙事务，其他合伙人不再执行合伙事务。不执行合伙事务的合伙人有权监督执行事务合伙人执行合伙事务的情况。

(3) 授权非合伙人执行。经全体合伙人同意，合伙企业还可以通过聘任合伙企业的经营管理人员，将合伙企业的事务授权合伙人以外的第三人执行。

无论是哪种执行方法，合伙企业的代表人在执行业务中所产生的法律后果，均应由合伙企业承担。合伙企业对合伙人执行合伙事务以及对外代表合伙企业权利的限制，不得对抗善意第三人。但他们超越合伙企业授权范围，或者在履行职务过程中因故意或者重大过失给合伙企业造成损失的，依法对合伙企业承担赔偿责任。

5. 合伙损益分配及债务承担

合伙企业的利润分配、亏损分担，有约定和法定两种办法。合伙协议有约定的，按照合伙协议的约定办理；合伙协议未约定或者约定不明确的，由合伙人协商决定；协商不成的，由合伙人按照实缴出资比例分配、分担；无法确定出资比例的，由合伙人平均分配、分担。但是，合伙协议不得约定将全部利润分配给部分合伙人或者由部分合伙人承担全部亏损。

《合伙企业法》对合伙企业的债务承担采取补充连带主义立法例，即合伙企业对其债务，应先以其全部财产进行清偿。合伙企业不能清偿到期债务的，合伙人承担无限连带责任。合伙人由于承担无限连带责任，清偿数额超过其应当分担的比例的，有权向其他合伙人追偿。

6. 入伙、退伙

(1) 入伙。入伙是指非合伙人加入已成立的合伙而取得合伙人资格的行为。新合伙人入伙时，除合伙协议另有约定外，应当经全体合伙人同意，并依法订立入伙协议。订立入伙协议时，原合伙人应当向新合伙人告知原合伙企业的经营状况和财务状况。入伙的新合伙人与原合伙人享有同等权利，承担同等责任；入伙协议另有约定的，从其约定。为避免合伙人串通用推迟入伙时间的办法逃避债务，保护债权人利益，法律强制规定，新合伙人对入伙前合伙企业的债务承担连带责任。

(2) 退伙。退伙是合伙人在合伙存续期间退出合伙组织、消灭合伙人资格的行为。根据退伙的原因不同，退伙可分为自愿退伙、除名退伙和法定退伙。①自愿退伙指合伙人依约定或单方面向其他合伙人声明退伙。合伙协议约定合伙企业的经营期限的有下列情形之一时，合伙人可以退伙：合伙协议约定的退伙事由出现；经全体合伙人同意退伙；发生合伙人难于继续参加合伙企业的事由；其他合伙人严重违反合伙协议约定的义务。②法定退伙又称当然退伙，是指基于法律的事由而退伙。合伙人有下列情形之一的，当然退伙：合伙人死亡或者被依法宣告死亡；被依法宣告为无民事行为能力人；个人丧失偿债能力；被人民法院强制执行在合伙企业中的全部财产份额。③除名退伙又称强制退伙，是指当某合伙人出现除名事由时，经其他合伙人一致同意，将合伙人开除。除名退伙的事由包括：合伙人未履行出资义务、因故意或者重大过失给合伙企业造成损失、执行合伙企业事务时有不正当行为以及合伙协议约定的其他事由。

合伙人退伙时，其他合伙人应当与该退伙人按照退伙时的合作企业的财产状况进行结算，退还退伙人的财产份额。退伙时有未了结的合伙企业事务的，待了结后进行结算。退伙人对其退伙前已经发生的合伙企业债务，与其他合伙人承担连带责任。合伙人退伙时，合伙企业财产少于合伙企业债务的，退伙人应当按照合伙协议约定的比例分担；合伙协议未约定债务分担比例的，由各伙人平均分担。

7. 合伙企业的解散、清算

(1) 合伙企业的解散。合伙企业有下列情形之一时，应当解散：合伙协议约定的经营期限届满；合伙人不愿继续经营的；合伙协议约定的解散事由出现；全体合伙人决定解散；合伙人已不具备法定人数；合伙协议约定的合伙目的已经实现或者无法实现；被依法吊销营业执照；出现法律、行政法规规定的合伙企业解散的其他原因。

(2) 合伙企业的清算。合伙企业解散后应当进行清算，并通知和公告债权人。清算人由全体合伙人担任；未能由全体合伙人担任清算人的，经全体合伙人过半数同意，可以自合伙企业解散后 15 日内指定一名或者数名合伙人，或者委托第三人担任清算人。15 日内未确定清算人的，合伙人或者其他利害关系人可以申请人民法院指定清算人。

合伙企业财产在支付清算费用后，按下列顺序清偿：合伙企业所欠职工工资和劳动保险费用；合伙企业所欠税款；合伙企业的债务；返还合伙人的出资。

合伙企业财产按照上述顺序清偿后仍有剩余的，按照合伙协议约定的比例分配；合伙协议未约定分配比例的，由各合伙人平均分配。

（二）有限合伙企业

1. 有限合伙企业的概念与特征

有限合伙企业，是指由对合伙债务承担有限责任的有限合伙人和对合伙债务承担无限责任的普通合伙人共同组成的合伙企业。有限合伙名称中应当标明"有限合伙"字样，具有以下特征：

（1）有限责任与无限责任相结合。在一个合伙企业中，普通合伙人对合伙的债务承担无限连带责任，有限合伙人对合伙的债务承担有限责任，这种合伙形式保留了普通合伙中合伙人责任的特点，借鉴了有限责任公司股东承担有限责任的优点。与有限责任公司相比，普通合伙人直接经营管理合伙事务，组织结构和组成程序简单，操作灵活；与普通合伙相比，有限合伙人对合伙债务承担有限责任，有利于吸引投资，特别适用于从事高科技项目的风险投资。

（2）由普通合伙人执行合伙事务。有限合伙通常由具有专业知识和技能的人作为普通合伙人，执行合伙事务。有限合伙人不执行合伙事务，不得对外代表有限合伙。

2. 有限合伙的设立

设立有限合伙除需要具备普通合伙具备的条件外，还需要具备法律规定的与普通合伙不同的条件，包括：

（1）有 2 个以上 50 个以下的合伙人组成，其中至少有 1 个普通合伙人，法律另有规定的除外。法律对普通合伙人的人数没有限制，因为普通合伙人共同经营、共担风险，人数不可能过多。规定至少应当有 1 个普通合伙人，是因为如果没有普通合伙人，就没有人对合伙债务承担无限责任，与合伙的性质相违背。

（2）有与普通合伙协议内容不同的合伙协议。有限合伙协议除具有普通合伙应当载明的事项外，还应当载明的有六个事项。这些事项既涉及有限合伙内部活动的规则，也涉及债权人的利益，如对执行事务合伙人的有关问题作了具体规定，包括执行事务合伙人应具备的条件和选择程序、执行事务合伙人权限与违约处理办法、执行事务合伙人的除名条件和更换程序等。

（3）有限合伙人的出资。有限合伙人可以用货币、实物、知识产权、土地使用权或者其他财产权利作价出资，但不得以劳务出资。这主要是因为有限合伙人对合伙的债务承担有限责任，如果以劳务出资，会造成其出资和责任界限不易确定的状态，不利于保护债权人。

有限合伙人应当按照合伙协议的约定按期足额缴纳出资。有限合伙人按期足额缴纳出资对于合伙正常营业和保护债权人的利益都很重要。有限合伙人未按期足额缴纳的，应当承担补缴义务，对其他合伙人承担违约责任。

另外，为维护交易安全，保护交易相对人的利益，有限合伙登记事项中应载明有限合伙人的姓名或者名称及认缴出资数额。

3. 有限合伙事务的执行

有限合伙由普通合伙人执行合伙事务，对外代表有限合伙。执行合伙事务时，应当遵守法律关于普通合伙人执行事务的规定，其具体办法由普通合伙人协议决定。

有限合伙人对合伙的债务承担有限责任，无权执行合伙事务，这是权利与义务相一致的体现。《合伙企业法》第76条规定："第三人有理由相信有限合伙人为普通合伙人并与其交易的，该有限合伙人对该笔交易承担与普通合伙人同样的责任。"对此，学理上称为表见合伙。第三人要求有限合伙人对合伙的债务承担无限连带责任的，应当举证证明其理由是合理的。

有限合伙人未经授权以有限合伙的名义与他人进行交易，给有限合伙或者其他合伙人造成损失的，该有限合伙人应当承担赔偿责任。

4. 有限合伙利润的分配

有限合伙企业不得将全部利润分配给部分合伙人；但是，合伙协议另有约定的除外。在有限合伙中，特别是在风险投资领域，普通合伙人往往是具有高水平和丰富经验的人，他们对合伙债务承担无限责任，而入伙的资金往往较少。由于风险投资的回报期长，而普通合伙人可以依照合伙协议的约定取得执行事务的报酬，因此，在合伙协议中可以约定，当有利润可分配时，在若干年内，将利润全部分配给有限合伙人。这样做有利于平衡有限合伙人和普通合伙人的利益，调动双方的积极性。

5. 有限合伙人特有的权利与特殊规定

有限合伙人特有的权利，是指有限合伙人享有而普通合伙人不享有的权利，包括有限合伙人可以与本合伙进行交易，可以自营或者同他人合作经营与本合伙相竞争的业务。由于有限合伙人不享有合伙事务执行权，这些行为不会损害有限合伙的利益。但合伙协议另有约定的除外。

所谓特殊规定，是指同一事项，对有限合伙人的限制不像对普通合伙人限制那样严格。例如，除非合伙协议另有约定，有限合伙人将其在合伙中的财产出质，或按照合伙协议的约定向合伙人以外的人转让其在有限合伙企业中的财产份额，不必经其他合伙人一致同意。

6. 有限合伙人的入伙、退伙

与入伙的普通合伙人不同，新入伙的有限合伙人对入伙前的有限合伙的债务，以其认缴的出资额为限承担责任。

有限合伙人退伙后，对基于其退伙前的原因发生的有限合伙债务，以其退伙时从有限合伙中取回的财产承担责任。

7. 有限合伙的解散与转变

有限合伙仅剩余有限合伙人的，应当解散。因为有限合伙的设立，至少需要有一名普通合伙人，如果仅剩下有限合伙人，就无人承担无限责任，不符合有限合伙成立的条件。有限合伙仅剩余普通合伙人，转为普通合伙企业。如果普通合伙人不愿意继续合作或者仅剩下一个普通合伙人，有限合伙即解散。

第三节　商　个　人

一、概念和特征

商个人又称为"商自然人"、"个体商人"，是指按照法定程序取得特定商事能力，独立从事营业性商行为，并享有商法上权利和承担商法上义务的个人或自然人。

商个人从本质上说是由商法所拟制的主体，不仅表现为事实意义上的个体商人，也可以表现为一个户，而且还可以表现为"个人之商号"即自然人单独出资所形成的企业。其特征表现为以下四点：

（1）身份的双重性。商个人具有商人身份和自然人双重身份。作为自然人应当具有权利能力和行为能力，作为商人应当具有与其经营规模相适应的资本金或物质基础。

（2）资格的适法性。个人从事商事活动必须符合法定程序，一般须履行登记，获得法律认可，只有通过法律认可后方可实施商行为。

（3）责任的无限性。商个人须以个人的财产承担无限责任，商个人无论是自然人、个体工商户，还是农村承包经营户、私营企业，均要承担无限财产责任。

（4）行为的营利性。个人参加商业活动可能以消费者的身份进行商品交易，也可以经营者的身份参与。只有当个人以营利的动机参与商业活动时才受商法的规范，成为商个人。如果个人以消费者的身份进行商品交易，则受民法调整。

二、商个人的分类

在我国，商个人主要划分为个体工商户、农村承包经营户、个人独资企业等。

(一) 个体工商户

《民法通则》第 26 条规定，公民在法律允许的范围内，依法核准登记，从事工商业经营的，为个体工商户。

有经营能力的城镇待业人员、农村农民以及国家政策允许的其他人员，可以申请从事个体工商业经营，依法经核准登记后为个体工商户。

个体工商户可以在国家法律和政策允许的范围内，经营工业、手工业、建筑业、交通运输业、商业、饮食业、服务业、修理工及其他行业。

个体工商户，可以个人经营，也可以家庭经营。个人经营的，以个人全部财产承担民事责任；家庭经营的，以家庭全部财产承担责任。个体工商户可以根据经营情况聘请一定数量的帮手；有技术的个体工商户还可以带一定数量的学徒。

个体工商户可以起字号。个体工商户对外以户的名义独立进行商事活动，个体工商户无论是由公民个人经营还是家庭经营，对外均以在工商行政管理机关登记注册的户的名义独立进行民事活动，取得民事权利，承担民事义务。

(二) 农村承包经营户

《民法通则》第 27 条规定，农村集体经济组织的成员，在法律允许的范围内，按照承包合同规定从事商品经营的，为农村承包经营户。农村承包经营户的承包经营者是农村集体经济组织的成员。

农村承包经营户进行生产经营，主要是以商品交换为目的，将所收获的农、林、牧、副、渔等业的产品作为商品投入市场而满足社会的需要，而不是为了满足家庭消费需要。因而，具有商事行为的性质。

农村承包经营户按照与集体经济组织订立的承包合同从事经营活动，并根据这种承包合同享有权利和承担义务。

农村承包经营户的债务，个人经营的，以个人财产承担责任；家庭经营的，以家庭财产承担责任。

(三) 个人独资企业

1. 个人独资企业的概念和特征

依《中华人民共和国个人独资企业法》第 2 条的规定，个人独资企业是指依照本法在中国境内设立，由一个自然人投资，财产为投资人个人所有，投资人以其个人财产对企业债务承担无限责任的经营实体。其特征为：

(1) 投资人为自然人，法人或其他经济组织和社会团体不能作为个人独资企业的投资人。因此，国有和集体企业虽然也是单独投资经营的，但不能视为个人独资企业。

(2) 投资企业由一个投资人投资设立，即个人独资企业在投资主体上具有唯一性，这是区别于合伙和公司等多元投资主体企业的基本属性。

（3）投资人以其个人财产对企业债务承担无限责任，不具有法人资格。个人独资企业不是独立的法律主体，没有自己独立的法律人格。所以，在财产上，个人独资企业债务等于投资人个人债务，投资人以其个人全部财产而不是仅以其投入该企业的财产对债务负责，即承担无限责任。

（4）个人独资企业是一人经济实体，属于企业的一种形式。

2. 个人独资企业的设立

设立个人独资企业应当具备下列条件：投资人为一个自然人；有合法的企业名称；有投资人申报的出资；有固定的生产经营场所和必要的生产经营条件；有必要的从业人员。

个人独资企业营业执照的签发日期，为个人独资企业成立日期。在领取个人独资企业营业执照前，投资人不得以个人独资企业名义从事经营活动。

个人独资可以设立分支机构。设立分支机构时，应当由投资人或者其委托的代理人向分支机构所在地的登记机关申请登记，领取营业执照。分支机构经核准登记后，应将登记情况报该分支机构隶属的个人独资企业的登记机关备案。分支机构的民事责任由设立该分支机构的个人独资企业承担。

3. 个人独资企业的事务管理

个人独资企业投资人可以自行管理企业事务，也可以委托或者聘用他人负责企业的事务管理。投资人委托或者聘用他人管理个人独资企业事务，应当与受托人或者被聘用的人签订书面合同，明确委托的具体内容和授予的权利范围。受托人或者被聘用的人员应当按照与投资人签订的合同负责个人独资企业的事务管理。投资人对受托人或者被聘用的人员职权的限制，不得对抗善意第三人。

4. 个人独资企业的解散和清算

个人独资企业有下列情形之一时，应当解散：投资人决定解散；投资人死亡或者被宣告死亡，无继承人或者继承人决定放弃继承；被依法吊销营业执照；法律、行政法规规定的其他情形。

个人独资企业解散，由投资人自行清算或者由债权人申请人民法院指定清算人进行清算。投资人自行清算的，应当在清算前15日内书面通知债权人，无法通知的，应当予以公告。债权人应当在接到通知之日起30日内，未接到通知的应当在公告之日起60日内，向投资人申报其债权。

个人独资企业清算结束后，投资人或者人民法院指定的清算人应当编制清算报告，并于15日内到登记机关办理注销登记。

5. 个人独资企业的债务承担

个人独资企业的债务由其投资人承担无限责任。具体而言，个人独资企业对其债务，应先以其全部企业财产进行清偿。个人独资企业财产不足以清偿债务的，投资人应当以其个人的其他财产予以清偿。

个人独资企业解散后，原投资人对个人独资企业存续期间的债务仍应承担偿还责任，但债权人在 5 年内未向债务人提出偿债请求的，该责任消灭。

第四节　企业法人的分支机构

一、企业法人分支机构的概念与特征

企业法人分支机构是企业法人为经营灵活方便而依法设立的，在内部具有相对独立性的非法人机构，如分厂、分店、分公司等等。

企业法人分支机构不具有法人资格，具有以下法律特征。

（1）在外部形式上与企业法人相类似。企业法人分支机构须经核准登记才能进行业务活动，拥有自己的名称和组织机构，有可使用和支配的财产或经费。在通常情况下，分支机构以自己的名义进行民事活动，享有民事权利，承担民事义务。

（2）在内容上从属于企业法人。主要表现在：其设立由所属法人申请登记并履行法定手续；它是所属法人的组成部分；它只能实现法人宗旨，并在所属法人业务范围内经核准登记进行活动；其名称必须表明与所属法人的隶属关系。其机构由所属法人设置，管理经营人员由其所属法人指派。其对外从事民事、经济活动的法律后果，最终由其所属法人承担。

（3）企业法人的分支机构能够独立执行法人职能，在登记范围内从事业务活动。比如《公司法》所规定的分公司为分支机构，而法人的一般科、室、车间、班组等不是法人的分支机构。此外，法人的分支机构也不同于法人所创立或所持股设立的具有独立法律人格的法人组织，如母公司的子公司即是独立的法人。

二、企业法人分支机构的成立条件

根据《中华人民共和国企业法人登记管理条例》的规定，企业法人分支机构的成立条件有：

（1）依法成立。企业法人的分支机构必须是法律允许设立的经济组织，应向工商行政管理部门申请核准登记，法律规定须先经过批准的还必须先向法定机构申请批准，领取营业执照后方能从事业务活动。

（2）有自己的名称、组织机构和进行业务活动的场所。企业法人分支机构的名称与所属企业法人的名称不同，其中标明了两者之间的从属关系。企业法人分支机构以其名称进行业务活动。

（3）有一定的财产或经费。这种财产或经费是企业法人分支机构进行经营活动的物质基础，由企业法人拨付或分派。这种财产或经费由企业法人分支机构使用、支配，但属于其所属企业法人所有。

根据设立分支机构的法人的国籍，可将法人的分支机构分为外国法人的分支机构和中国法人的分支机构。外国法人可以在中国境内设立分支机构，中国法人也可以在中国境内或被允许到境外设立分支机构。

三、企业法人分支机构的法律地位

企业法人分支机构属于非法人组织。我国民事立法否认企业法人分支机构的民事主体资格，但承认其诉讼主体资格。

第三编　商主体的变更与终止

第八章　商主体的变更与解散

竞争是市场经济的本质要求，优胜劣汰则是市场竞争不变的法则。在激烈的市场竞争中，商主体的变更与终止在所难免。本章讨论了商主体的变更、解散和清算。学习本章，重点理解商主体的组织形态的变更和商主体强制解散的情形。

第一节　商主体的变更

一、商主体变更概述

由于商事主体自身的发展需要或者经营管理中出现的诸多问题，商事主体要真正做到主体资格的永续存在只能是一种理论上的假设。当一个商主体经营状况非常好，进而希望扩大经营规模时，它所能采取的最佳选择往往就是吸引更多的资金和更多的人进入本企业；随着企业规模的进一步扩大，企业仅仅依靠资金的借贷关系已经无法满足发展的需要，此时以股票上市的形式完成企业向公众公司的转型也是势在必行；而一家上市公司为进一步获得市场的话语权，就要进行一系列的收购兼并活动，从而使公司的资本和资产结构继续发生深刻的变革。这些行为都将导致商主体在组织形式、内部结构等方面的变更。

法律上商主体的变更与实践中商主体的变化并非同一概念。法律上的商主体变更一般特指商主体设立登记事项的变更，而实践中许多商事主体内部所发生的人事、经营布局等方面的变化，不属于法律上商法主体变更的范畴。

根据我国《企业法人登记管理条例》第17条规定，企业法人改变名称、住所、经营场所、法定代表人、经济性质、经营范围、经营方式、注册资金、经营期限，以及增设或者撤销分支机构，应当申请办理变更登记。

商主体大部分情况下的变更一般只是涉及其内部的事务，要求进行变更登记不过是商法外观主义原则的要求，目的在于保证市场交易的安全，防止因商主体对外所宣示的情况与实际情况不符而给交易相对人带来的交易风险。

实践中，真正具有较大影响和技术性操作难度的商主体变更，主要有三种情况，即商主体组织形态的变更、商主体的合并、商主体的分立。

二、商主体组织形态的变更

商主体组织形态的变更主要是指商主体在其主体法律性质上的变化，即变更为另一种类型的商主体，如由合伙制的企业变更为有限责任公司，由有限责任公司变更为股份有限公司等。常见的有以下三种情况。

（一）非法人商事主体变更为公司制法人

非法人商事主体主要包括采取合伙制的企业、以会员制组建的生产经营型的合作社、个体工商户等。其成立时遵循与公司制企业不同的登记程序，如合伙企业的登记注册依据的是《合伙企业法》和《合伙企业登记管理办法》。由于《合伙企业法》对于合伙企业的注册资本、合伙企业的组织机构等都没有明确的要求，因而合伙企业的设立较之公司的设立相对容易。而当合伙制企业变更为公司制企业时，就必须按照《公司法》和《企业法人登记管理条例》的规定，完成企业组织形态的变更。

由于这两类企业的性质存在根本的差异，这种变更本质上属于新设公司的行为。其与一般新设公司不同点只是在于：在进行公司设立行为之前，已经存在一个以营利为目的的企业形态，新设的公司是以此为基础设立的。非法人商事主体变更为公司制法人时，首先要对原来所登记的企业进行注销，然后才能进入公司的登记注册阶段。而在同样是公司制企业进行公司具体组织形态的变更时，则不需对原来的公司进行注销。

由于在合伙制企业、个体工商户、非法人形态的专业合作社等组织中，其设立人均须对经营中的债务承担无限连带责任，因而如果这类企业的组织形态变更为公司制企业，必然涉及变更前的债务如何承担的问题。按照《合伙企业法》的规定，合伙企业解散的应当进行清算，清算本身即是一个了结企业债权债务的过程，如果合伙企业并未进行清算即申请设立公司，则一般情况下工商管理机关应当拒绝对其进行注册登记。如果工商管理机关无法判断申请设立公司的行为是由于合伙企业变更而形成的，则仍不影响原合伙人个人对于合伙期间债务的承担。其他非法人组织的企业在变更为公司时的债务处理，亦同此理。

（二）非公司制商法人变更为公司制法人

在我国 1993 年《公司法》颁布之前，尽管已经有大量的企业以公司的名义出现，但是这些所谓的公司实际上并非严格意义上的现代公司制企业。改革开放后的相当长时间内，我国的企业立法总体上是按照企业所有制性质的不同，对全民所有制企业、集体所有制企业和私营企业进行分别立法。全民所有制企业和集体所有制企业均为具有法人资格的商事主体，而按照《中华人民共和国私营企业暂行条例》的规定，私营企业可以采取独资企业、合伙企业和有限责任公司三种形态，其中只有有限责任公司依法取得法人资格。

因而，我国非公司制形态的商事主体变更为公司制法人组织的，主要是全民所有制企业和集体所有制企业变更为公司制企业。长期以来，商主体组织形态的变更在我国国民经济生活中始终处于一个中心地位。自确立社会主义市场经济的基本经济体制以来，以国有企业的改制为代表的商主体变更，始终成为我国商事领域改革的一项核心任务。

（三）公司制法人之间的形式变更

公司制法人组织形态的变更是指在保持公司法人人格持续性的前提下，公司的具体形态发生改变的行为。

各国公司法对于公司具体形态的规定不尽一致。在大陆法系国家中，公司法所规定的公司种类包括无限责任公司、两合公司、有限责任公司、股份有限公司、股份两合公司等；而在英美法系国家，则主要把公司分为开放式（公众）公司和封闭式（私）公司。在公司按照某种形态登记设立之后，由于存在公司经营形势、发展需求及股东个人市场价值偏好等因素，公司股东可能希望变更公司的组织形态。按照我国《公司法》规定，有限责任公司变更为股份有限公司，应当符合法律规定的股份有限公司的条件；股份有限公司变更为有限责任公司，应当符合本法规定的有限责任公司的条件。公司变更前的债权、债务均由变更后的公司承继。实践中较为常见的是为了满足公司融资需求，而由封闭式的有限责任公司转变为可以对外发行股份的开放式的股份有限公司。

三、商主体的合并与分立

商主体经常通过合并、分立等方式，产生商主体变更的结果。企业之间通过合并、分立而致商主体变更的情况，在市场经济日益完善的情况下，较之商主体组织形式的变更更为普遍。

（一）合并

商主体的合并，又称兼并、并购等。实践中企业的合并行为一般发生在具有法人资格的公司企业之间，由于合伙制企业、个体工商户等本身即为一种小规模灵活运作的企业类型，相互间发生合并的几率较低，即使进行了合并，往往也难以实现规模效益。因此，本书重点介绍公司之间的合并。

1. 公司合并的概念与分类

公司合并是指两个或两个以上不同的公司，以协议方式合并为一个公司的行为。公司合并直接产生公司变更的后果。

公司合并分为吸收式合并与新设式合并两种类型。一个公司吸收其他公司为吸收合并，被吸收的公司解散。两个以上公司合并设立一个新的公司为新设合并，合并各方解散。

2. 合并的程序要求

公司之间所进行的合并行为，属于商事主体资格的重大变化，并且将对公司股东利益产生直接的影响，因而必须履行严格的法定程序。公司合并，应当由合并各方签订合并协议。而合并协议在公司法上属于股东大会的特别多数决议事项，有限责任公司的合并应当经过代表 2/3 以上表决权的股东通过，股份公司的合并则需出席会议的股东所持表决权的 2/3 以上通过。异议股东可以要求公司收购其股权或股份。

公司合并各方应当编制资产负债表及财产清单。公司合并将形成合并各方财产混同，而这一变化必然体现在公司的财务报表中，这就要求合并各方必须编制各自的资产负债情况表和财产清单。否则，不但合并前公司债权人利益有可能造成损害，而且对于合并各方也会造成不公平。同时，如果没有详细的资产负债表和财产清单，合并后的公司也无法完成变更登记或者新设的注册登记。

由于公司的合并将对原公司债权人利益构成实质性的影响，因而在公司进行合并时，必须将该决议通知公司的债权人。公司应当自作出合并决议之日起 10 日内通知债权人，并于 30 日内在报纸上公告。债权人自接到通知书之日起 30 日内，未接到通知书的自公告之日起 45 日内，可以要求公司清偿债务或者提供相应的担保。

3. 合并后的公司登记与债权债务处理

新设合并与吸收合并两种方式中，合并各方在公司合并后的存续状况存在较大的区别，因而涉及的公司登记对于合并各方就不尽相同。在新设合并中，合并各方合并为一个新的公司，原公司均消灭，应办理注销登记，同时办理新设公司的注册登记；在吸收式合并中，被吸收公司消灭，办理注销登记，而存续的公司由于注册资本、公司章程等的变化，应办理变更登记。

为了更好地保护公司债权人利益，《公司法》第 175 条规定，在公司合并行为发生后，合并各方的债权、债务，由合并后存续的公司或者因合并而新设的公司概括承受。这一规定与我国《民法通则》及《合同法》的规定也是一致的。

（二）分立

商主体的分立是一种由一个商主体分为两个或两个以上商事主体的行为。分立可能由于各种原因而发生，如一家公司被司法机构认定为形成垄断时，就面临被拆分的危险，而拆分本身即为企业的分立行为。在实践中，绝大多数的分立行为是在企业内部自发进行的，分立的目的也不尽相同。如有的企业可能是出于经营业务的需要，通过分立把相互不同的业务交给不同的公司经营，从而实现企业经营的专业化，突出本企业的主营业务；有的则是企业的股东之间由于人身信任关系的下降，但股东又不愿把股权转让给其他股东而进行分立；有的企业则是试图通过企业的分立，实现逃避债务的目的。

1. 公司分立的概念与方式

公司分立是一个公司按照相关法律的规定，不需经过清算程序而分为两个或两个以上公司的行为，有新设分立和派生分立两种基本形式。

新设分立是由一个公司分解为两个或两个以上公司的行为，原公司的法人资格因分立而归于消灭。派生分立则是一个公司分出一个或一个以上新公司的行为，原公司资格并不因分立行为而消灭，此种分立又称为存续式分立。

2. 分立的程序与法律后果

公司分立应遵循与合并相同的程序，即应经过股东大会的特别多数以决议的方式作出，公司应编制资产负债表和财产清单，通知债权人，最后是办理公司的变更或设立登记，在新设分立中还应办理原公司的注销登记。

公司分立行为完成后，公司在股权结构、资本状况等方面都会发生显著的变化。这一变化对于债权人而言会带来较大的影响，因此，我国《公司法》第177条规定，公司分立前的债务由分立后的公司承担连带责任，但是，公司在分立前与债权人就债务清偿达成的书面协议另有约定的除外。分立前公司所享有的债权，在分立时制定的分立协议中应当进行明确的约定。如果没有作出约定，则分立各方均有权按照分立时确立的财产分割原则主张其相应的份额。

第二节　商主体的解散与清算

商主体在设立之后，当设立者发现很难实现当初的预期，该主体的继续存续将只能给出资人带来更大的损失时，终止商主体的存续，便成为出资人的明智选择。如果商主体经营和财务状况已经致使其无法按时清偿到期债务，即使出资人可能由于种种原因并不希望商主体终止，债权人也可向法院申请其破产。因而，一个有效商主体退出机制的建立，就成为市场经济法律制度的必要组成部分。商主体的解散与清算制度就是其中的重要内容。

一、商主体的解散

（一）商主体解散的概念

商主体的解散是指商主体基于成员的意志，或者因丧失作为商主体存在的法定原因，而终止其作为商主体的权利义务的行为。

商主体因组织形态的不同，解散程序与后果也存在显著差异。对于公司法人而言，公司法上规定了较为详细的解散程序，公司的解散必须进行清算之后才能产生消灭公司法人资格的后果；对合伙制企业来说，尽管主体成员对生产经营中的债务承担无限连带责任，但是按照《合伙企业法》的要求，合伙企业的解散也要进行较为严格的清算程序。而个体工商户等商事主体的解散，在我国 1987 年颁布的《城乡个体工商户管理暂行条例》及 1998 年颁布的《城乡个体工商户管理暂行条例实施细则》中均未涉及，对此可以理解为个体工商户的解散不需经过清算程序。由于个体工商户多以家庭为单位，法律关系比较单一，可以直接进行注销登记，但该注销行为并不影响债权人向原个体工商业者提出债务偿还请求权。

（二）商主体解散的种类

商主体的解散是终止商主体从事营利性事业的行为，解散的原因主要分为自愿解散和强制解散两种情况。

1. 自愿解散

自愿解散也称任意解散，是基于商主体自身的真实意思表示而进行的以终止商主体资格为目的的解散行为。具体而言，自愿解散主要包括以下情况：

（1）商主体设立时的公司章程、合伙协议或营业执照所规定的营业期限届满而没有续期。营业期限是商主体在进行商事登记时确立的主体合法存续的期限。营业期限届满，则商主体除非在届满前通过法定程序进行续期，则商主体将丧失合法的主体资格。营业期限届满后，商主体自动进入解散程序，因而可视为商主体的自愿解散。

（2）商主体设立时在其章程或协议中规定的其他解散事由发生，如不能实现预订的经营目标或者所从事的某一营业已经完成或者无法实现等。在商主体的经营过程中，当发生设立章程或协议规定的解散事由时，该商主体并不直接进入解散程序，而必须由该商主体按照章程或法定的程序形成决议，如公司中必须由股东会决议进行解散，合伙企业则由合伙人一致同意解散。

（3）商主体通过法定程序作出解散的决议，如有限责任公司经过股东会的特别多数通过，可以进行解散；合伙企业经全体合伙人的决定而进行解散等。在我国，由于国有独资公司不设股东会，因而此类公司的解散决定应由国家授权投资的机构或部门作出。

（4）因商主体之间的合并、分立行为而导致的解散。在新设式的合并中，原商主体均要进行解散，在吸收式合并中被吸收的一方应当解散；在新设式分立中，分立前的商主体解散，派生分立则不存在商主体解散的情况。

2. 强制解散

商主体的强制解散，是由于商主体在其从事营利性事业的过程中，因为违反了法律或行政法规的规定，或者出现不能履行其到期债务的情况，而经过政府的命令或法院的裁定而进行的解散，此种解散行为与商主体本身的意愿无关。实践中商主体的强制解散主要分为以下情况：

（1）商主体因违反法律、行政法规而被吊销营业执照或责令关闭。

（2）商主体因不能清偿到期债务而被人民法院依法宣告破产，破产完成后商主体解散进行注销登记。在我国，公司和其他具有法人资格的企业破产适用《中华人民共和国破产法》的规定进行清算，而合伙企业的破产则主要依照《合伙企业法》的规定进行。

（3）人民法院根据商主体成员的请求而进行的司法解散。公司经营管理发生严重困难，继续存续会使股东利益受到重大损失，通过其他途径不能解决的，持有公司全部股东表决权10%以上的股东，可以请求人民法院解散公司。司法解散虽然是以股东的请求为前提，但本质上仍属强制性解散的类型。

二、商主体的清算

（一）清算的概念与意义

商主体的清算是指对解散商主体的各项未了事务进行处理，对其剩余财产进行分配，从而终止商主体合法资格及既有法律关系的法律行为。在商主体解散的情况下，除非是个体工商户或者因公司之间的合并、分立而解散的公司，都应进行清算。对于那些成员承担无限责任的商事主体而言，由于商主体的债务最终要由其成员承担，因此，清算的意义明显低于成员承担有限责任的商事组织。但是，我国《合伙企业法》仍然规定了合伙企业的解散应当进行清算。

商主体的解散清算对于商主体的各方利益均有着重要影响。

（1）有利于保护商主体成员的利益。绝大多数的商主体中，都存在因为出资额的大小、对于主体控制程度的强弱，而产生的不平等问题。而商法制度的一个核心问题就是如何保护处于弱势一方的利益、维护成员间的平等，这在公司法上表述为股权平等的原则。如果在商主体的解散中不进行清算，则很可能为那些对商主体进行实际控制的成员提供了谋取私利的机会，在解散商主体的财产分配中侵害其他成员的利益。

（2）清算程序有利于保护商主体债权人的利益，清算程序对于债权人利益的保护主要体现在那些具有法人资格的商主体解散的情况，其中以公司为典型。由于我国公司股东以对公司的出资或认购的股份为限承担有限责任，因而公司财产是债权人利益实现的唯一保障。如果公司不进行公平的清算程序即丧失了主体资格，则债权人的债权将无法实现，或者造成债权之间严重不平等，从而损害市场交易的安全和秩序。

（3）商主体的清算有利于保护劳动者的利益。如果法律不规定严格的清算程序，则其成员将通过转移财产、违法处置财产等方式，使商主体空壳化，从而使职工的工资等债权无法实现。为此，各国商法上均规定了劳动者利益在清算程序中应当优先得到保护的原则。

（二）清算的法律效果

商主体一旦进入清算程序，则在权利能力和行为能力方面均产生较大的变化，在商主体完成清算程序之前这一特定的阶段，商主体被称为"清算中的商主体"。概括而言，清算将产生以下法律效果。

（1）清算期间，商主体资格存续。清算程序是为了保护商主体多方利益相关者的利益。清算期间，商主体的主体资格并未丧失，仍可从事与清算有关的活动，即与商主体的既存债权、债务关系相关的处置活动。

（2）清算期间商主体成员的剩余价值索取权受到限制。清算制度的主要立足点在于维护劳动者利益和债权人利益。《公司法》第 187 条规定：公司财产在分别支付清算费用、职工的工资、社会保险费用和法定补偿金，缴纳所欠税款，清偿公司债务后的剩余财产，有限责任公司按照股东的出资比例分配，股份有限公司按照股东持有的股份比例分配。《合伙企业法》第 89 条规定：合伙企业财产在支付清算费用和职工工资、社会保险费用、法定补偿金以及缴纳所欠税款、清偿债务后的剩余财产，方可由合伙人进行分配。

（3）清算期间，商主体的代表机构为清算组织或清算人。公司等商法人组织进入清算程序后，公司的董事会、法定代表人等不再享有代表公司的职权，而改由专门成立的清算组行使。公司的财产、印章、财务文件等均由清算组接管，清算事务相关的对内对外一切职权均由清算组享有。不具有法人资格的合伙企业进入清算程序后，原合伙企业确定的合伙事务执行人也不再享有代表合伙企业的职权。清算期间的事务由全体合伙人承担，或者经全体合伙人过半数同意，可以自合伙企业解散事由出现后 15 日内指定一个或者数个合伙人，或者委托第三人，担任清算人，处理清算期间的合伙清算事务。

（4）清算的最终目的是商主体资格的终止。清算完成后，商主体还需制作清算报告，报股东会、股东大会或者人民法院确认，清算组织或清算人向商主体登记注册机关申请注销登记，在依法办理完毕注销登记之后，该商主体的主体资格和地位最终消灭。

（三）清算组织、清算人

清算组织、清算人是指在商主体的解散过程中依法执行清算事务的机关。清算组织是在公司等法人组织解散时的清算机关，清算人则是在不具有法人资格的合伙企业等商主体解散时的清算机关。

清算机关的组成主要通过商主体成员共同担任、共同指定或者人民法院指定三种方式。除了商主体间因为合并、分立原因而解散的情况，都应当成立清算组或者由全体成员担任或选出清算人的方式,成立清算期间代表商主体的清算机构。《公司法》规定,公司解散的,应当在解散事由出现之日起15日内成立清算组,开始清算。有限责任公司的清算组由股东组成,股份有限公司的清算组由董事或者股东大会确定的人员组成。逾期不成立清算组进行清算的,债权人可以申请人民法院指定有关人员组成清算组进行清算,人民法院应当受理该申请,并及时组织清算组进行清算。《合伙企业法》规定,合伙企业解散,应当由清算人进行清算。清算人由全体合伙人担任;经全体合伙人过半数同意,可以自合伙企业解散事由出现后15日内指定一个或者数个合伙人,或者委托第三人,担任清算人。自合伙企业解散事由出现之日起15日内未确定清算人的,合伙人或者其他利害关系人可以申请人民法院指定清算人。

尽管清算机关在清算期间是商主体的意思表示机关和代表机关,但是由于清算期间商主体已不能从事与清算无关的业务,因而实际上清算组织的职权远小于商主体正常运行过程中代表机关的职权范围。具体而言,清算机关主要享有以下职权:①清理主体财产,分别编制资产负债表和财产清单;②通知、公告债权人;③处理与清算有关的未了结的业务;④清缴所欠税款以及清算过程中产生的税款;⑤清理债权、债务;⑥处理清偿债务后的剩余财产;⑦代表主体参与民事诉讼或仲裁活动。清算机关在清理商主体的财产过程中,如果发现主体财产已不足以清偿全部债务的,应当向人民法院提出破产申请。如果人民法院裁定宣告破产,则清算机关应将清算事务移交人民法院。

清算机关必须对公司或合伙事务恪尽职守,忠实、谨慎地履行其职务行为,依法履行清算义务。清算机关成员借清算之机谋取个人非法利益或者因故意、重大过失给主体财产或债权人造成损害的,需对此损害承担赔偿责任。

(四) 清算程序

商主体的清算大体需要经过以下程序。

(1) 依法成立清算机关。

(2) 通知或公告债权人并进行债权登记。清算机关应当自成立之日起10日内通知债权人,并于60日内在报纸上公告。债权人应当自接到通知书之日起30日内,未接到通知书的自公告之日起45日内,向清算机关申报其债权。债权人申报债权,应当说明债权的有关事项,并提供证明材料。清算机关在确认所申报债权的真实性、有效性之后应当对债权进行登记。

(3) 制订清算方案。商主体制订清算方案应当建立在对主体财产进行清理、对现有财产进行合理的市场估值作价的基础之上,只有在商主体财产足以清偿全部债务时,制订清算方案才有意义。如果发现财产已不足以清偿债务则应当申请进入破产还债程序。如果是公司法人的清算,则该清算方案应当报股东会、股东大会或者人民法院确认。

（4）财产分配。清算的目的即为进行商主体财产的分配。由于清算结束后商主体资格将消灭，因而处于维护社会公共利益的考虑，法律上对于清算中的财产分配规定了明确的顺序。该法定顺序依次为：清算费用、职工的工资、社会保险费用和法定补偿金、缴纳所欠税款、对债权人进行清偿。只有在按照以上顺序进行完全的财产分配之后，商主体的成员才能按照主体设立时制定的章程或协议的规定进行剩余财产的分配。如果章程或协议对此没有明确的规定，则公司按照股东的出资比例分配或持有的股份比例进行分配，合伙人按照实缴出资比例分配或者平均分配。

（5）注销。商主体的注销登记将直接导致商主体资格的消亡，与商主体相关的既有法律关系也将随之终止。商主体只有在清算程序结束后才可以申请主体资格的注销登记，未经清算即申请注销的，原商主体执行机关人员应当对注销前债务负有清偿责任。清算没有完毕即申请注销的，清算机关人员应对主体债务承担清偿责任。清算结束后，不及时申请商主体注销登记的，由原登记机关吊销其营业执照，并予以公告。

第九章　破　产

破产制度是为了公平清理债权债务，保护债权人和债务人的合法权益以及维护市场经济秩序而设立的制度。公平清理债权债务是破产法的首要目的。随着破产法理念的发展，目前各国破产法越来越重视通过破产重整制度来发挥破产法在企业拯救方面的作用。本章介绍了破产法的特征、破产原因及破产财产、破产程序、重整及和解制度。学习本章，应重点掌握破产财产的范围、破产财产的分配、破产申请受理的法律效力、债权人会议的职权以及和解制度。

第一节　破产制度概述

一、破产的概念

从各国传统破产法的规定来看，基本是把破产作为债务人不能清偿到期债务时，债权人公平受偿的法律程序，破产与清算倒闭具有相同的含义。然而，自20世纪70年代以来，面对企业破产清算后出现的诸多社会问题，西方发达国家开始改革破产法律制度，赋予破产以新的含义。目前，在西方国家，"破产保护"成为企业主动实施的一项自救程序，原因在于这些国家的破产法通过规定破产重整制度，以法律手段对处于债务危机中的企业进行拯救。现代破产法实际上存在两个并行不悖的程序性安排，即通过重整或和解制度对企业进行重新构建的再建型程序和传统意义上的对债权人进行公平清偿的清算型程序。

现代破产法理念的发展及制度的更新，使破产不再单纯以债务清偿法的身份出现。因而，在对破产进行概念界定时，就不能按照传统观念将其看做只是作为企业无力偿债时对债权人进行公平清偿的法律制度体系。由于破产法本身同时具有实体法和程序法的双重性质，对破产进行一个准确的界定并非易事。2001年《布莱克法律词典》主要从事实与程序的角度对"破产"一词作出了5种解释。世界各国的破产法几乎都没有对什么是破产作出立法界定。[①]

[①] 日本著名破产法专家石川明认为："破产"一词有两种含义：第一，作为程序或制度的破产。这一程序通过将债务者的全部财产进行换价，在全部破产债权者中公平地分配之方法进行。第二，在表示作为债务者之经济破绽状态之破产意义上使用（状态性的破产概念）。在这个意义上的破产，传统上是指"某人经济出现破绽，其所有财产不能清偿全部债权者的债务之状态"。而现代日本破产法的概念则将支付不能也作为破产原因。参见石川明：《日本破产法》，何勤华、周桂秋译，中国法制出版社，2001年，第3页。

目前，我们对"破产"一词的使用实际上存在两个不同的标准：一个标准是作为企业陷入债务危机并无法摆脱时的事实状态，另一个标准则是破产法上所规定的当商主体由于无力偿债的事实出现，而可以采取的程序性解决途径。二者最为显著的差异在于，前者必然伴随着企业的清算从而导致商主体资格的消灭，而后者是否会进入清算程序则是不确定的。

二、破产法的特征

破产法适用的前提是企业不能清偿其到期债务。由于企业本身涉及的利益主体及社会关系都较为复杂，因而破产法的立法宗旨往往体现出多元化利益需求的特征。方方面面的利益需求，使破产法成为一部具有综合的、多重性质的法律。主要体现在以下方面。

（一）实体法与程序法的结合

破产法的实体法规范几乎涉及破产过程的任何一个方面，如债权债务的处理问题、企业的财产权问题、主体的资格及法律责任等。同时，破产法中的破产财产、破产债权、撤销权、取回权、抵消权、别除权、破产免责等制度，都是在破产环境下特殊的实体法规范。

破产法在法律事务中和法学界又经常被称为破产程序，说明破产法的程序性特征十分明显。但与一般的民商事程序不同，破产程序解决的不是民事权益的争议而是既定民事权利的实现，每一步骤均以法院的裁定为依据，属于执行程序的范畴。破产法上详尽的程序性规范，为破产的顺利进行提供了制度保障。

（二）债务清偿与企业保护并重

破产法的首要任务始终是在债务人支付不能的情况下，通过公平的破产还债程序对债务人的财产进行分配，实现对于债权人利益的平等保护，从而维护市场交易的安全与秩序。实践中，以营利为目的商主体并不是总能实现盈利的结果，许多企业在设立之后，由于自身的经营管理、市场定位、行业竞争、技术水平等因素，陷入了经营和财务危机，对于既有的债务已经无力偿还。如果不能及时有效地解决此类企业的债务问题，必然会给债权人利益造成极大的损害。这样的企业继续存续下去，就会形成更大的债务，继续危及市场交易秩序。因而，建立商主体的市场退出机制就显得非常重要，而破产法有关破产清算、债务清偿的规定，则正是发挥了这样的作用。破产清算不仅是维护债权人利益的制度保障，也是一个健康的市场体系得以形成的重要途径。

然而，商主体出现无力偿还债务的情况非常复杂。如果认为只要一个企业不能清偿到期债务，就不再具有存在的价值从而应当进行破产清算，这样的观点显然过于武断。假如直接对具有发展潜力的企业进行破产清算，无论是对企业自身、社会还是债权人都是不明智的。但是，鉴于企业的确出现了支付不能的状况，债权人的利益必须得到最大限度的保护，因而仍需通过破产程序对于企业债务进行安排，只不过这样的安排是通过企业重整、和解程序实现而不是经由清算最终消灭这一企业的方式。破产法同时具备债务清偿和企业保护的双重任务，是现代破产法律制度灵活性的体现。

（三）强制性规范与任意性规范融合共存

破产法具有鲜明的程序法的特征，而程序性规范大多属于强制性规范，因而破产法的公法特征十分明显。同时，破产法中尊重当事人意思自治的任意性规范也是随处可见，在某种程度上其作用可能还超过了强制性规范。

首先，破产程序的启动完全取决于债权人或者债务人的意志。债权人与债务人达成的有关债务清偿和企业重整的协议也受法律保护。

其次，债权人自治原则是破产法的一个十分重要的原则。债权人自治包括实体自治和程序自治两个方面。实体自治主要表现在对债权数额及其性质的调查和讨论、对是否与债务人达成和解的讨论和决定、对是否同意债务人进入重整程序的讨论决定以及破产分配方案的讨论决定等方面。程序自治主要表现在对破产清算组成员的选任与委派、对破产程序的实施进行监督以及对各种性质破产程序之间相互转化作出决定等方面。债权人自治原则的贯彻落实，要求破产立法应当始终从债权人如何利用破产程序实现自己合法权益的视角予以设计和规制，而不是从人民法院如何行使对破产案件的审判权这个角度作出规定。[①]

在债权人自治原则指导下，破产法上任意性规范的存在非常普遍，强制性规范的适用以尊重债权人意思自治为前提。

三、破产法的功能

1. 优化资源配置、促进市场竞争

破产清算导致企业资格消灭的结局，迫使企业的经营管理人员必须善尽职守、不断提高本企业的管理与技术水平，以应对激烈的市场竞争；对于那些已经严重陷入生产经营危机、技术落后、管理粗放的企业，则通过清算了结已不能清偿的债务，退出商事活动。这一过程中，资源配置向好的、优质企业集中，从而有力地促进市场竞争秩序的良性健康发展。

2. 维护债权人利益，保护交易秩序

在正常的市场经济环境下，财产的流转主要依靠合同进行，而合同的履行则是市场经济秩序的基本要求。在一般的合同关系中，如果当事人一方不能履行合同义务，应当承担违约责任，以维护正常的市场交易秩序。但是，当企业出现支

---

① 汤维建：《修订我国破产法律制度的若干问题思考》，《政法论坛》2002 年第 3 期。

付不能、债务已经无法履行的情况时，违约责任也就无从实现。这样的企业如果继续营业，必将产生更大的债务，进一步对债权人利益造成损害。因而，通过破产清算程序，对企业的债权债务关系进行清理，并经过公平的清偿程序最大限度地满足债权人的利益，成为维护市场交易秩序的基本保障。

3. 通过和解、重整制度实现企业复兴

通常，企业发生不能清偿到期债务的情势，则说明企业的财务状况已经相对恶化。但是，财务状况的恶化并不必然代表这一企业不具有市场竞争力，因为有许多的企业在快速扩张、进行大规模的技术研发与投入的过程中，都会出现财务问题，进而影响企业正常债务的偿还能力。如果因为企业暂时的困难就经过债权人的申请，进入破产清算程序，则对于企业所有利益相关者都将带来负面影响，从成本与效率的角度看也是不明智的。现代破产法上所规定的和解、重整制度，旨在通过企业债权、债务的重新安排，实现企业的复兴。对企业进行拯救的直接受益主体是发生支付不能的企业，但是债权人、职工及社会公共利益都会随着企业重新走向正常的运行而普遍受益。

第二节　破产原因及破产财产

一、破产原因

各国立法对企业破产的原因规定不尽一致。美英等国采取列举式规定，大陆法系各国大多采取概括式立法规定。《中华人民共和国破产法》（以下简称《破产法》）第 2 条规定，企业法人不能清偿到期债务，并且资产不足以清偿全部债务或者明显缺乏清偿能力的，依照本法规定清理债务。

在概括式规定破产原因时，无力偿还债务的判断标准一般有两个：一是现金流量标准。即当债务人不能支付到期债务时，为无清偿能力，即使它的资产超过它的负债也无关紧要，因为没有理由要求债权人等待公司出售它的资产变成现金。二是资产负债表标准，指法人的资产不够清偿它的负债。从这两个标准的含义看，我国破产法上似乎采用的复合标准，即出现了不能清偿到期债务的情事，同时该企业的"资产不足以清偿全部债务或者明显缺乏清偿能力"。

二、破产财产

破产财产是破产程序开始时债务人享有所有权的财产以及财产请求权的财产性权利总和。《破产法》第 30 条规定，破产申请受理时属于债务人的全部财产，以及破产申请受理后至破产程序终结前债务人取得的财产，为债务人财产。其主要包括以下方面。

（1）破产申请受理时债务人所有的财产。这部分财产在破产受理时，所有权归于债务人名下，形成破产财产的主体部分，是债权人得以公平受偿的直接保障。但是，并非所有在破产申请受理时债务人所有的财产均可以划入破产财产。对破产人的特定财产享有担保权的权利人，对该特定财产享有优先受偿的权利。担保权人的这一权利在破产法理论上称为"别除权"。对于那些虽由债务人占有，但债务人并不享有所有权的财产，不能列入破产财产。而对于那些虽然债务人并未实际地占有，但是债务人仍然享有所有权的财产，则应当列入破产财产。如人民法院受理破产申请时，出卖人尚未交付标的物的，则该标的物即成为破产财产的一部分。

（2）破产程序终结前债务人取得的财产。企业破产申请的受理，并不代表企业所有的市场活动与对外法律关系即行终止。依据申请受理前的法律行为，企业可以取得财产的，该财产应当列入破产财产。此类财产主要包括破产企业因主张其债权而取得的财产、未了结合同的履行而获得的财产、破产宣告前企业投资而获得的收益、申请受理后因债务人财产而获得的孳息等。

（3）管理人行使撤销权而收回的财产。撤销权是指破产程序开始后，破产人请求法院对破产债务人在破产程序开始前法律规定的期限内实施的有害于破产关系人利益的行为予以撤销，并使因此而转让的财产或利益回归破产债务人的权利。[①]破产法律制度中规定撤销权，是对债权人进行公平保护的体现，同时防止企业管理人员谋取私利等道德风险。

《破产法》第31条规定，人民法院受理破产申请前一年内，涉及债务人财产的下列行为，管理人有权请求人民法院予以撤销：无偿转让财产的；以明显不合理的价格进行交易的；对没有财产担保的债务提供财产担保的；对未到期的债务提前清偿的；放弃债权的。该条规定主要是为防止企业管理人员在破产申请之前，为逃避清偿义务而采取的具有欺诈性质的行为，这类行为尽管不一定是导致企业破产的直接原因，但是客观上削弱了企业的偿债能力，因而给债权人利益造成损害。第32条则规定，人民法院受理破产申请前6个月内，债务人有本法第2条第一款规定的情形，仍对个别债权人进行清偿的，管理人有权请求人民法院予以撤销。但是，个别清偿使债务人财产受益的除外。本条是关于债务人个别清偿的规定。债权本身具有平等性，即数个债权人对于同一个债务人先后发生数个普通债权时，其效力一律平等，不因其成立先后而有效力上的优劣之分。而债务人出现不能清偿到期债务情况时，对个别债权人进行有选择的清偿，违反了债权平等的原则，必然会给其他债权人的利益造成损害，使破产程序公平维护债权人利益的目的无从实现。

（4）管理人应当追回的财产。《破产法》第33条规定，涉及债务人财产的下

---

① 李永军：《破产法律制度》，中国法制出版社，2000年，第255页。

列行为无效：为逃避债务而隐匿、转移财产的；虚构债务或者承认不真实的债务的。第36条规定，债务人的董事、监事和高级管理人员利用职权从企业获取的非正常收入和侵占的企业财产，管理人应当追回。

第三节 破 产 程 序

一、破产程序的开始

破产程序的启动以破产申请人向法院提出申请为前提，只有法院依法受理破产申请，破产程序才得以展开。因而，破产申请是所有破产程序开始的条件，没有破产申请，债务人自行进行的清算与破产程序无涉，而债权人与债务人自行达成债务安排的协议，也与破产程序没有任何关联。

破产申请人，从世界各国破产法的规定来看，有权提出破产申请的一般是债权人与债务人，特殊情况下也可以由清算责任人申请。

1. 债权人申请破产

破产法以公平清偿债务为首要目标，破产申请是债权人的当然权利。在正常情况下，债权人一般通过民事诉讼及执行程序实现其债权，因而不会提起破产申请。但是，当经由一般的民事程序无法满足其债权时，债权人就可能转而借助破产清偿程序来维护其利益。

根据最高人民法院2002年发布的《关于审理企业破产案件若干问题的规定》第7条的规定，债权人申请债务人破产，应当向人民法院提交下列材料：①债权发生的事实与证据；②债权性质、数额，有无担保，并附证据；③债务人不能清偿到期债务的证据。第9条则规定，债权人申请债务人破产，债务人对债权人的债权提出异议，人民法院认为异议成立的，应当告知债权人先行提起民事诉讼，破产申请不予受理。《合伙企业法》第92条也规定：合伙企业不能清偿到期债务的，债权人可以依法向人民法院提出破产清算申请，也可以要求普通合伙人清偿。

2. 债务人申请破产

目前，世界各国破产法立法均以破产人在破产程序终结后得以免除对剩余债务的继续清偿责任的免责主义为原则，而以破产人不因破产程序的终结而免除继续履行剩余债务清偿责任的不免责主义为例外。因此，债务人申请破产的情况非常普遍，从而使债务人得以摆脱债务锁链获得重新发展的机会。

《关于审理企业破产案件若干问题的规定》对债务人申请破产提出了更为详细的文件要求，包括书面破产申请、企业主体资格证明、企业亏损情况的书面说明、资产状况明细表等材料。

3. 清算组织申请

商主体的解散必须进行清算。如果在清算过程中发现该主体的财产已经不能清偿其债务，则说明债权人通过正常的债务清偿程序已不能实现其债权，此时只能依靠破产程序实现对债权人的公平清偿。企业法人已解散但未清算或者未清算完毕，资产不足以清偿债务的，依法负有清算责任者应当向人民法院申请破产清算。

二、破产申请的受理

破产申请受理，是指人民法院根据当事人的申请，经过审查认为符合法定条件而进行立案，从而启动破产程序的司法行为。在我国，破产申请的受理并不意味着对债务人的破产宣告，而只是具有与普通民事案件的受理相同的效力。

1. 受理时限

法院在收到破产申请之后，应当在规定的时间内通知债务人并裁定是否受理。《破产法》第 10 条规定，债权人提出破产申请的，人民法院应当自收到申请之日起 5 日内通知债务人。债务人对申请有异议的，应当自收到人民法院的通知之日起 7 日内向人民法院提出。人民法院应当自异议期满之日起 10 日内裁定是否受理。债务人对申请不提异议的，人民法院应当自收到破产申请之日起 15 日内裁定是否受理。有特殊情况需要延长裁定受理期限的，经上一级人民法院批准，可以延长 15 日。

2. 指定管理人

破产申请一旦被人民法院裁定受理，即标志着正式进入破产程序。此时，企业已不能从事与破产事务无关的事务。同时，为保护债权人利益，受理申请前的企业经营管理机构都不应继续履行管理事务，因而法院需要指定专门的破产管理人，行使企业管理职权。人民法院裁定受理破产申请的，应当同时指定管理人。

3. 通知公告

由于启动商主体破产程序时，许多情况下破产主体的债权、债务并不确定，因而及时进行通知、公告对于维护相关利益主体的权益有着重要意义。《破产法》第 14 条的规定，人民法院应当自裁定受理破产申请之日起 25 日内通知已知债权人，并予以公告。通知和公告应当载明下列事项：①申请人、被申请人的名称或者姓名；②人民法院受理破产申请的时间；③申报债权的期限、地点和注意事项；④管理人的名称或者姓名及其处理事务的地址；⑤债务人的债务人或者财产持有人应当向管理人清偿债务或者交付财产的要求；⑥第一次债权人会议召开的时间和地点；⑦人民法院认为应当通知和公告的其他事项。

4. 申请受理的法律效力

破产申请的受理将产生如下法律效力。

（1）对债务人的效力。破产申请受理后，债务人财产的管理权移交管理人行使，而债务人相关人员则对管理人负有协助义务。《破产法》第15条规定，自人民法院受理破产申请的裁定送达债务人之日起至破产程序终结之日，债务人的有关人员承担下列义务：①妥善保管其占有和管理的财产、印章和账簿、文书等资料；②根据人民法院、管理人的要求进行工作，并如实回答询问；③列席债权人会议并如实回答债权人的询问；④未经人民法院许可，不得离开住所地；⑤不得新任其他企业的董事、监事、高级管理人员。

法院在受理破产申请后，债务人如果对个别债权人进行清偿，则违反了公平清偿的原则，因而该行为应属无效。对债务人负有债务的义务人，应当向管理人履行义务。《破产法》第17条规定，人民法院受理破产申请后，债务人的债务人或者财产持有人应当向管理人清偿债务或者交付财产。债务人的债务人或者财产持有人故意违反前款规定向债务人清偿债务或者交付财产，使债权人受到损失的，不免除其清偿债务或者交付财产的义务。

（2）对债权人的效力。破产申请的受理对于债权人的效力主要体现在债权期限上。在一般的民事执行程序中，如果债权未到清偿期则债权人无权要求债务人履行债务。但是，在破产申请受理进入破产程序后，所有的债权都将被视为已到期，都有权通过债权申报而获得清偿。

三、破产管理人

破产管理人是指在破产程序进行过程中负责破产财产的管理、处分、业务经营以及破产方案拟订和执行的专门机构。[①] 管理人的选任主要有法院选任、债权人选任与法院选任相结合两种方式。我国破产管理人实行法院选任的方式。

（一）管理人资格

管理人资格分为积极资格和消极资格两个方面。积极资格指管理人应当具备的条件，消极资格指那些不能作为管理人的情况。

（1）积极资格。管理人可以由有关部门、机构的人员组成的清算组或者依法设立的律师事务所、会计师事务所、破产清算事务所等社会中介机构担任。人民法院根据债务人的实际情况，可以在征询有关社会中介机构的意见后，指定该机构具备相关专业知识并取得执业资格的人员担任管理人。

（2）消极资格。破产管理人在破产程序中扮演着非常重要的角色，对于破产进程的顺利进行负有较高的注意义务，因而破产法对于管理人的资格进行了严格的限制性规定，采取列举式规定排除了不得担任管理人的人员。有下列情形之一的，不得担任管理人：①因故意犯罪受过刑事处罚；②曾被吊销相关专业执业证

---

① 李永军：《破产法律制度》，中国法制出版社，2000年，第255页。

书；③与本案有利害关系；④人民法院认为不宜担任管理人的其他情形。同时，个人担任管理人的，应当参加执业责任保险，以防止个人管理人在损害他人利益时无力承担赔偿责任的情事发生。

（二）管理人职责

管理人履行的主要职责包括：接管债务人的财产、印章和账簿、文书等资料；调查债务人财产状况，制作财产状况报告；决定债务人的内部管理事务；决定债务人的日常开支和其他必要开支；在第一次债权人会议召开之前，决定继续或者停止债务人的营业；管理和处分债务人的财产；代表债务人参加诉讼、仲裁或者其他法律程序；提议召开债权人会议；人民法院认为管理人应当履行的其他职责。

管理人作为破产程序中债务人的法定职能机构，在债务人的债权债务履行及财产分配的执行方面拥有较多的职权，如是否对尚未履行的合同继续履行、撤销权和取回权的行使、拟定破产财产的变价方案及破产分配方案等。

（三）管理人义务

管理人不论是由机构还是个人担任，都必须忠实履行自己的职务行为，不得在履行职务行为过程中谋取私利，或者怠于履行职责。管理人应当勤勉尽责，忠实执行职务；管理人应向人民法院报告工作，并接受债权人会议和债权人委员会的监督；管理人应当列席债权人会议，向债权人会议报告职务执行情况，并回答询问。同时，由于管理人的选任由法院指定，其辞去职务应当经人民法院许可。管理人没有正当理由不得辞去职务，以免给破产程序的进行带来不利影响。

四、债权人会议

（一）债权人会议的概念与性质

一般认为，债权人会议是全体债权人参加破产程序并集体行使权利的决议机关。[1] 依法申报债权的债权人为债权人会议的成员，有权参加债权人会议，享有表决权。

债权人会议的法律性质主要体现为三个方面：

（1）自治性。债权人会议是全体债权人组成的自治性组织，实行债权人自治原则，债权人会议对于债权人权利行使及权利处分的所有事项均有权作出决议；债权人会议有关债权确认、和解、破产财产变价、分配等事项的决议，应当得到法院的尊重。

（2）全体性。债权人会议所代表的是全体债权人的利益，如果会议所作出的

---

[1] 覃有土：《商法学》，中国政法大学出版社，2007年，第211页。

决议只是代表了一部分或个别债权人的意志利益，则违反了债权人会议构成和代表机制的一般要求。因此，在债权人会议的表决过程中，实行的是单纯的多数表决制，而不是按照债权数额的大小、比例确定表决权的多少。

（3）不享有一般民事主体资格。尽管债权人会议在形式上表现为一种组织形态，但是这一自治性组织本身并不具备独立承担民事责任的能力，不具有诉讼主体的资格，而只是在与自身利益相关的问题上享有决定权。同时，债权人会议关于和解、重整及破产财产分配等重大问题的决议，也必须经过法院的认可或批准，才发生法律效力。

（二）债权人会议的组成

债权人会议有全体债权人共同组成，但是债权必须经过依法申报。虽然经申报后的债权人均有权参加债权人会议，但是并非所有的债权人都享有表决权。不享有表决权的情况主要有两种：

（1）债权尚未确定。由于债权还处于不确定状态，因而这部分债权人行使表决权将会影响其他债权人利益。债权尚未确定的债权人，除人民法院能够为其行使表决权而临时确定债权额外，不得行使表决权。

（2）担保债权人。对债务人财产享有担保权人，其债权受到优先权制度的保护，表决结果与其自身利益不具有实质相关性，因而参与表决可能损害其他债权人利益。故此，对债务人的特定财产享有担保权的债权人，未放弃优先受偿权利的，对于通过和解协议、通过破产财产的分配方案事项不享有表决权。

债权人可以委托代理人出席债权人会议，行使表决权。代理人出席债权人会议，应当向人民法院或者债权人会议主席提交债权人的授权委托书。债权人会议应当有债务人的职工和工会的代表参加，对有关事项发表意见。但是职工和工会代表并不享有表决权，其意见对于债权人只是起着参考、影响作用。

（三）债权人会议的职权

债权人享有十分广泛的职权，包括：①核查债权；②申请人民法院更换管理人，审查管理人的费用和报酬；③监督管理人；④选任和更换债权人委员会成员；⑤决定继续或者停止债务人的营业；⑥通过重整计划；⑦通过和解协议；⑧通过债务人财产的管理方案；⑨通过破产财产的变价方案；⑩通过破产财产的分配方案；⑪人民法院认为应当由债权人会议行使的其他职权。

（四）债权人会议的召集与表决

（1）召集。第一次债权人会议由人民法院召集，自债权申报期限届满之日起15日内召开。以后的债权人会议，在人民法院认为必要时，或者管理人、债权人委员会、占债权总额1/4以上的债权人向债权人会议主席提议时召开。召开债权人会议，管理人应当提前15日通知已知的债权人。

（2）表决。债权人会议的表决实行多数表决制。除法律另有规定外，债权人会议的决议，由出席会议的有表决权的债权人过半数通过，并且其所代表的债权额占无财产担保债权总额的 1/2 以上。

重整和和解属于债权人会议需以特别多数通过的事项。人民法院应当自收到重整计划草案之日起 30 日内召开债权人会议，对重整计划草案进行表决。出席会议的同一表决组的债权人过半数同意重整计划草案，并且其所代表的债权额占该组债权总额的 2/3 以上的，即为该组通过重整计划草案。债权人会议通过和解协议的决议，由出席会议的有表决权的债权人过半数同意，并且其所代表的债权额占无财产担保债权总额的 2/3 以上。

如果某个或部分债权人认为债权人会议违反法律规定，侵害了自身的利益，可以自债权人会议作出决议之日起 15 日内，请求人民法院裁定撤销该决议，责令债权人会议依法重新作出决议。债权人会议的决议，对于全体债权人均有约束力。

（五）债权人委员会

由于债权人会议并非常设机构，实践中很难行使对债务人财产管理、处分及对破产进程的监督，因而《破产法》规定了债务人委员会制度。按照规定，债权人会议可以决定设立债权人委员会。债权人委员会由债权人会议选任的债权人代表和一名债务人的职工代表或者工会代表组成。债权人委员会成员不得超过 9人。债权人委员会成员应当经人民法院书面决定认可。

债权人委员会主要行使以下职权：①监督债务人财产的管理和处分；②监督破产财产分配；③提议召开债权人会议；④债权人会议委托的其他职权。债权人委员会执行职务时，有权要求管理人、债务人的有关人员对其职权范围内的事务作出说明或者提供有关文件。

破产程序进程中，如果管理人实施债务人土地、房屋等不动产权益或探矿权、采矿权、知识产权等财产权的转让，借款、设定财产担保，履行债务人和对方当事人均未履行完毕的合同，放弃权利，担保物的取回或者其他对债权人利益有重大影响的财产处分行为的，应当及时报告债权人委员会。

五、破产财产的分配

破产财产分配是破产管理人将变价后的破产财产，依照法定顺序和程序对全体债权人进行公平清偿的程序。破产分配是破产清算程序的核心目的，也是整个破产清算程序的终止阶段。

（一）破产分配方案

破产分配方案是全体债权人就集体受偿达成的协议，是破产分配的法定依据。该方案由管理人负责拟订，但必须经债权人会议讨论通过。债权人会议通过后，还需由管理人将该方案提请人民法院裁定认可，才能进入执行阶段。《破产法》第115条规定，破产财产分配方案应当载明下列事项：①参加破产财产分配的债权人名称或者姓名、住所；②参加破产财产分配的债权额；③可供分配的破产财产数额；④破产财产分配的顺序、比例及数额；⑤实施破产财产分配的方法。

（二）破产财产的变价与执行

破产分配实施前必须对债务人的财产进行变价，否则将难以确保破产分配的公平、公正性。因此，破产分配以金钱分配为原则，实物分配为例外。只有在实物难以变现，或者变现的结果将导致实物价值减少的情况下，可以进行部分实物的分配。

管理人应当及时拟订破产财产变价方案，提交债权人会议讨论。债权人会议未能通过破产财产的变价方案的，由人民法院裁定。管理人应当按照债权人会议通过的或者依照人民法院裁定的破产财产变价方案，适时变价出售破产财产。破产财产分配方案经人民法院裁定认可后，由管理人执行。管理人按照破产财产分配方案实施多次分配的，应当公告本次分配的财产额和债权额。管理人实施最后分配的，应当在公告中指明，并载明附生效条件或者解除条件债权的处理情况。除非债权人会议另有决议，变价出售破产财产应当通过拍卖进行。破产企业可以全部或者部分变价出售。企业变价出售时，可以将其中的无形资产和其他财产单独变价出售。按照国家规定不能拍卖或者限制转让的财产，应当按照国家规定的方式处理。

（三）别除权制度

别除权是担保物权在破产程序中的特殊称谓，它是一种就属于破产财团的特定财产、不按照破产程序而优先受偿的权利。[①] 从法律性质来看，破产法上的别除权，实际上是民法上担保物权在破产程序上的折射。别除权是破产法对民法担保物权的承认，而非为破产法新成立的权利。

我国《物权法》主要规定了抵押权、质权和留置权这三类担保物权的类型，实践中别除权的行使以这三类权利的存在为基础。《破产法》第109条规定，对破产人的特定财产享有担保权的权利人，对该特定财产享有优先受偿的权利。别除权人对于别除权标的物享有优先受偿权利，因而别除权标的物并不计入破产财产，其他债权人不得对此主张权利。

别除权的享有以担保物权的合法、有效存在为前提。如果所设定的担保物权

---

① 〔日〕石川明：《日本破产法》，何勤华、周桂秋译，中国法制出版社，2001年，第80页。

不符合担保法的规定，或者属于在人民法院受理破产申请前一年内对没有财产担保的债务提供财产担保，管理人申请法院予以撤销的，则别除权将不复存在。同时，担保物权作为债务履行的担保，必然存在一个基础性的合同关系，而这一合同所代表的债权也必须得到债权人会议的确认和法院的认可。如果该债权并未获得确认，则担保物权的存在也就丧失了基础原因，担保权人就不能享有破产程序中的别除权。

（四）破产分配的法定顺序

出于维护社会公共利益和职工利益等因素的考虑，各国破产法上一般都规定了破产分配的顺序，该顺序属于强制性规范，进行破产分配必须严格按照该顺序执行。《破产法》第 113 条规定，破产财产在优先清偿破产费用和共益债务后，依照下列顺序清偿：①破产人所欠职工的工资和医疗、伤残补助、抚恤费用，所欠的应当划入职工个人账户的基本养老保险、基本医疗保险费用，以及法律、行政法规规定应当支付给职工的补偿金；②破产人欠缴的除前项规定以外的社会保险费用和破产人所欠税款；③普通破产债权。破产财产不足以清偿同一顺序的清偿要求的，按照比例分配。

（五）追加分配

破产程序终结后，如果发现债务人之前存在为逃避债务而转移、隐匿财产等情况，或者在申请受理前一年内存在无偿转让财产、以明显不合理的价格进行交易、对没有财产担保的债务提供财产担保、对未到期的债务提前清偿或者放弃债权等情况的，管理人有权追回。对于追回的财产应当按照法定顺序进行清偿。

六、破产程序终结

在破产清算程序中，破产程序因债务人财产不足以支付破产费用、破产人无财产可供分配和破产财产分配完毕等原因，而发生终结。如果债务人与债权人达成和解协议，则该协议经法院认可后破产程序即行终结；在重整程序中，破产程序因重整计划执行完毕而终结。破产程序终结后，管理人应当负责办理注销登记。

第四节　重整与和解制度

一、重整制度

（一）概念

重整是指在企业无力偿债的情况下，依照法律规定的程序，保护企业继续营业，实现债务调整和企业的整理，使之摆脱困境，走向复兴的再建型债务清理程序。[①]

重整制度的建立，体现了人们对于破产法功能、价值的重新定位。目前，重整制度在世界各主要经济国家的破产法律制度中均有规定。1985 年法国在破产法的改革中，更是把破产法改名为《困境企业司法重整与清算法》，该法的立法目的即挽救企业，维持生产经营，以及清理债务。

（二）申请与受理

当企业法人不能清偿到期债务，并且资产不足以清偿全部债务或者明显缺乏清偿能力，或者有明显丧失清偿能力可能时，就可以由具备申请人资格的主体提起对企业进行重整的申请。而债务人与债权人都有权直接向人民法院申请对债务人进行重整。在我国，债权人申请对债务人进行破产清算的，在人民法院受理破产申请后、宣告债务人破产前，债务人或者出资额占债务人注册资本 1/10 以上的出资人，可以向人民法院申请重整。人民法院经审查认为重整申请符合本法规定的，应当裁定债务人重整，并予以公告。

（三）重整期间的权利限制

重整制度的目的在于通过一系列对债务人企业的拯救措施，实现企业的复兴。为实现这一目的，破产法上对于债权人的各项权利均需作出一定的限制。重整期间，对债务人的特定财产享有的担保权暂停行使。但是，担保物有损坏或者价值明显减少的可能，足以危害担保权人权利的，担保权人可以向人民法院请求恢复行使担保权。重整期间，除非经人民法院同意，债务人的出资人不得请求投资收益分配，债务人的董事、监事、高级管理人员不得向第三人转让其持有的债务人的股权。

（四）对债务人继续营业的保护

重整期间，经债务人申请，人民法院批准，债务人可以在管理人的监督下自行管理财产和营业事务。已接管债务人财产和营业事务的管理人应当向债务人移交财产和营业事务，管理人的职权由债务人行使。管理人负责管理财产和营业事务的，可以聘任债务人的经营管理人员负责营业事务。债务人或者管理人为继续营业而借款的，可以为该借款设定担保。

（五）重整计划

重整计划一般由债务人或者管理人负责拟定草案，自人民法院裁定债务人重整之日起 6 个月内，同时向人民法院和债权人会议提交该草案。重整计划草案应当包括债务人的经营方案、债权分类、债权调整方案、债权受偿方案、重整计划

---

① 覃有土：《商法学》，中国政法大学出版社，2007 年，第 217 页。

的执行期限、重整计划执行的监督期限、有利于债务人重整的其他方案等内容。

重整计划草案由债权人按照债权类别划分表决组，各表决组均通过重整计划草案时，重整计划即为通过。如果重整计划草案涉及出资人权益调整事项的，应当设出资人组，对该事项进行表决。自重整计划通过之日起 10 日内，债务人或者管理人应当向人民法院提出批准重整计划的申请。人民法院经审查认为符合本法规定的，应当自收到申请之日起 30 日内裁定批准，终止重整程序，并予以公告。

部分表决组未通过重整计划草案，拒绝再次表决或者再次表决仍未通过重整计划草案的，债务人或者管理人可以按照《破产法》第 87 条的规定申请人民法院批准重整计划草案，对于未通过草案的表决组而言，法院对于草案的批准就具有强制重整的效力。人民法院经审查认为重整计划草案符合以下条件的，应当自收到申请之日起 30 日内裁定批准，终止重整程序，并予以公告。这些条件包括：重整计划草案公平对待同一表决组的成员，债务人的经营方案具有可行性，计划草案对出资人权益的调整公平、公正，相应表决组已经通过重整计划草案，担保权未受到实质性损害等。

重整计划草案未获得通过，或者没有获得批准，或者已通过的重整计划未获得批准的，人民法院应当裁定终止重整程序，并宣告债务人破产。

二、和解制度

和解是指具备破产原因的债务人，为避免破产清算，而与债权人团体达成以让步方法了结债务的协议，协议经法院认可后生效的法律程序。[①] 债务人可以直接向人民法院申请和解，也可以在人民法院受理破产申请后、宣告债务人破产前，向人民法院申请和解。债务人申请和解，应当提出和解协议草案。

（一）和解与重整的比较

和解程序与重整程序都属于对债权债务的清理程序，均须经过法院的批准，而且都能够避免债务人破产清算的结果。因而，和解程序与重整程序具有许多的共同之处，但是两者之间存在以下重要的区别：和解只是通过和解协议避免企业破产清算的结果，而不是积极地促使企业复兴，而重整则是通过重整计划的实施实现对企业的拯救，重整程序开始后，所有民事程序均终止，而且担保权人的权利行使也受到重整计划的限制；和解是债务人的权利，只有债务人才能提出，而重整则可以由债务人、债权人、公司股东、董事会等提出，申请人的范围较为广泛；和解程序启动的原因是不能清偿到期债务或债务超过，而重整程序则只需有不能清偿债务的可能时，即可提出。

---

① 覃有土：《商法学》，中国政法大学出版社，2007 年，第 235 页。

（二）和解协议

和解协议必须经过债权人会议通过，方能成立。和解协议达成后，还需经过法院的认可才能发生法律效力。法院裁定认可的，终止和解程序，并予以公告。管理人应当向债务人移交财产和营业事务，并向人民法院提交执行职务的报告。经人民法院裁定认可的和解协议，对债务人和全体和解债权人均有约束力。

（三）和解失败

和解失败是指因和解协议没有依法成立或者未生效、无效及和解协议无法执行等原因，致使和解意图不能实现的状态。如果债务人进入破产程序后提出了和解协议草案，但是该草案并未获得债权人会议通过，或者未能最终得到法院的认可，则法院应裁定终止和解程序，宣告破产；如果因债务人的欺诈或者其他违法行为而成立的和解协议，人民法院应当裁定无效，并宣告债务人破产；如果债务人不能执行或者不执行和解协议的，人民法院经和解债权人请求，应当裁定终止和解协议的执行，并宣告债务人破产。

和解失败，人民法院裁定终止和解协议执行的，和解债权人在和解协议中作出的债权调整的承诺失去效力。和解债权人因执行和解协议所受的清偿仍然有效，和解债权未受清偿的部分作为破产债权。

（四）和解完成的法律效力

债务人按照和解协议的内容，履行债务清偿责任后，和解即告结束。由于在和解协议中，对于债务数额进行了减免，和解协议履行完毕后，被减免的债务数额不再具有法律意义。按照和解协议减免的债务，自和解协议执行完毕时起，债务人不再承担清偿责任。

第四编 商 行 为

第十章 商行为概述

商主体制度和商行为制度是构成一般意义上商法制度的两个最基本的部分。商行为制度是规范和引导商事行为的规则。本章从商行为概念入手，重点介绍了商行为的分类以及一般商行为和特殊商行为。学习本章，应了解各类商行为的含义，掌握商行为的特征。

第一节 商行为的概念和特征

一、商行为的概念

商行为亦称商事行为，很多学者认为，它是商法从民法中分离出来，形成相对独立的系统规则，也即形成商法独立性的根本原因。

商行为一词是大陆法系国家商法中的一个特定用语。商行为的含义，在立法与学理上具有多种界定方法。[①] 在我国，由于没有商法典，商行为尚不是一个法定概念。多数学者认为，商行为是指商主体所从事的以营利为目的的经营行为。[②]

二、商行为的特征

商行为的法律特征主要表现在以下几个方面。

（1）商行为的实施必须是以营利为目的，即行为人的活动目标是营利，而不问某一特定商行为事实上能否营利。实践中，判断某一行为是否具有营利目的往往须借助于法律推定规则。对商人而言，只要是商人（商主体）从事的营业性行

---

① 范健、王建文：《商法论》，高等教育出版社，2003年，第634页。
② 范健：《商法》（第二版），高等教育出版社，2002年，第49页。

为，原则上均应推定其具有营利目的。对非商人而言，通常需要根据同类行为所具有的客观目的和商事习惯加以确定。

（2）商行为具有营业性，即商主体至少在一段期间内以营利为目的连续不断地从事某种同一性质的营利活动。营业性必须同时具备以下四个要素：行为人行为以营利为目的；行为人营利性活动的反复性；行为人营利活动的持续性；行为人营利性活动的计划性。因此，一般民事主体偶尔从事商事活动不在此列，不受商法规则的调整。

（3）商行为是商主体所实施的行为，行为人须具有特定的商行为能力。[①] 在采取严格商人法原则[②]的国家，民事主体欲从事合法商行为时首先必须履行商业登记程序；而在采取严格商行为法原则的国家，商法实际上认可民事主体在民事行为能力之外，同时具有商行为能力，因而非经商业登记的主体从事的营利性营业行为也应受到商法规则的支配。[③]

第二节　商行为的分类

依据不同的标准，商行为可分为不同类别，主要有以下几种。

一、绝对商行为与相对商行为

绝对商行为又称客观商行为，是指以行为的客观性和法律规定为标准而认定的商行为，通常由法律列举规定，不允许推定解释。它仅以行为的形式作为认定标准，而不以行为主体是否为商人和行为本身是否具有营利性为认定标准。多数国家商法规定，票据行为、证券交易所内的行为、保险行为和海商行为等均属于绝对商行为。由于绝对商行为的认定不受行为主体和具体行为目的的影响，其标准具有客观性和确定性，给司法实践带来了便利。

相对商行为又称主观商行为，是指在法律所列举的范围内，仅由商人实施或仅基于营利性目的实施的营业行为。它以行为人是否为商主体、行为是否以营利为目的为认定要件。其概念依不同国家的立法政策仍有内涵上的差别。它可以是在法律列举的范围内，仅商人实施方可构成的行为（主观商行为）；也可以是仅基于营利性营业目的方可构成的行为（营业商行为）；还可以是仅由商人基于营利性营业目的实施方可构成的行为。此类行为通常包括：财产出租、加工制造、

[①] 赵中孚：《商法总论》，中国人民大学出版社，1999年，第127页。

[②] 商人法原则是与商行为法原则相对的。以法国商法为代表的商事行为主义认为，应根据客观行为的内容和形式来判定其是否属于商事行为；以德国商法为代表的商主体主义则认为，判断商事行为应根据行为主体的身份，即主体中是否双方或一方是商人。

[③] 赵万一：《商法基本问题研究》，法律出版社，2002年，第318页。

保管运送、承揽修缮、出版印刷、居间代理等。此类行为并非当然具有商行为性质，只有在行为主体或行为目的符合法定条件时，方可构成商行为，并适用商法的特别规则；而在行为主体或行为目的不符合法定条件时，其行为仅构成一般民事活动，适用民法的一般规定。[①]

二、双方商行为与单方商行为

双方商行为是指双方均具有商主体资格的当事人所从事的商行为，如批发商与零售商间的行为。双方商行为的法律性质和法律适用比较容易确定，均适用商法。

单方商行为是指行为当事方中一方是商主体，另一方为非商主体时的交易行为。此类行为的法律性质和法律适用各国存在差异。德国、日本商法认为，当事人一方行为属商行为则双方均应适用商法；当事人一方有数人，其中一人的行为属商行为时，全体都应适用商法。[②] 法国和英美等国则认为，单方商行为本质上是商行为与一般民事行为的结合，商法中的诸多规定，仅适用于商人一方当事人，而不适用于非商人一方当事人。

单方商行为的法律性质与法律适用问题集中体现了民法与商法之间的关系、民法一般规则调整与商法特别规则调整之间的关系。从立法学角度看，商事关系应当受到民法规则的控制，但是在民法一般规则无法调整或无法有效调整的情况下，应当设置商法规则，并令其优先适用；而在商事基本法不能有效调整或合理调整（例如单方商行为）的情况下，则应当考虑设置商法特别规则对商主体加以特别控制。[③]

三、基本商行为和附属商行为

基本商行为是指直接从事营利性经营活动的商行为。传统商法学者多强调基本商行为的"直接媒介商品交易"之属性，认为基本商行为仅局限于基本商事营业领域内，故又称之为"买卖商行为"、"固有商行为"。现代商法学者则多强调基本商行为的直接营利性内容，认为在专业分工极度发展的社会中，任何商事营业内均存在具有直接营利内容的基本商行为和辅助其营利的附属商行为。

附属商行为又称"辅助商行为"，是指其行为本身并不直接达到商主体所要达到的经营目的，但却可以对以营利为目的的商行为的实现起辅助作用的行为，如仓储、运送、广告、服务等。现代商法理论认为，附属商行为仅仅相对于基本

---

① 赵万一：《商法基本问题研究》，法律出版社，2002年，第321~322页。
② 《日本商法典》第3条。
③ 赵万一：《商法基本问题研究》，法律出版社，2002年，第321页。

商行为而存在，在商事概念不断扩展的社会中，任何商事营业范围内都存在有基本商行为和附属商行为。例如，对于买卖而言，其销售营业为基本商行为，而其辅助性运送和仓储则为附属商行为；对于承运商而言，其运送营业为基本商行为，而其原材料购买则为附属商行为。①

四、固有商行为与推定商行为

固有商行为亦称纯然商行为，是指依据法律规定或法律列举可以直接认定的商行为，当然地适用商行为法规则。在商法基本规范健全的条件下，对于大部分商行为的确认不需要通过司法推定或事实推定即可直接依法认定，范围通常较为明确。

推定商行为是指不能直接根据法律规定或法律列举加以认定，而必须通过事实推定或法律推定方可确认其商行为性质的行为，准用商行为法规则，如非商主体对商主体的间接代理，提供信息的服务等。② 推定商行为与商人的营利性营业行为具有间接的联系，通常包括商人通过非商人所为的行为。

第三节　一般商行为与特殊商行为

一般商行为与特殊商行为是大陆法系国家商法学者理论研究中使用的概念。二者的着眼点并非商行为本身，而是商法对商行为特别调整的共性和个性。

一、一般商行为

一般商行为是指在商事交易中具有共性的，并受商法规则所调整的行为。它涉及商法上的债权行为、商法上的物权行为、商法上的交易结算行为（商事交互计算）等。③

（一）商法上的债权行为

商法上的债权行为以民事法律行为的构成要件为基础，在具体行为的法律适用中，遵循民法的基本原则。商法根据商事交易的特点对之作出了特殊规定。根据特别法优于一般法的原则，这些特殊规定在法律效力上优先于民法的规定。商事债权行为的特殊性主要表现在商事合同缔结过程中要约与承诺的特殊性、意思表示缄默的特殊性等方面。

---

① 赵万一：《商法基本问题研究》，法律出版社，2002年，第322～323页。
② 赵中孚：《商法总论》，中国人民大学出版社，1999年，第130页。
③ 范健：《商法学》（第三版），高等教育出版社、北京大学出版社，2007年，第56页。

（二）商法上的物权行为

民法中的物权规则，是商事物权的基础。在一般商事活动中，民法之于物权问题的相关规定均可适用。但是商法对一些特殊商事物权行为作了补充性规定。任何一种商事物权行为，均须将二者结合适用。商事物权的特殊性主要表现在商事所有权的特殊性、商事质权的特殊性和商事留置权的特殊性等方面。

（三）商事交互计算

所谓商事交互计算指通过双方的约定，以结算结果和结算后所确定的余额来实现债务了结。借助定期结算，交易双方当事人可以将商事业务往来中的债权债务不断清算，从而避免单方面独立债权和债务的生效。它实际上是一种活期账户结算方法，已为各国商法普遍采用。

二、特殊商行为

特殊商行为是指在商事交易中具有个性的，并受商法中的特别法或特别规则调整的商行为。其产生的基础是商事交易内部的特殊性以及商法对不同类型商事交易法律调整的特别需求。[①] 伴随现代商事交易的发达和交易规模的扩大，现代商事交易的交易手段、方法、标的等日趋繁复，特殊商行为不断涌现。鉴于特殊商行为仍处于发展变动之中，下面仅简要介绍几种特殊商行为。

（一）商事买卖

商事买卖是一种特殊而专门的商事交易形式，也是商法中最为基本的特殊商行为之一。虽然商事买卖以民事买卖为基础和出发点，但民法和商法中关于买卖的概念、性质、对象以及原则的规定都不尽相同。各国商法一般基于商事交易的迅速、明确和安全性，对商事买卖中的迟延责任、给付标的物瑕疵责任等问题作了特别规定。我国关于买卖的法律规定主要存在于《合同法》第九章"买卖合同"中，但该部分并未将二者加以区别，实乃欠缺之外。

（二）商事代理

无论大陆法系还是英美法系的商法都对商事代理作了专门规定。不过在英美法系，代理法主要是指商事代理法；大陆法系则有民事代理和商事代理之分。商事代理以民事代理为其法律关系的构成基础，但二者在主体、客体和内容上都存在差异。这种差异在大陆法系以商主体为立法中心的国家存在于对代理商资格的强调；在以商行为为立法中心的国家，存在于对行为营利性的要求。我国至今未在立法上对二者加以区分，民事代理的规定存在于《民法通则》第四章，商事代理在司法实践中则主要参照适用之。

---

① 范健：《商法学》（第三版），高等教育出版社、北京大学出版社，2007年，第57页。

（三）商事行纪

商事行纪是指商主体以自己的名义为他人（委托人）购买或销售货物、有价证券，由此获得报酬，并以此作为职业性经营的行为。从商行为角度来看，行纪是大陆法系国家商法中的一种典型商行为。它与代理和居间不同，在民商分立的国家，只有商法典才规定有行纪商或行纪商行为；民法典中没有关于行纪的规定。因此，它是相对独立于民法典的典型商行为。[①]

（四）商事居间

商事居间是指商主体为获取一定的报酬（佣金）而为委托人与第三人订立合同提供缔约机会或者进行介绍，以促成合同订立的行为。商事居间以民事居间法律关系为其构成和存在的基础，但由于商事居间的营利性，其在行为的构成、有效性和后果等方面具有特殊性，从而使其在主体、客体和内容方面与民事居间存在较大差异。

（五）商事信托

信托又称信任委托，是指委托人将其财产移转到受托人，受托人以自己的名义，依照委托人的指定，为受益人的利益或特定目的管理或者处理财产的行为。[②] 信托本系英美普通法系国家独特的法律制度，现已为大陆法系国家商法广泛接受。信托可分为民事信托和商事信托。民事信托是指以安排个人资产转移、承继等为目的的民事法律行为。商事信托是以获取商业利益为目的的商事法律行为。商事信托种类繁多，涉及现实经济生活的许多方面。

（六）商事信用

商事信用是英美普通法系国家商法中的概念，是指在买卖、服务消费、借贷等商事交易中取得商品，接受服务或贷款的一方，同意在将来规定的日期支付货款、服务报酬、贷款本息的承诺。西方社会的记账买卖即是一例，究其实质是一种保证。目前的商事信用更多地与信用担保联系在一起。

（七）商事期货交易

商事期货交易是指期货交易当事方在期货交易所内预先签订产品买卖合同，而期货的支付和货物的交割要在约定的远期进行的一种买卖商行为。它通常是期货合约的交易，而非物的交易。作为商事买卖的一种特殊形态，这种特殊的商行为具有一定的投机性和风险性。目前已经在我国经济生活中出现，相关立法还在完善之中。

---

① 范健：《商法学》（第三版），高等教育出版社、北京大学出版社，2002年，第59页。
② 范健：《商法学》（第三版），高等教育出版社、北京大学出版社，2002年，第59页。

（八）融资租赁

融资租赁行为是传统民商法中的买卖行为、租赁行为、金融信贷行为三者合一的结果，具体是指融租人根据承租人的选择，向第三人（供货方）购买承租人选定的物件，将其长期租与承租人使用，承租人向融租人支付租金的一种商行为。我国现行法律对其规定主要存在于《合同法》第十四章"融资租赁合同"中。

（九）商事仓储

商事仓储是指商主体从事的货物储存和保管商行为。它是以民法中的寄托行为理论为基础的。传统商法并未将仓储和保管严格区分，我国《合同法》则是在第十九章"保管合同"和第二十章"仓储合同"中分别加以规定。

（十）商事货运

商事货运是以特定标的物为运输对象的特殊运输商行为，是一般运输商行为的基础。一些没有制定统一运输法的国家，常常将运输法的基本原则规定在货运商行为之中。作为典型的商行为，这种特殊的商行为是商法调整的对象，而与之有密切联系的旅客运输则由于涉及人身问题，而更多地牵涉民法、旅客运输法、交通法等法律法规。我国《合同法》未对二者严格区别，而是统一规定于第十章"运输合同"中。

第十一章　票　据

本章以票据的独特性为核心，阐述了票据的种类、票据行为、票据权利、票据抗辩等制度，介绍了汇票、本票、支票的主要规定。本章内容基本按照票据法的体例，并紧密结合法条展开。学习本章，应掌握票据行为的特征和构成要件，重点把握票据权利的行使、票据的抗辩以及汇票的有关规定。

第一节　票据概述

一、票据的概念和特征

票据是出票人签发的，承诺自己或者委托他人在见票时或者到期日无条件支付确定的金额给持票人的有价证券。《中华人民共和国票据法》（以下简称《票据法》）中的票据，是指汇票、本票和支票。

票据是有价证券之一，除具有一般有价证券的特征外，还具有自己的特征，主要包括：

（1）票据是设权证券。根据证券与其所代表的权利产生的先后顺序，可将证券分为设权证券和证权证券。设权证券在证券产生的同时权利产生，证券产生之前权利不存在。票据属于设权证券，票据权利与票据同时产生、共同存在；证权证券则在证券产生之前权利已经存在，证券产生的目的是为了证明权利，比如记名股票。

（2）票据是文义证券。票据上的权利义务，完全地、严格地以票据上所记载的文义为准，即使票据记载有误，也不得以其他事实或因素补充和修正。

（3）票据是无因证券。票据是否发生法律效力，票据权利是否产生，仅依票据法的规定，而与票据签发的原因无关。只要票据具备法定形式，即产生效力，即便签发票据的原因不合法或不存在，票据仍然有效。

（4）票据是金钱债权证券。票据所代表的权利本质上是债权，并且是金钱债权，是在到期日或见票时无条件支付一定金额为内容的债权。

（5）票据是要式证券。票据法对票据的作成有严格的要求，必须依照法律规定的方式作成并记载相关内容，否则不具有相应的法律效力。

二、票据的种类

(一) 法律上的分类

各国票据法均对票据的种类作出明确的规定，不允许有法律规定以外的票据存在。根据我国《票据法》的规定，票据包括汇票、本票和支票三种。

(二) 法理上的分类

法理上，依据不同的标准对票据作出分类。

(1) 自付票据和委付票据。这是依付款人和出票人是否为同一人进行的分类。自付票据是由出票人自己承担付款责任的票据，如本票。委付票据是由出票人委托的他人承担付款责任的票据，如汇票、支票。

(2) 信用票据和支付票据。这是依照票据的作用进行的分类。信用票据的作用主要在于信用，持票人接受票据是基于对出票人的信用，并且其有效期较长。汇票、本票除了见票即付的外，持票人在票据未到期之前，无权要求票据付款人支付票据金额，故汇票、本票是信用票据。支付票据的作用主要在于支付，见票即付，有效期短，持票人接受票据的原因在于出票人和付款人之间的现实资金关系，支票即属于支付票据。

(3) 记名票据和不记名票据。这是依照出票时是否记载收款人的名称进行的分类。记名票据是出票时明确记载收款人名称的票据。不记名票据是出票时不记载收款人名称或将其记作"持票人"或"来人"的票据。

第二节　票　据　行　为

一、票据行为的概念

理论上，票据行为有广义和狭义之分。广义的票据行为是指一切能够引起票据关系产生、变更和消灭的法律行为和准法律行为，而狭义的票据行为是指以产生票据义务为目的的法律行为。我国的票据行为是指狭义的票据行为，包括出票、背书、承兑、保证四个行为。

根据是否以创设票据为内容，狭义的票据行为可以划分为基本票据行为和附属票据行为。基本票据行为是创设票据和票据权利的行为，即出票行为。附属票据行为是指在已经实际存在的票据上所为的票据行为，包括背书、承兑和保证行为。

二、票据行为的特征

票据行为是一种特殊的民事法律行为，具有自己的特征。

（1）要式性。根据《票据法》的规定，票据行为的要式性主要体现为：任何票据行为都必须以书面形式作成；票据行为都必须有行为人的签章；票据行为的记载内容和记载格式及记载位置均是特定的。

（2）无因性。票据行为的无因性，又称为票据行为的抽象性，是指票据行为与作为其发生前提的实质性原因关系相分离，票据行为只要具备票据法规定的构成要件即产生法律效力，而不受其原因关系存废或其效力有无的影响。因为，如果直接当事人之间票据原因关系的瑕疵能够影响后手善意持票人的票据权利的顺利实现，结果必然会影响到票据的流通，在交易中将没有人敢接受票据。

（3）独立性。票据行为的独立性，是指票据行为人在同一票据上所为的若干票据行为各自依其票据上的记载产生法律效力，相互之间没有任何牵连，即一项票据行为的无效不影响其他票据行为的效力。比如，票据上有伪造、变造的签章的，不影响票据上其他真实签章的效力。

三、票据行为的构成要件

票据行为的构成要件，是构成票据行为并使其发生票据权利义务的必要条件，包括实质要件和形式要件。

（一）票据行为的实质要件

票据行为的实质要件，是票据行为应具备一般民事法律行为的生效要件。一般民事法律行为的生效要件有三个：行为人具有相应的民事行为能力；意思表示真实；行为内容不违反法律或者社会公共利益。学界普遍认为，票据行为本身并不具有违反法律或者社会公共利益的实质内容，因而，票据行为生效的实质要件只要具备前两项即可。

（1）票据行为人须有票据行为能力。票据行为是设定票据权利义务的行为，依民法一般规定，行为能力欠缺者无责任能力，不能为负担义务之行为，故无行为能力人、限制行为能力人不具有票据行为能力，不能为票据行为。[①] 对于法人和其他组织的票据行为能力，《票据法》没有明确规定。但是《票据法》第7条对"法人和其他使用票据的单位"如何在票据上签章的问题作了规定，说明我国是承认法人和其他单位具有票据行为能力的。

（2）票据行为人的意思表示真实。为了保护善意第三人的权利，促进票据的流通，《票据法》更强调对行为人的意思表示实行"外观解释原则"，即票据行为只要具备票据法规定的形式要件即产生法律效力，票据记载事项与真实意思不相符，对票据行为的效力没有影响，票据行为人不得以票据记载与真实意思表示不符相对抗，也不得以其他事实和因素更改之。

---

① 赵旭东：《商法学》，高等教育出版社，2007年，第540～541页。

（二）票据行为的形式要件

票据行为具有要式性，票据行为只具备实质要件并不能使票据行为发生法律效力，形式要件对于票据行为来说更为重要。票据行为的形式要件有四项：书面、签章、记载事项和交付。

书面，是指各项票据行为都必须以书面形式作成，非采用书面形式，不能成立票据行为。

签章，是指任何票据行为都必须有行为人的签章，否则票据行为无效。

记载事项，是指必须在票据上记载的法定事项，包括必要记载事项如汇票上必须记载出票日期，任意记载事项如出票人在汇票上记载"不得转让"字样。

交付，指票据行为的成立和生效，除应在票据上为合法记载作成票据之外，还必须将票据交付对方，如出票，出票人应将票据交付给收款人。

四、票据行为的代理

票据行为代理，是指代理人在本人的授权范围内，按照本人的意思为票据行为的行为。

（一）票据行为代理的构成要件

（1）代理人须有票据代理权限。即票据代理必须有委托授权，而且代理人须在授权范围内从事代理行为。

（2）表明被代理人名称。代理人必须在票据上表明被代理人，否则相对人无法通过票据知晓谁是票据的真正责任人。如果代理人在票据上记载了自己的姓名，他自己则成为票据当事人，须依照票据上的记载承担票据责任。

（3）表明代理关系。为了保障票据的安全流通，使任何善意第三人对于票据上的代理关系都能一目了然，代理人需要在票据上表明为被代理人代理的意思，使票据关系人能够从票据外观上确认票据行为究竟由何人所为。

（4）代理人须签章。签章是任何票据行为都必须具备的要件，票据行为的代理也不例外。

（二）无权代理和越权代理

票据无权代理，是行为人没有取得本人的授权，而以代理人的名义所实施的票据行为。票据越权代理，是代理人超越代理权限而为的票据行为。

《票据法》第5条规定："没有代理权而以代理人名义在票据上签章的，应当由签章人承担票据责任；代理人超越代理权限的，应当就其超越权限的部分承担票据责任。"

第三节　票　据　权　利

一、票据权利的概念和特征

票据权利，是指持票人向票据债务人请求支付票据金额的权利，包括付款请求权和追索权。

票据权利具有以下特征：

（1）票据权利是金钱债权。票据权利实质上是一种债权，是权利人要求债务人为一定行为的请求权；票据权利以金钱给付为内容，持票人享有请求票据债务人支付票据金额的权利。

（2）票据权利是无因性权利。票据以及票据行为的无因性，决定了票据权利的无因性。权利人只要通过合法方式取得形式上合法的票据即取得票据权利，票据权利发生的原因是否存在或是否有效在所不问。

（3）票据权利是证券性权利。票据是完全有价证券，说明票据权利一经产生，就同作为证券的票据融合为一体。票据权利的发生、转移和行使，都必须以持有票据为前提。

二、票据权利的取得

票据权利与票据完全融合，取得票据才能取得票据权利。因此，票据权利的取得实质就是票据所有权的合法取得。有以下两种取得方式。

（一）票据权利的原始取得

原始取得，指票据权利人通过票据行为或者法律规定最初取得票据权利。票据权利的原始取得又可以具体分为两种情况：

（1）出票取得，即依出票行为取得票据。出票人依法作成票据，并交付给持票人，票据权利产生，并由持票人最初取得。

（2）善意取得，是指持票人善意地从无票据权利处分权人手中取得票据权利。《票据法》第12条规定："以欺诈、偷盗或者胁迫等手段取得票据的，或者明知有前列情形，出于恶意取得票据的，不得享有票据权利。持票人因重大过失取得不符合本法规定的票据的，也不得享有票据权利。"因此，我国《票据法》并未从正面直接确认善意取得制度，而是通过恶意或重大过失不得享有票据权利的规定，建立了票据的善意取得制度。

（二）票据权利的继受取得

继受取得票据权利，是指持票人从前手权利人处受让票据权利，包括依票据法规定的权利转让方式取得票据权利，即通过背书转让和单纯交付方式取得票据权利；也包括依照普通债权转让方式取得票据权利，如继承、赠与或公司合并等方式，该转让方式适用民法或其他相关法律的规定。

三、票据权利的行使和保全

（一）概述

票据权利的行使，是指票据权利人请求票据债务人履行票据债务的行为，包括行使付款请求权和行使追索权。票据权利的保全，是指票据权利人为防止票据权利丧失而为的行为。票据权利的行使和保全是密切联系的两个行为。有的行为既是票据权利的行使行为，又是票据权利的保全行为，如按期提示票据；而有些票据权利的行使必须以某些保全行为的合法实施为条件，如追索权的行使必须以作成拒绝证书为必要。

（二）票据权利行使和保全的方式

（1）按期提示票据。提示票据是行使和保全票据权利的最基本方式，一切票据权利的行使和保全行为都应按期提示票据，包括按期提示承兑和按期提示付款。汇票未按照规定期限提示承兑的，持票人丧失对出票人之外的前手的追索权；持票人未按照规定期限提示付款，丧失对其前手的追索权。

（2）作成拒绝证明。拒绝证明是证明持票人行使付款请求权未能实现的证明，是由法律规定的能够证明票据付款人已经拒绝承兑或拒绝付款以及持票人无法提示承兑或者无法提示付款的法律事实的文字证明。持票人不能出示拒绝证明、退票理由书或者未按照规定期限提供其他合法证明的，丧失对其前手的追索权。承兑人、付款人有作成拒绝证明的义务，持票人提示承兑或者提示付款被拒绝的，承兑人或者付款人必须出具拒绝证明或者出具退票理由书；未出具拒绝证明或者退票理由书的，应当承担由此产生的民事责任。持票人因承兑人或者付款人死亡、逃匿或者其他原因，不能取得拒绝证明的，可以依法取得其他有关证明。

四、票据时效和利益偿还请求权

（一）票据时效

票据时效，是指票据权利人在法定期间内不行使票据权利，该权利归于消灭的法律制度。票据时效与民法上的诉讼时效不同：诉讼时效届满，权利人丧失的仅是胜诉权，其实体权利和起诉权并不消灭；而票据时效届满，丧失的则是实体上的票据权利。

《票据法》第17条规定，票据权利在下列期限内不行使而消灭：持票人对票据的出票人和承兑人的权利，自票据到期日起2年，见票即付的汇票、本票，自出票日起2年；持票人对支票出票人的权利，自出票日起6个月；持票人对前手的追索权，自被拒绝承兑或者被拒绝付款之日起 6 个月；持票人对前手的再追索权，自清偿日或者被提起诉讼之日起 3 个月。由于票据行为的独立性，各票据权利人所能主张的票据权利，其时效均独立发生。

（二）利益偿还请求权

利益偿还请求权是指票据权利因时效届满而消灭，或者因怠于为权利保全行为而丧失票据权利时，持票人请求出票人或者承兑人在其所受利益限度内予以偿还的权利。《票据法》第 18 条规定："持票人因超过票据权利时效或者因票据记载事项欠缺①而丧失票据权利的，仍享有民事权利，可以请求出票人或者承兑人返还其与未支付的票据金额相当的利益。"

利益偿还请求权是票据法规定的特殊请求权，它的行使必须具备下列条件：请求权人必须是持票人；偿还义务人必须是因此受益的出票人或承兑人；票据权利必须曾有效存在；票据权利消灭是利益偿还请求权产生的前提；票据权利必须是因票据时效届满或手续欠缺而消灭。

第四节　票据抗辩与补救

一、票据抗辩

票据抗辩是票据债务人针对票据权利人的请求权，予以对抗而拒绝履行义务的行为。

（一）票据抗辩的种类

根据抗辩原因及效力的不同，票据抗辩一般被分为物的抗辩和人的抗辩两大类。

1. 物的抗辩

也称绝对的抗辩，是指票据债务人基于票据本身的原因可以对任何持票人行使的抗辩，这种抗辩不因持票人的变更而改变。根据行使抗辩权的债务人的不同，可以将物的抗辩分为两类。

（1）任何票据债务人均可以行使的物的抗辩。适用的情形包括：①票据记载事项不符合票据法的规定而导致票据无效的抗辩；②不依票据文义提出请求的抗辩；③票据权利已消灭的抗辩。

（2）特定票据债务人可行使的物的抗辩。此类抗辩，一般是出于该特定票据

---

① 学界普遍认为，"因票据记载事项欠缺而丧失票据权利"的提法欠妥。因为欠缺票据记载事项的，票据无效，既然票据无效，就不可能产生票据权利，没有票据权利，自然不可能有票据权利的丧失。因此，学界普遍认为，应当将"欠缺票据记载事项"理解为"欠缺票据保全手续"。我们同意这种观点。

债务人的人身条件，包括：①债务人欠缺票据行为能力的抗辩；②票据伪造或变造的抗辩；③票据无权代理或越权代理的抗辩；④因票据保全手续欠缺的抗辩；⑤票据时效届满的抗辩。

2. 人的抗辩

也称相对抗辩，是指票据债务人基于人自身的原因可以对特定持票人行使的抗辩。此种抗辩存在于特定当事人之间，持票人一经变更，该抗辩即被切断，票据债务人对新持票人不再享有抗辩权。根据行使抗辩权的债务人的不同，可以将人的抗辩分为两类。

（1）任何票据债务人均可行使的人的抗辩，包括：①持票人欠缺实质上受领票据金额资格的抗辩，如持票人因患精神病而成为无民事行为能力人；②持票人欠缺形式上受领票据金额资格的抗辩，如持票人手中的票据背书不连续；③票据债权人恶意取得票据而不享有票据权利的抗辩，如以欺诈、偷盗或者胁迫等手段取得票据的，或者明知有前列情形，出于恶意取得票据的，不享有票据权利。

（2）特定票据债务人可行使的人的抗辩，包括：①基于原因关系的抗辩。在票据直接当事人之间，原因关系无效或者不成立，该票据债务人可以对抗该票据权利人；②欠缺对价的抗辩。票据的取得，必须给付对价，未给付对价，所取得的票据权利不得优于其前手。例如，甲向乙转让票据一张，乙未给付对价，乙所享有的票据权利不得优于甲，乙作为持票人向其前手甲行使权利时，甲可以此对抗；③基于当事人之间的特别约定的抗辩。票据债务人可以对不履行约定义务的与自己有直接债务关系的持票人进行抗辩。

（二）票据抗辩的限制

该制度只存在于人的抗辩中。因物的抗辩是基于票据本身的原因而产生的抗辩，它不以权利人的变更而改变；而人的抗辩是针对特定权利人的抗辩，权利人变更则抗辩切断，票据债务人不得对新权利人主张抗辩。

票据债务人不得以自己与出票人之间的抗辩事由对抗善意持票人，也不得以自己与持票人的前手之间的抗辩事由对抗善意持票人。但是，持票人明知存在抗辩事由而取得票据的除外。无对价取得票据者，继受其前手之权利瑕疵，票据债务人与该持票人前手之间的抗辩事由，对其仍可适用。

二、票据丧失和补救

（一）票据丧失的概念

票据丧失是持票人非出于自己的本意而丧失对票据的占有，包括绝对丧失和相对丧失。绝对丧失是票据因焚毁而在物质形态上消失；相对丧失是票据在物质形态上仍然存在，因被盗、丢失的原因而脱离原持票人占有。

（二）票据丧失的救济方法

根据《票据法》、最高人民法院《关于审理票据纠纷案例若干问题的规定》以及《中华人民共和国民事诉讼法》的规定，票据丧失的救济方法有以下三种。

1. 挂失止付

挂失止付，是指失票人将票据丧失的情况通知付款人并要求其停止付款的行为。票据丧失，失票人可以及时通知票据的付款人挂失止付，但是，未记载付款人或者无法确定付款人及其代理付款人的票据除外。失票人应当在通知挂失止付后 3 日内，也可以在票据丧失后，依法向人民法院申请公示催告，或者向人民法院提起诉讼。

挂失止付仅仅是票据丧失后暂时防止票据金额被他人冒领的保护措施，票据权利不能因挂失止付而恢复，票据也不因此而消灭。挂失止付后，不能发生禁止票据转让的效力，也不能阻止票据的善意取得。

挂失止付的效力有时间限制。中国人民银行《票据管理实施办法》第 13 条规定，付款人或者代理付款人收到挂失止付通知书，应当立即暂停支付。付款人或者代理付款人自收到挂失止付通知书之日起 12 日内没有收到人民法院的止付通知书的，自第 13 日起，挂失支付通知书失效。

2. 公示催告

公示催告是指在票据丧失后，法院应失票人的申请，以公示的方法，催告利害关系人在一定时间内向法院申报权利，到期无人申报，法院根据申请人的申请作出除权判决从而宣告票据无效的制度。

公示催告作为票据丧失的救济方法，不同于挂失止付。挂失止付仅发生暂停支付的法律后果，而公示催告不仅可以由法院签发止付通知书，使付款人停止付款，而且还可以宣告票据无效，失票人可以根据除权判决恢复行使票据权利，最终确定票据关系。

3. 诉讼

失票人在丧失票据后可以向人民法院提起诉讼。有权提起失票诉讼的当事人是丧失票据的失票人。失票人提起诉讼的，需要提供相应的担保。票据纠纷由被告住所地或票据支付地人民法院管辖。诉讼的被告包括出票人、拒绝付款的票据付款人、非法持有票据者。

第五节 汇 票

一、汇票概述

（一）汇票的概念

汇票是出票人签发的，委托付款人在见票时或者在指定日期无条件支付确定的金额给收款人或者持票人的票据。

汇票是我国票据法最为典型的票据，在《票据法》共 111 条的规定中，"汇票"一章就占了 54 条。而且，本票、支票没有规定的，适用汇票的规定。

（二）汇票当事人

汇票当事人是在汇票关系中享有票据权利和承担票据义务的人。汇票权利人只能有一人，即合法持有汇票的人，最初的汇票权利人是票据上记载的收款人。汇票义务人包括汇票出票人、背书人、保证人和承兑人。

汇票当事人中，随出票行为最初参加汇票关系的当事人是汇票的基本当事人，包括出票人，付款人和收款人。出票行为完成后基于其他票据行为而出现的当事人是非基本当事人，包括背书人、被背书人、保证人等。

（三）汇票的种类

（1）银行汇票和商业汇票。银行汇票是指由银行签发的汇票，商业汇票是指由银行以外的主体签发的汇票。根据承兑人不同，商业汇票又可分为银行承兑汇票和商业承兑汇票，前者由银行承兑，后者由银行以外的主体承兑。

（2）即期汇票和远期汇票。即期汇票即见票即付的汇票，远期汇票是指应当按照票据上指定的付款日期请求付款的票据。远期汇票包括定日付款的汇票，又称定期汇票；出票后定期付款的汇票，又称计期汇票；见票后定期付款的汇票，又称注期汇票。

（3）一般汇票和变式汇票。一般汇票是指汇票基本当事人（出票人、收款人、付款人）分别由不同的人担任的汇票。变式汇票是指由一人同时兼任汇票基本当事人中的两个或两个以上的汇票。变式汇票具体可以分为指己汇票（出票人同时为收款人）、对己汇票（出票人同时为付款人）、付受汇票（付款人同时为收款人）。

二、汇票的出票

（一）概念

出票是指出票人签发票据并将其交付给收款人的票据行为，由作成票据和交付票据两项行为组成。作成票据是指出票人按照票据法的规定在票据上记载相关事项并签章的行为；交付票据是指出票人作成票据后按照自己的意思将票据交付给收款人的行为。

（二）汇票的记载事项

（1）绝对必要记载事项。包括：表明"汇票"的字样；无条件支付的委托；确定的金额；付款人名称；收款人名称；出票日期；出票人签章。汇票上未记载前款规定事项之一的，汇票无效。

（2）相对必要记载事项。包括：付款日期，汇票上未记载付款日期的，为见票即付；付款地，汇票上未记载付款地的，付款人的营业场所、住所或者经常居住地为付款地；出票地，汇票上未记载出票地的，出票人的营业场所、住所或者经常居住地为出票地。

（3）任意记载事项。《票据法》所规定的任意记载事项是"不得转让"字样。

（4）不得记载事项。不得记载事项可分为记载无益事项和记载有害事项。出票人签发汇票后，即承担保证承兑和付款的责任。如出票人在汇票上记载"免除"字样，则记载无效，但不影响汇票的效力，此即属于记载无益事项。如出票人在汇票上记载附条件的委托付款，该记载则会导致汇票无效，此属于记载有害事项。

（三）出票的效力

（1）出票人承担保证责任。出票人签发汇票后，即承担保证该汇票承兑和付款的责任。出票人在汇票得不到承兑或者付款时，应依法向持票人清偿相应的金额和费用。

（2）付款人取得承兑或付款的资格。汇票是委付票据，出票人签发票据时，不需要付款人在票据上为付款意思，因此，付款人对签发的票据不承担绝对付款的责任。当持票人请求其承兑或付款时，其可以选择是否承兑或付款。

（3）收款人取得汇票上的一切权利。汇票由出票人交付给收款人后，收款人即取得汇票上的一切权利，包括付款请求权、追索权，以及对汇票处分的权利。

三、汇票的背书

（一）概念

背书是指在票据背面或者粘单上记载有关事项并签章的票据行为，包括转让背书与非转让背书。转让背书指以转让汇票权利为目的而为的背书。非转让背书指以授予他人一定汇票权利为目的的背书。

背书为附属票据行为，是在出票行为完成的基础上而为的票据行为。从事背书行为的持票人称为背书人，对方当事人称为被背书人。背书的目的有二：一是转让汇票权利；二是授予他人一定的汇票权利。[①]

（二）转让背书

（1）记载事项。①绝对必要记载事项，有两项：背书人签章和被背书人名称；②相对必要记载事项，只有一项，即背书日期。背书未记载日期的，视为在汇票到期日前背书；③任意记载事项，即"不得转让"字样；④记载无益事项。

---

① 《票据法》第27条："持票人可以将汇票权利转让给他人或者将一定的汇票权利授予他人行使。"

背书不得附有条件，背书时附有条件的，所附条件不具有汇票上的效力；⑤记载有害事项。在背书时汇票上作部分转让记载或者分别转让记载的，不但该记载无效，而且导致背书行为无效。

（2）转让背书的效力。①权利移转效力。转让背书以转让汇票权利与他人为目的，因此背书行为完成后，随着汇票的交付，汇票上的一切权利由背书人转移给被背书人，被背书人成为新的汇票权利人；②权利担保效力。背书人转让汇票权利后，即由汇票的权利人变为汇票债务人，承担保证汇票到期能够得到承兑或者付款的责任。持票人在请求承兑或付款遭到拒绝时，则可以向背书人行使追索权；③权利证明效力。持票人所持汇票上的背书只要具有连续性，就推定其享有汇票权利。背书的连续，是指在票据转让中，转让汇票的背书人与受让汇票的被背书人在汇票上的签章依次前后衔接。

（三）非转让背书

（1）委任背书。委任背书实际上是一种以背书形式所进行的委托，背书人为委托人，被背书人为受托人。《票据法》第35条规定："背书记载'委托收款'字样的，被背书人有权代背书人行使被委托的汇票权利。但是，被背书人不得再以背书转让汇票权利。"委任背书发生代理权授予效力、权利证明效力，不产生权利担保效力和抗辩权切断效力。

（2）设质背书。汇票可以设定质押；质押时应当以背书记载"质押"字样。被背书人依法实现其质权时，可以行使汇票权利。以汇票设定质押时，出质人在汇票上只记载了"质押"字样未在票据上签章的，或者出质人未在汇票、粘单上记载"质押"字样而另行签订质押合同、质押条款的，不构成票据质押。设质背书发生质权设定效力、权利担保效力和权利证明效力。

四、汇票的承兑

（一）承兑的概念

承兑是指汇票付款人承诺在汇票到期日支付汇票金额的票据行为。出票行为使付款人取得付款的资格而非付款的义务，付款人是否付款可以根据自己的意思决定。就票据关系而言，因付款人是否付款的不确定性，使票据关系处于不稳定状态，从而可能会影响票据流通和持票人所享有的票据权利的安全。票据法为弥补这一缺陷，创设了票据承兑制度。付款人承兑汇票后，应当承担到期付款的责任。[①]

（二）承兑的程序

（1）提示承兑。提示承兑是指持票人向付款人出示汇票，并要求付款人承诺

---

① 《票据法》第44条。

付款的行为。提示承兑行为本身不是票据行为，是承兑行为的前提和必经程序。根据我国《票据法》的规定，见票即付的汇票无须提示承兑；定日付款或者出票后定期付款的汇票，持票人应当在汇票到期日前向付款人提示承兑；见票后定期付款的汇票，持票人应当自出票日起1个月内向付款人提示承兑。汇票未按照规定期限提示承兑的，持票人丧失对其前手的追索权。但是，持票人丧失对其前手的追索权，不包括对出票人的追索权。

（2）承兑期间。承兑期间是指票据法规定的付款人决定是否承兑的考虑期间。付款人对向其提示承兑的汇票，应当自收到提示承兑的汇票之日起3日内承兑或者拒绝承兑。如果在这3天内即不表示承兑，也不拒绝承兑，则视为拒绝承兑。

（3）汇票的回单。持票人提示承兑，需要出示票据，并须将票据临时交给付款人，为了保障持票人的权利，付款人需要签发回单。付款人收到持票人提示承兑的汇票时，应当向持票人签发收到汇票的回单。回单上应当记明汇票提示承兑日期并签章。

五、汇票的保证

（一）概念

汇票保证是指票据债务人以外的第三人为担保特定票据债务人履行票据债务而在汇票上所为的附属票据行为。我国《票据法》第45条规定："汇票的债务可以由保证人承担保证责任。保证人由汇票债务人以外的他人担当。"

（二）汇票保证的分类

（1）以保证人所保证的票据金额为标准，可分为全部保证和部分保证。全部保证是针对汇票金额的全部所进行的保证；部分保证是只对汇票金额的部分进行的保证。我国仅承认全部保证。

（2）以保证人的数量为标准，可分为单独保证和共同保证。保证人为一人的汇票保证是单独保证；保证人两人以上的为共同保证。保证人为二人以上的，保证人之间承担连带责任。我国对单独保证和共同保证均予以承认。

（3）以汇票上的记载内容为标准，可分为正式保证和略式保证。正式保证是指保证人签章的同时，记载"保证"字样的保证；略式保证是仅有保证人签章，而不记载"保证"字样的保证。我国仅承认正式保证。

（三）保证的效力

（1）保证人的责任。首先，同一责任，即保证人负有与被保证人完全相同的票据责任，包括责任性质、责任范围、责任效力上的同一。其次，独立责任。保证行为的独立性主要表现在票据保证不因被保证的票据债务因实质原因无效而无效。《票据法》第 49 条规定："保证人对合法取得汇票的持票人所享有的汇票权利，承担保证责任。但是，被保证人的债务因汇票记载事项欠缺而无效的除外。"也就是说，当被保证的票据债务在形式上完全符合票据法的要求，票据保证已经发生效力时，即使被保证债务因实质原因无效，如被保证人是无民事行为能力人而使背书无效的，保证仍然有效，仍然应承担保证责任。最后，连带责任。被保证的汇票，保证人应当与被保证人对持票人承担连带责任。汇票到期后得不到付款的，持票人有权向保证人请求付款，保证人应当足额付款。

（2）保证人的权利。保证人清偿汇票债务后，可以行使持票人对被保证人及其前手的追索权。

六、汇票的付款

（一）概念

汇票的付款，是指汇票的承兑人或者付款人支付汇票金额，以消灭汇票关系的行为。付款行为不是票据行为，而是消灭汇票关系的行为。汇票付款的行为人必须是票据上记载的付款人或代理付款人，并且，付款人必须依票据上所载文义支付票据金额。

（二）付款的程序

（1）提示付款。提示付款是指持票人向付款人出示汇票，请求其支付汇票金额的行为。提示付款是汇票付款的必经程序。持票人应当按照下列期限提示付款：见票即付的汇票，自出票日起 1 个月内向付款人提示付款；定日付款、出票后定期付款或者见票后定期付款的汇票，自到期日起 10 日内向承兑人提示付款。持票人应当在法定期限为付款提示，否则，持票人丧失对其前手的追索权。持票人未按照前款规定期限提示付款的，在作出说明后，承兑人或者付款人仍应当继续对持票人承担付款责任。

（2）实际付款。付款人在实际付款之前，应当履行对汇票的形式审查义务，应当审查汇票背书的连续，并审查提示付款人的合法身份证明或者有效证件。付款人及其代理付款人以恶意或者有重大过失付款的，应当自行承担责任。付款人审查之后，认为符合付款条件的，应当日足额付款。

（3）交回汇票。持票人在实现票据权利后应当将票据交还给付款人。持票人获得付款的，应当在汇票上签收，并将汇票交给付款人。付款人依法足额付款后，全体汇票债务人的责任解除。

七、汇票的追索权

(一) 概念

汇票追索权，是指持票人到期被拒绝付款或被拒绝承兑或有其他法定原因无法行使权利时，在依法行使或保全了汇票权利后，向其前手请求偿还票据金额、利息及费用的一种票据权利。其具有以下法律特征：

(1) 追索权是一种票据权利，而且是在付款请求权之后的第二次权利。

(2) 追索权是只有在票据法规定的特定事由发生时才能行使的权利，一般是被拒绝付款或承兑时。按照拒绝事由的时间为标准，可以将追索权分为期前追索权和到期追索权，前者是指汇票上的到期日届满之前，因法定事由发生持票人行使的追索权；后者是指在汇票到期时，持票人因不获付款而行使的追索权。

(3) 追索权是持票人履行了保全手续后才能行使的权利。发生了可行使追索权的法定原因，只是具备了实质要件，持票人并不能马上行使追索权，只有在履行了保全手续后，持票人才能行使追索权。

(4) 追索权是持票人可以向所有票据债务人请求偿还票据金额、利息及其他法定款项的权利。追索权行使对象是所有票据债务人，包括出票人、背书人、承兑人和保证人，所有票据债务人之间承担连带责任。而且，持票人可以自由选择追索权行使的对象。

(5) 追索权具有代位性。追索权是可以多次行使的权利。根据追索权行使的主体，可以将追索权分为最初追索权和再追索权（也称代位追索权），前者是指最后持票人在承兑或付款遭拒绝后或有其他法定原因时，第一次行使的追索权；后者是指被追索人履行追索义务后依法再向其前手行使的追索权。

(二) 行使追索权的要件

(1) 实质要件，即行使追索权的法定事由。根据《票据法》第 61 条的规定，持票人行使追索权的法定事由有：①汇票到期被拒绝付款；②汇票到期日前被拒绝承兑；③汇票到期日前，承兑人或者付款人死亡、逃匿；④汇票到期日前，承兑人或者付款人被依法宣告破产或者因违法被责令终止业务活动。

(2) 形式要件，是指持票人行使追索权必须遵循的程序，所需履行的保全手续。持票人应按期提示承兑或提示付款，如未按期提示承兑或提示付款，原则上丧失对其前手的追索权。持票人行使追索权时，应当提供被拒绝承兑或者被拒绝付款的有关证明。

(三) 追索权行使的程序

(1) 追索通知。追索通知，又称拒绝事由的通知，是指追索权人在向其前手行使追索权之前，应当在规定时间内将被拒绝事由通知其前手的行为。持票人应当自收到被拒绝承兑或者被拒绝付款的有关证明之日起 3 日内，将被拒绝事由书面通知其前手；其前手应当自收到通知之日起 3 日内书面通知其再前手。持票人也可以同时向各汇票债务人发出书面通知。未按照前款规定期限通知的，持票人仍可以行使追索权。因延期通知给其前手或者出票人造成损失的，由没有按照规定期限通知的汇票当事人，承担对该损失的赔偿责任，但是所赔偿的金额以汇票金额为限。在规定期限内将通知按照法定地址或者约定的地址邮寄的，视为已经发出通知。

（2）追索金额。①最初追索金额。持票人行使追索权，可以请求被追索人支付下列金额和费用：被拒绝付款的汇票金额；汇票金额自到期日或者提示付款日起至清偿日止，按照中国人民银行规定的利率计算的利息；取得有关拒绝证明和发出通知书的费用。②再追索金额。被追索人按规定清偿后，可以向其他汇票债务人行使再追索权，请求其他汇票债务人支付下列金额和费用：已清偿的全部金额；前项金额自清偿日起至再追索清偿日止，按照中国人民银行规定的利率计算的利息；发出通知书的费用。

被追索人清偿债务及行使再追索权的被追索人获得清偿时，应当交出汇票和有关拒绝证明，并出具所收到利息和费用的收据。

第六节 本票与支票

一、本票

（一）本票的概念

本票是出票人签发的，承诺自己在见票时无条件支付确定的金额给收款人或者持票人的票据。该概念包含以下内容：

（1）本票是自付证券，即由出票人自己承担付款责任。

（2）本票以出票人为当然的付款人，出票人的付款责任，为绝对付款责任，无须承兑。本票的出票人在持票人提示见票时，必须承担付款的责任。但付款期限自出票日起，最长不得超过 2 个月。

（3）我国本票仅限于见票即付的银行本票。

（二）本票的记载事项

（1）绝对必要记载事项。根据《票据法》第 75 条规定，本票必须记载下列事项：表明"本票"的字样；无条件支付的承诺；确定的金额；收款人名称；出票日期；出票人签章。本票上未记载前款规定事项之一的，本票无效。

（2）相对必要记载事项。根据我国《票据法》第 76 条的规定，本票的相对必要记载事项有二：付款地，本票上未记载付款地的，出票人的营业场所为付款地；出票地，本票上未记载出票地的，出票人的营业场所为出票地。

二、支票

（一）概念

支票是出票人签发的，委托办理支票存款业务的银行或者其他金融机构在见票时无条件支付确定的金额给收款人或者持票人的票据。该概念包含以下内容：

（1）支票是委付票据。付款人由出票人委托的人充当，而且付款人资格有限制，限于办理支票存款业务的银行或其他金融机构。

（2）支票限于见票即付的票据，没有即期、远期之分。另行记载付款日期的，该记载无效。

（3）支票的出票人与付款人须有资金关系。与汇票、本票相比，支票的无因性受到更大程度的限制，因为支票是支付证券，限于见票即付，为了确保支票的即期支付功能的实现，票据法特别重视支票的资金关系。《票据法》第87条规定："支票的出票人所签发的支票金额不得超过其付款时在付款人处实有的存款金额。出票人签发的支票金额超过其付款时在付款人处实有的存款金额的，为空头支票"。法律禁止签发空头支票。

（4）支票无须保证。支票的即期支付功能，以及支票付款人的限定性，决定了支票不存在保证制度。

（二）支票的记载事项

（1）绝对必要记载事项。根据《票据法》第84条规定，支票必须记载下列事项：表明"支票"的字样；无条件支付的委托；确定的金额；付款人名称；出票日期；出票人签章。支票上未记载前款规定事项之一的，支票无效。支票上欠缺金额的，并非绝对无效。支票上的金额可以由出票人授权补记，未补记前的支票，不得使用。

（2）相对必要记载事项。根据《票据法》第86条规定，支票的相对必要事项有二：付款地，支票上未记载付款地的，付款人的营业场所为付款地；出票地，支票上未记载出票地的，出票人的营业场所、住所或者经常居住地为出票地。

（三）支票的付款

支票付款人和汇票付款人一样，并不因出票行为而承担付款责任，付款人是否向持票人付款，取决于出票人在付款人处的存款金额，以及票据权利人请求付款是否符合法律规定。

根据票据法的规定，支票的持票人应当自出票日起10日内提示付款；异地使用的支票，其提示付款的期限由中国人民银行另行规定。超过提示付款期限的，付款人可以不予付款；付款人不予付款的，出票人仍应当对持票人承担票据责任，如持票人按期提示付款，付款人应当履行审查义务，该审查义务仍是形式审查，包括：①背书是否连续；②提示付款人的合法身份证明或者有效证件；③支票上的签名和印鉴是否与预留签名和印鉴相符。经过审查，认为符合付款条件的，付款人处如有出票人的足额存款，应当日足额付款。

第十二章 证 券

证券法是调整证券发行、交易、监管及其他相关活动中产生的社会关系的法律规范的总称。本章主要阐述了证券的概念、特征和种类，证券法的基本原则，证券市场，证券发行，证券上市，证券交易和证券投资基金等制度。学习本章，应重点掌握证券的种类、证券法的基本原则、证券发行的条件、证券上市的条件、证券承销制度以及证券交易规则，领会证券法对资本增值与风险防范的平衡理念。

第一节 证 券 概 述

一、证券

（一）证券的概念和特征

一般意义上的证券，是指记载并代表一定权利的凭证。现实生活中的各种入场券、车船票、仓单、提单、存折、邮票、股票和债券等都可称为证券。民商法上所称的证券是记载并代表一定民事权利的书面凭证，主要指有价证券，包括资本证券①、商品证券和货币证券。证券法上的证券则是民商法所界定的证券范围的一部分，通常特指有价证券中的资本证券，是筹资者向社会公众发行由社会公众购买并能对一定的收入拥有请求权的投资凭证。

作为证券法上的证券具有以下特征：

（1）证券是一种权利凭证。载明特定财产权利，权利人行使权利须以持有证券为前提。

（2）证券是一种要式凭证。形式要件相当严格，不规范的证券将影响持有人的权利。

（3）证券是一种流通凭证。证券的移转代表券面记载权利的转移。

（4）证券是标准化权利凭证。每份同种证券在券面金额、筹集资金条件、偿付条件、权利范畴及限制条件等方面完全一致，每份证券之间具有相互替代性。

（5）证券是投资性权利凭证。众多投资者以追求投资回报最大化为目的，投资于共同的风险事业，资本所具有的增值和风险的属性在证券中得以充分体现。

---

① 资本证券是指根据证券权利可以取得资本性收益而将其作为投资工具的有价证券。

（二）证券的种类

《中华人民共和国证券法》（以下简称《证券法》）[1] 第 2 条列举了五类证券：股票、公司债券、政府债券、证券投资基金、证券衍生品种。

1. 股票

股票是指股份有限公司发行的，用以证明投资者的股东身份和权益的书面凭证。投资者通过购买股份有限公司的股份而成为其股东，股东凭股票行使股东权。

股票具有权利性，股票持有者作为股份公司的股东，享有收取股息和红利、参与公司经营决策、选举董事及监事等权利；股票具有非返还性，投资者购买了股票不能向公司要求退股，只能通过交易转让；股票具有风险性，股东的收益取决于签发该股票的股份有限公司的经营状况，因此交易价格处于经常性变化之中，收益不确定，风险较大；股票必须采用书面形式或法律规定的其他形式，即要式性；股票还具有流通性，股票持有人可按自己的需要和市场的实际变动情况，转让股票以换取资金。

2. 公司债券

债券是发行人依照法定程序发行的，约定在一定期限内还本付息的有价证券，是筹资者为筹集资金向特定或非特定的投资者发行，表明债权债务关系的一种书面凭证。

债券具有偿还性，作为一种债权凭证，有规定的偿还期限，这是债券与股票最大的区别；债券具有流通性，债券持有人可按自己的需要和市场的实际变动状况，转让债券以换取现金；债券具有安全性，债券持有人收益相对固定，不随发行者经营收益的变动而变动，可按期收回本金，在企业破产时，债券持有者享有优先于股票持有者对企业剩余资产的请求权；债券还具有收益性，一方面投资债券可以给投资者定期或不定期地带来利息收入，另一方面投资者可利用债券价格的变动实现价差收益。

按照发行主体的不同，债券可分为企业、公司债券，金融债券和政府债券。我国《证券法》规定的债券仅指公司债券，政府债券和金融债券由其他法律和行政法规另行调整。而一般企业债券的发行和转让主要依照《企业债券发行与转让管理办法》的规定执行。

3. 证券投资基金

证券投资基金是指通过发行证券投资基金券集中投资者的资金，由基金托管人托管，基金管理人管理、运作资金，主要投资于股票、债券等，利益共享、风险共担的一种投资工具。投资基金本质上是证券组合，其作用在于分散投资风

---

[1]　我国现行《证券法》于 2005 年 10 月通过，2006 年 1 月 1 日施行。

险，增加投资收益。

4. 衍生证券

衍生证券是指由基本证券派生出来的证券，其价值由其原有证券价值决定。衍生证券是一种独立的证券，可以离开基本证券而单独流通。衍生证券的种类很多，而作为基本证券的主要是股票，所以最典型的衍生证券是股票期权。

二、证券市场

证券市场是股票、债券、基金单位等有价证券及其衍生产品（如期货、期权等）发行和交易的场所，是证券存在和发展的必要条件，法律对证券关系的调整，就是对证券市场的规范。证券市场由证券发行市场和证券交易市场两部分组成。发行市场又称为一级市场或初级市场，是指证券发行人依法定程序向投资者出售新证券所形成的市场。证券交易市场又称为二级市场或次级市场，是买卖证券的场所。

伴随企业的扩张需要，对资金的需求仅靠自身积累和内部集资已无法满足，筹资成为证券市场的首要功能。证券市场通过证券价格的影响，可以引导资金流向，实现资金的合理配置。此外，证券市场还可以促进证券发行人改善经营管理，提高经营效率，形成有效的外部约束机制。

证券市场的主体包括证券交易所、证券公司、证券登记结算机构、证券服务机构、证券业协会、证券监督管理机构以及证券发行者、投资者。

三、证券法

（一）证券法的概念

证券法的含义有广义和狭义之分。广义的证券法泛指一切与证券有关的法律规范。狭义的证券法是指专门调整证券关系的法律，具体包括调整证券发行人、证券主管机关、证券经营机构、证券投资人等证券法律关系主体在证券发行过程中形成的社会关系，证券投资者在证券市场上转让证券或采取其他方式处置证券而与其他投资者发生的交易关系，证券主管机关和证券自律管理组织对证券和证券活动进行组织、协调、监督、管理过程中产生的各种社会关系，以及其他与证券相关关系的法律规范。一般意义上的证券法多指狭义的证券法。

（二）证券法的基本原则

证券法的基本原则是指证券法所特有的，反映证券市场客观发展规律，调整各种证券活动的基本行为准则。《证券法》第3～9条规定了证券市场活动必须遵守的七项基本原则："三公原则"；自愿、有偿、诚实信用原则；禁止欺诈、内幕交易和操纵证券市场的行为的原则；证券业和银行业、信托业、保险业分业经营、分业管理的原则；统一监督管理原则；自律原则；国家审计监督原则。其中最基本的原则是公开、公平、公正，也即"三公"原则。

公开原则主要是对证券发行者而言，本质上就是指信息公开，即在证券发行和交易等活动中，信息披露义务人应向投资者依法公开相关财务、经营信息等，以消除证券市场信息不对称给投资者带来的不利影响，让投资者在了解真实情况的基础上作出决策。公开原则是三公原则的基础，贯彻公开原则的基本要求是公开的信息要充分、真实、完整、及时。

公平原则针对证券市场中的所有主体，是指在证券活动中，任何合法的投资者都具有平等的权利，所有的证券投资者都应基于平等的地位和机会参与证券活动，其合法权益均应得到公平的保护，任何单位或个人不得享有特权。公平是证券法的出发点和归宿。[①] 公平原则包括三方面内容：当事人法律地位的平等、交易机会的平等、交易规则的平等。

公正原则主要针对证券监督管理机构而言，是指在证券发行和交易中，证券监督管理机构应当制定和遵守公正的规则，公正对待各方当事人，使证券市场参与者的合法权益受到同等的保护。

第二节　证券的发行

一、证券发行的概念和种类

证券发行是指经批准符合发行条件的证券发行人，以筹集资金为目的，依照一定程序，将证券销售给投资者的行为。[②]

根据不同的标准，证券发行可有多种分类。

（1）依证券种类不同可以分为：债券发行、股票发行、证券投资基金发行。

（2）依发行目的不同可以分为：设立发行、增资发行。

（3）依发行方式的不同可以分为直接发行、间接发行。直接发行是证券发行人不通过证券承销机构，自己承担发行风险的发行；间接发行是发行人委托证券承销机构发行证券，也称代理发行。

（4）依发行价格不同可以分为：平价发行、溢价发行、折价发行。平价发行又称面值发行，证券发行价格与票面金额相同；溢价发行是指证券发行价格高于票面金额的发行；折价发行是指证券发行价格低于票面金额的发行。股票和债券都可以面值发行。股票可以溢价发行。债券可以折价发行，折价与面值的差额即债券的收益。我国《公司法》第128条规定，股票不得折价发行，否则违背资本

---

① 陈洁：《证券法》，社会科学文献出版社，2006年，第40～41页。
② 徐杰：《证券法教程》（第二版），首都经济贸易大学出版社，2002年，第22页。

充实原则。

　　(5) 依发行对象不同可以分为：公开发行（公募）、非公开发行（私募）。公开发行是发行者向不特定的社会公众广泛出售证券；非公开发行是面向少数特定投资者的发行。我国《证券法》规定，向不特定对象发行证券，向特定对象发行证券累计超过 200 人，法律行政法规规定的其他发行行为为公开发行。非公开发行证券不得采用广告、公开劝诱和变相公开方式。

二、证券发行的保荐制度

　　保荐制度又称保荐人制度，是指证券发行人申请其证券上市交易，必须聘请依法取得保荐资格的保荐人为其出具保荐意见，证明其发行文件中所载材料真实、完整、准确，符合在交易所上市的条件。我国《证券法》第 11 条对保荐制度作了明确规定。

　　保荐制度主要适用于公开发行股票、可转换为股票的公司债券，依法采取承销方式的；公开发行法律行政法规规定实行保荐制度的其他证券。

三、证券发行的审核制度

　　证券发行审核制度是指证券监督管理机构依据证券法的规定，对证券发行进行审查，决定是否同意发行人发行证券的法律制度。综观各国，证券发行审核制度主要有以下两种。

(一) 注册制

　　注册制是指证券主管机关要求证券发行人把与证券发行有关的信息、资料公之于众，且内容不得含有虚假陈述、重大遗漏或信息误导，否则，证券发行人承担民事责任乃至刑事责任的制度。在注册制下，证券监管机构不对证券发行行为及证券本身作出任何价值判断，证券投资者是否获得投资回报，证券监管机构不承担任何形式的保证责任。

(二) 核准制

　　核准制又称为准则制，或者实质审查制，是指发行人发行证券，不仅要公开全部可供投资者判断的材料，还要符合证券发行的实质性条件，证券主管机关有权依照公司法、证券交易法的规定，对发行人提出的申请以及有关材料，进行实质性审查，发行人得到批准以后，才可以发行证券。美国部分州的"蓝天法"与欧洲大陆国家的公司法，是核准制的代表。

　　注册制为投资者提供高度透明、公平竞争的场所；简化了发行人的手续，节约了发行人的时间与金钱，提高了效率。但是，注册制在市场化程度较高和具有较完善的法律环境的国家才有可行性。核准制有利于新兴市场的健康发展，适合于证券市场不完善的地区，但增加了监管成本，也增加了政府的责任和风险。各国家和地区逐渐演绎出注册制兼核准制。① 总的来说，从世界范围看，伴随近年来证券管制的放松，证券发行审核制度呈现出放松管制与强化信息披露两方面并举的新趋势。②

我国目前证券市场的发行审核制度是核准制。国务院证券监督管理机构依照发行条件负责核准发行申请，既有形式意义上的审核，又有实质意义上的审核。

根据证券种类的不同，我国采取不同的审核制度：对股票发行的审核实行两步走，在国务院证券监督管理机构所设发行审核委员会提出审核意见后，由国务院证券监督管理机构据之对是否准予发行作出最终决定。公司债券的发行则由国务院授权的部门（中国人民银行或财政部）直接审查批准。

四、证券发行的条件

《证券法》规定，公开发行证券，必须符合法律、行政法规规定的条件，并依法报经国务院证券监督管理机构或国务院授权的部门核准。

（一）股票发行的条件

股票发行一般有两种：一是为募集设立股份有限公司而发行股票，即设立发行，又称原始发行；二是为扩大已有的公司规模而发行新股，即增资发行，又称新股发行。

1. 设立发行的条件

设立股份有限公司公开发行股票，发起人应当在2人以上200人以下，其中须有半数以上的发起人在中国境内有住所；有符合法定要求的公司章程；除法律、行政法规另有规定外，发起人认购的股份不得少于公司股份总数的35%；应当由依法设立的证券公司承销证券，签订承销协议；应当与银行签订代售股款协议等。

2. 新股发行的条件

公司公开发行新股，应当符合下列条件：

（1）具备健全且运行良好的组织机构；

（2）具有持续赢利能力，财务状况良好；

（3）公司在最近3年内财务会计文件无虚假记载，无其他重大违法行为；

（4）经国务院批准的国务院证券监督管理机构规定的其他条件。

上市公司非公开发行新股，应当符合经国务院批准的国务院证券监督管理机

---

① 1983年以前，我国台湾地区的证券交易法属于核准制。1983年修改以后，变成了注册制兼核准制。

② 陈洁：《证券法》，社会科学文献出版社，2006年，第60～62页。

构规定的条件，并报国务院证券监督管理机构核准。

公司对公开发行股票所募集的资金，必须按照招股说明书所列资金用途使用。改变招股说明书所列资金用途，必须经股东大会作出决议。擅自改变用途而未作纠正的，或者未经股东大会认可的，不得公开发行新股。

（二）公司债券发行的条件

公开发行公司债券，应当符合下列条件：

（1）股份有限公司的净资产不低于人民币 3000 万元，有限责任公司的净资产不低于人民币 6000 万元；

（2）累计债券总额不超过公司净资产额的 40%；

（3）最近 3 年平均可分配利润足以支付公司债券 1 年的利息；

（4）筹集资金的投向符合国家产业政策；

（5）债券利率不超过国务院限定的利率水平；

（6）国务院规定的其他条件。

有下列情形之一的，不得再次公开发行公司债券：

（1）前一次公开发行的公司债券尚未募足；

（2）对已公开发行的公司债券或者其他债务有违约或者延迟支付本息的事实，仍处于继续状态；

（3）违反法律规定，改变公开发行公司债券所募资金的用途。

五、证券承销制度

（一）证券承销的概念

证券承销是指证券承销机构受证券发行人的委托，为证券发行人公开销售证券的一种法律行为。证券承销机构也称证券承销商，通常是证券公司，也有投资银行等金融机构。证券发行人称为被承销人。

证券承销虽然增加了发行人的发行费用，但节省了时间，且筹资可观，还可分担发行人的发行风险，在我国证券市场发挥的作用越发显著。

（二）证券承销的方式

证券承销通常有四种方式：证券代销、证券包销、证券助销、承销团承销。

证券代销是指证券公司代发行人发售证券，在承销期结束时，将未售出的证券全部退还给发行人的承销方式。

证券包销是指证券公司将发行人的证券按照协议全部或部分购入，或者在承销期结束时将售后剩余证券全部自行购入的承销方式。

包销又分全额包销、定额包销和余额包销三种。全额包销是承销商承购发行人发行的全部证券，承销商依承销协议约定支付发行人证券的资金总额。定额包销是承销商承购发行人发行的部分证券，没有包销的部分可通过协议由承销商代销。余额包销是指承销商在承销期结束时将售后剩余证券全部自行购入的承销方式，又称证券助销。

承销团承销又称联合销售，是指两个以上的证券承销商共同接受发行人的委托向社会公开发售某一证券的承销方式。两个以上的承销商临时组成的承销机构称为承销团。根据承销团成员分工和承担责任的不同，分为主承销商和分销商。主承销商是承销团的发起人，在承销过程中起组织协调作用，承担主要风险。我国《证券法》第32条规定，向不特定对象公开发行的证券票面总值超过人民币5000万元的，应当由承销团承销。

（三）证券承销协议

证券承销协议是指由证券发行人与证券承销商，或主承销商与分销商就证券承销的有关内容订立的书面协议，又称为承销合同。签订证券承销协议是证券公司承销证券所必须履行的法定程序。

（四）证券承销商的法律义务

证券公司承销证券，应当对公开发行募集文件的真实性、准确性、完整性进行核查；发现有虚假记载、误导性陈述或者重大遗漏的，不得进行销售活动；已经销售的，必须立即停止销售活动，并采取纠正措施。

证券的代销、包销期限最长不得超过90日，防止承销商无限期将证券留手待涨出售。

证券公司在代销、包销期内，对所代销、包销的证券应当保证先行出售给认购人，证券公司不得为本公司预留所代销的证券和预先购入并留存所包销的证券。

（五）代销发行失败

股票发行采用代销方式，代销期限届满，向投资者出售的股票数量未达到拟公开发行股票数量70%的为发行失败。发行人应当按照发行价并加算银行同期存款利息返还股票认购人。发行失败风险的制度设计促使发行人与承包商充分考虑市场需求，确定适当的发行价格，有利于促成股票发行的合理定价机制，保护公众投资者利益。

第三节 证券上市与交易

一、证券上市

（一）证券上市的概念

证券上市是指发行人发行的有价证券，依据法定的条件和程序，在证券交易所集中竞价交易的行为。在证券交易所集中竞价交易的有价证券称为上市证券，发行该上市证券的公司称为上市公司。

（二）证券上市的条件

发行人使其所公开发行的证券能够在证券交易所挂牌交易必须符合法定要件，此要件是证券市场选择上市公司的标准，也是选择上市证券的标准。

1. 股票上市的条件

股份有限公司申请股票上市，应当符合下列条件：

（1）股票经国务院证券监督管理机构核准已公开发行；

（2）公司股本总额不少于人民币 3000 万元；

（3）公开发行的股份达到公司股份总数的 25％以上；公司股本总额超过人民币 4 亿元的，公开发行股份的比例为 10％以上；

（4）公司最近 3 年无重大违法行为，财务会计报告无虚假记载。

证券交易所可以规定高于前款规定的上市条件，并报国务院证券监督管理机构批准。

2. 公司债券上市的条件

公司申请公司债券上市交易，应当符合下列条件：

（1）公司债券的期限为 1 年以上；

（2）公司债券实际发行额不少于人民币 5000 万元；

（3）公司申请债券上市时仍符合法定的公司债券发行条件。

（三）证券上市的暂停与终止

证券上市的暂停与终止是上市证券的退出机制，是证券上市制度的重要组成部分。证券发行人出现法定暂停上市事由时，其上市证券暂时停止在证券交易所挂牌交易。在暂停事由排除后，恢复上市交易。证券发行人出现法定终止上市事由后，上市资格将被取消，上市证券不得在证券交易所挂牌交易。终止上市原因消除后，可以重新申请上市。①

1. 股票上市的暂停与终止

上市公司有下列情形之一的，由证券交易所决定暂停其股票上市交易：

（1）公司股本总额、股权分布等发生变化不再具备上市条件；

（2）公司不按照规定公开其财务状况，或者对财务会计报告作虚假记载，可能误导投资者；

（3）公司有重大违法行为；

（4）公司最近 3 年连续亏损；

（5）证券交易所上市规则规定的其他情形。

---

① 陈洁：《证券法》，社会科学文献出版社，2006 年，第 87 页。

上市公司有下列情形之一的，由证券交易所决定终止其股票上市交易：

（1）公司股本总额、股权分布等发生变化不再具备上市条件，在证券交易所规定的期限内仍不能达到上市条件；

（2）公司不按照规定公开其财务状况，或者对财务会计报告作虚假记载，且拒绝纠正；

（3）公司最近3年连续亏损，在其后一个年度内未能恢复赢利；

（4）公司解散或者被宣告破产；

（5）证券交易所上市规则规定的其他情形。

2. 公司债券上市的暂停与终止

公司债券上市交易后，公司有下列情形之一的，由证券交易所决定暂停其公司债券上市交易：

（1）公司有重大违法行为；

（2）公司情况发生重大变化不符合公司债券上市条件；

（3）公司债券所募集资金不按照核准的用途使用；

（4）未按照公司债券募集办法履行义务；

（5）公司最近2年连续亏损。

公司有前条第（1）项、第（4）项所列情形之一经查实后果严重的，或者有前条第（2）项、第（3）项、第（5）项所列情形之一，在限期内未能消除的，由证券交易所决定终止其公司债券上市交易。公司解散或者被宣告破产的，由证券交易所终止其公司债券上市交易。

对证券交易所作出的不予上市、暂停上市、终止上市决定不服的，可以向证券交易所设立的复核机构申请复核。

二、证券交易

（一）证券交易的概念

证券交易也即证券买卖，是指证券持有人依照交易规则，将证券转让给其他投资者的行为。证券交易是法律严格规范的当事人买卖证券的合同行为，交易的目的是转让证券权利，其标的是依法发行的证券，非依法发行的证券，不得买卖。

（二）证券交易的方式

证券交易可以按照不同的标准作不同的分类。

1. 从交割期限和投资方式来看，可分为证券现货交易、证券期货交易、证券期权交易、证券信用交易和证券回购

证券现货交易是证券交易双方在成交后短期内清算交割证券和价款的证券交

易方式。现货交易是证券交易的最基本形式，是以自己真正拥有的资金与证券进行交易，风险性与投机性都相对较小。

证券期货交易又称期货合约交易，是指证券交易双方在签订的证券期货合约中约定，在该契约规定的日期以约定的价格进行清算交割的证券交易方式。

证券期权交易是指证券交易当事人为获得证券市场价格波动带来的利益，约定在一定时间内，以特定价格买进或卖出指定证券，或者放弃买进或卖出指定证券的交易。故证券期权交易又称证券选择权交易。

证券信用交易，也称为保证金交易或者垫头交易，是指由证券投资人依照一定比例，向证券经纪商缴纳部分价款或者证券作为保证金，差额部分由经纪商垫付并完成交易的一种交易方式。证券信用交易可分为融资交易和融券交易。融资交易是指投资者提供一定数量的现款作为保证金，而由证券商为投资者垫付部分交易资金以购买证券的保证金交易方式，又称保证金买空交易。融券交易是指证券商向投资者借贷一定数量的证券，而由投资者在约定期限内偿还同等数量证券，并支付一定费用的证券交易方式，又称保证金卖空交易。

回购是指在卖出（或买入）证券的同时，事先约定到一定时间后按规定的价格再将其买回（或卖出），是附购回（或售出）条件的证券交易。

2. 根据交易场所的不同，可以分为集中交易和非集中交易

集中交易是指证券通过集中竞价方式来实现成交的方式。交易价格通过众多买方和卖方的竞争而形成，证券交易按照时间优先和价格优先的原则来实现成交。非集中交易是指证券通过集中竞价以外的其他手段来实现成交的交易方式。集中交易是证券交易最典型的交易方式，交易规则设计精细复杂。[1]

（三）证券交易的场所

证券交易的场所是已发行的证券进行流通转让的市场，主要由场内交易市场和场外交易市场组成。

场内交易市场是指由证券交易所组织的以集中交易为主的证券市场。在交易所内，以公开集中竞价的方式进行挂牌交易，交易场所、交易证券、交易方法都是法定的。场外交易市场是指在证券交易所以外进行证券交易的市场。我国《证券法》第39条规定，依法公开发行的股票、公司债券及其他证券，应当在依法设立的证券交易所上市交易或者在国务院批准的其他证券交易场所转让。目前我国有关法律法规认可的场外交易市场主要有证券公司代办股份转让系统、银行间债券市场和商业银行柜台交易。[2]

---

[1] 周友苏：《新证券法论》，法律出版社，2007年，第227页。
[2] 周友苏：《新证券法论》，法律出版社，2007年，第230页。

（四）限制和禁止的证券交易行为

证券交易作为一种风险投资行为不仅关涉交易当事人的利益，其影响还及于相关主体，为了保证交易的公开、公平、公正，减少、避免证券交易风险引起的利益损失和社会动荡，各国法律都对证券交易作了限制和禁止性规定。我国《证券法》的相关规制主要体现在以下方面。

1. 证券交易的限制

证券交易当事人依法买卖的证券，必须是依法发行并交付的证券。非依法发行的证券，不得买卖。

依法发行的股票、公司债券及其他证券，法律对其转让期限有限制性规定的，在限定的期限内不得买卖。

证券交易以现货和国务院规定的其他方式进行交易。

证券交易所、证券公司和证券登记结算机构的从业人员、证券监督管理机构的工作人员以及法律、行政法规禁止参与股票交易的其他人员，在任期或者法定限期内，不得直接或者以化名、借他人名义持有或买卖股票，也不得收受他人赠送的股票。任何人在成为前款所列人员时，其原已持有的股票，必须依法转让。

为股票发行出具审计报告、资产评估报告或者法律意见书等文件的证券服务机构和人员，在该股票承销期内和期满后6个月内，不得买卖该种股票。除前款规定外，为上市公司出具审计报告、资产评估报告或者法律意见书等文件的证券服务机构和人员，自接受上市公司委托之日起至上述文件公开后5日内，不得买卖该种股票。

国有企业和国有资产控股的企业买卖上市交易的股票，必须遵守国家有关规定。

2. 证券交易的禁止

我国《证券法》第5条规定，证券的发行、交易活动，必须遵守法律、行政法规；禁止欺诈、内幕交易和操纵证券市场的行为。

（1）禁止内幕交易行为。内幕交易是指内幕信息的知情人和非法获取内幕信息的人利用内幕信息进行证券交易活动。我国《证券法》第73条明确禁止证券交易内幕信息的知情人和非法获取内幕信息的人利用内幕信息从事证券交易活动。所谓内幕信息是指证券交易活动中，涉及公司的经营、财务或者对该公司证券的市场价格有重大影响的尚未公开的信息。下列信息皆属内幕信息：《证券法》第67条第二款所列重大事件；公司分配股利或者增资的计划；公司股权结构的重大变化；公司债务担保的重大变更；公司营业用主要资产的抵押、出售或者报废一次超过该资产的30%；公司的董事、监事、高级管理人员的行为可能依法承担重大损害赔偿责任；上市公司收购的有关方案；国务院证券监督管理机构认定的对证券交易价格有显著影响的其他重要信息。

证券交易内幕信息的知情人和非法获取内幕信息的人，在内幕信息公开前，不得买卖该公司的证券，或者泄露该信息，或者建议他人买卖该证券；持有或者通过协议、其他安排与他人共同持有公司5％以上股份的自然人、法人、其他组织收购上市公司的股份。证券交易内幕信息的知情人包括：发行人的董事、监事、高级管理人员；持有公司5％以上股份的股东及其董事、监事、高级管理人员，公司的实际控制人及其董事、监事、高级管理人员；发行人控股的公司及其董事、监事、高级管理人员；由于所任公司职务可以获取公司有关内幕信息的人员；证券监督管理机构工作人员以及由于法定职责对证券的发行、交易进行管理的其他人员；保荐人、承销的证券公司、证券交易所、证券登记结算机构、证券服务机构的有关人员；国务院证券监督管理机构规定的其他人。

内幕交易行为给投资者造成损失的，行为人应当依法承担赔偿责任。

（2）禁止操纵证券市场行为。我国《证券法》第77条明确禁止任何人以下列手段操纵证券市场：单独或者通过合谋，集中资金优势、持股优势或者利用信息优势联合或者连续买卖，操纵证券交易价格或者证券交易量；与他人串通，以事先约定的时间、价格和方式相互进行证券交易，影响证券交易价格或者证券交易量；在自己实际控制的账户之间进行证券交易，影响证券交易价格或者证券交易量；以其他手段操纵证券市场。

操纵证券市场行为给投资者造成损失的，行为人应当依法承担赔偿责任。

（3）禁止编造、传播虚假信息行为。各种传播媒介传播证券市场信息必须真实、客观，禁止误导。

禁止国家工作人员、传播媒介从业人员和有关人员编造、传播虚假信息，扰乱证券市场；禁止证券交易所、证券公司、证券登记结算机构、证券服务机构及其从业人员，证券业协会、证券监督管理机构及其工作人员，在证券交易活动中作出虚假陈述或者信息误导。

（4）禁止欺诈客户行为。我国《证券法》第79条明确禁止证券公司及其从业人员从事下列损害客户利益的欺诈行为：违背客户的委托为其买卖证券；不在规定时间内向客户提供交易的书面确认文件；挪用客户所委托买卖的证券或者客户账户上的资金；未经客户的委托，擅自为客户买卖证券，或者假借客户的名义买卖证券；为牟取佣金收入，诱使客户进行不必要的证券买卖；利用传播媒介或者通过其他方式提供、传播虚假或者误导投资者的信息；其他违背客户真实意思表示，损害客户利益的行为。

欺诈客户行为给客户造成损失的，行为人应当依法承担赔偿责任。

（5）其他禁止的交易行为。

三、持续信息公开制度

（一）信息公开的概念和意义

信息公开亦称信息披露，是指证券发行人及上市公司依法定的要求和方式，将与证券发行和证券交易有关的可能影响证券投资者投资判断的信息向社会公众公告，并向证券监督管理机构报告的一种制度。证券法对信息公开的主体、内容、时间、方式和程序等事项作了规定，形成了证券法上的信息公开制度，信息公开制度是公开、公平、公正原则的具体体现，也是证券监管体制的一项重要内容。

信息公开分为证券发行之信息公开和证券交易之持续性信息公开。关于证券发行之信息公开，我国《证券法》对之作了原则性规定，前节"证券发行"已有述及，下面重点介绍证券交易之持续性信息公开。

（二）持续信息公开的内容

1. 上市公告书

上市公告书是指已在境内公开发行的证券申请在证券交易所挂牌交易的发行人，经证券监督管理机构核准后，按照要求编制并在上市前进行公告的法律文件。

2. 中期报告

中期报告是依法编制的反映公司上半年生产经营状况及其他各方面基本情况的法律文件。上市公司和公司债券上市交易的公司，应当在每一会计年度的上半年结束之日起 2 个月内，向国务院证券监督管理机构和证券交易所报送中期报告，并予公告。

3. 年度报告

年度报告是依法编制的反映公司整个会计年度生产经营状况及其他各方面基本情况的法律文件。上市公司和公司债券上市交易的公司，应当在每一会计年度结束之日起 4 个月内，向国务院证券监督管理机构和证券交易所报送年度报告，并予公告。

4. 临时报告

临时报告是依法编制的反映公司重大事件的法律文件。我国《证券法》第67 条规定，发生可能对上市公司股票交易价格产生较大影响的重大事件，投资者尚未得知时，上市公司应当立即将有关该重大事件的情况向国务院证券监督管理机构和证券交易所报送临时报告，并予公告，说明事件的起因、目前的状态和可能产生的法律后果。

（三）持续信息公开的管理

（1）公开的文件不得有虚假记载、误导性陈述或者重大遗漏。所载信息应保证真实、准确、完整、及时。所谓真实性是要求所公开的信息内容具有客观性，所有信息均已实际发生或将要发生，所有信息必须是确定的，不得虚构或含有虚假内容。准确性是指信息公开义务人所公告的信息资料必须准确无误，不得存在模糊不清的语言使公众对所公开的信息产生误解，也不得作误导性陈述。完整性是要求信息公开义务人将能够影响证券市场价格的信息以及投资者作出投资决策所必需的重大信息全部予以公开。及时性是指信息公开义务人必须将法律法规规章所列举的与证券发行交易有关的各种信息按法律规定的时间、程序和方式向证券监督管理机构报告，并按法律规定的时间和方式及时公告，从而确保广大投资者获取重要信息的平等性，防止内幕交易等证券违法行为的发生。

（2）公开文件的公告和置备。依法必须披露的信息，应当在国务院证券监督管理机构指定的媒体发布，同时将其置备于公司住所、证券交易所，供社会公众查阅。

（3）对持续信息公开的监督。国务院证券监督管理机构对上市公司年度报告、中期报告、临时报告以及公告的情况进行监督，对上市公司分派或者配售新股的情况进行监督，对上市公司控股股东及其他信息披露义务人的行为进行监督。证券监督管理机构、证券交易所、保荐人、承销的证券公司及有关人员，对公司依照法律、行政法规规定必须作出的公告，在公告前不得泄露其内容。

四、上市公司收购

（一）上市公司收购的概念和特征

上市公司收购是指投资者（收购者）依法定程序收购上市公司（目标公司）已经依法发行上市的股票从而达到对该上市公司控制或兼并目的的行为。

上市公司收购的行为主体必须具备法定资格。上市公司收购主体应当是目标公司以外的其他人。我国《证券法》承认自然人、法人和其他投资者均可成为收购主体。上市公司收购是以获取目标公司的控制权为目的的收购。上市公司收购实质上也是一种证券买卖行为，但与一般证券交易谋求买卖差价不同，其目的在于通过购买上市公司股份以取得上市公司的控制权。上市公司收购的客体是上市公司已发行的有表决权证券，包括有表决权股票和可转换为有表决权股票的可转换公司债券。上市公司收购是通过在证券市场上购买目标公司股份或其他途径来实现的。收购主要是借助证券交易场所完成的，故须遵守证券交易场所的有关规则。

（二）上市公司收购的类型

依据不同的标准，对上市公司收购有不同的划分。最基本的类型是依收购形式的不同，将上市公司收购分为要约收购、竞价收购和协议收购。

要约收购是指收购人通过向目标公司全体股东公开发出购买该上市公司股份的要约方式，收购该上市公司股份的行为。收购要约应当公告，并规定收购价格、数量及要约期间等收购条件。

竞价收购是指收购人通过证券交易所以集中竞价交易方式依法连续收购上市公司股份并取得相对控股权的行为。

协议收购是指收购人与目标公司股票持有人约定收购股份的价格及其他条件，由股票持有人向收购人转让目标公司股份的收购方式。这种收购多发生在目标公司股权较为集中的情况下，是采取个别协议的方式，具有场外交易的部分属性，是转让非流通股票的特殊形态。

（三）上市公司收购的一般规则[①]

（1）权益披露规则。任何人通过证券交易所的股票交易持有或者通过协议、其他安排与他人共同持有一个上市公司总股份达到5％时，无论其是否具有收购的意图，均须暂停购买且依法定要求公开其持股情况，又称"5％规则"。因为上市公司流通股份通常数量大且较为分散，投资者能够通过二级市场持有股份达5％，意味着其在公司决策方面将产生一定影响。

（2）台阶规则。投资者通过证券交易所的证券交易持有或者通过协议、其他安排与他人共同持有一个上市公司总股份达到5％以后，每增加或减少持有一定比例时，均须暂停买卖该公司的股票，且须依法定要求公开其持股变化情况。我国《证券法》规定此一定比例亦为5％。此举乃为控制大股东买卖股票的节奏，为投资者消化投资信息、慎重决策争取时间。

（3）强制要约规则。投资者通过证券交易所的证券交易持有或者通过协议、其他安排与他人共同持有一个上市公司总股份达到30％时，继续进行收购的，除依法获得豁免外，应当依法向该上市公司所有股东发出收购上市公司全部或部分股份的要约。因为对上市公司持股达30％，已基本控制了该公司的经营，基于公平，应保障任人支配地位的小股东以合理价格强制卖给大股东所持股份的权利。

（4）终止上市规则。收购期限届满，被收购公司股权分布不符合上市条件的，该上市公司的股票应当由证券交易所依法终止上市交易。此为"上市条件"中"公开发行的股份达到公司股份总数的25％以上"的要求，目标公司失去了维持上市的资格，自应终止上市。

（5）强制接受规则。收购期限届满，被收购公司股权分布不符合上市条件的，该上市公司的股票应当由证券交易所依法终止上市交易；其余仍持有被收购

---

① 范健：《商法学》（第三版），高等教育出版社、北京大学出版社，2007年，第290～292页。

公司股票的股东，有权向收购人以收购要约的同等条件出售其股票，收购人应当收购。因为该公司的股份此时已不能在证券市场上流通，其余持股股东的权利受到相当程度的限制，基于公平，法律赋予小股东向大股东强制出售所持股份的权利。

（6）同等条件收购规则。采取要约收购方式的，收购人在收购要约期限内，不得卖出被收购公司的股票，也不得采取要约规定以外的形式和超出要约的条件买卖目标公司的股票。竞价收购和协议收购不受此规则约束。

（7）转让股份限制规则。在上市公司收购中，收购人持有的被收购的上市公司的股票，在收购行为完成后的 12 个月内不得转让。

第四节　证券投资基金

我国新《证券法》第 2 条明确将证券投资基金份额列举为证券的品种之一，并规定"证券投资基金份额的上市交易，适用本法。其他法律、行政法规有特别规定的，适用其规定"。

在我国，《证券法》和《中华人民共和国证券投资基金法》（以下简称《证券投资基金法》）是调整证券投资基金份额的基本法。《证券投资基金法》于 2004年 6 月 1 日正式实施。中国证券监督管理委员会还据此出台了一系列法规，主要有：《证券投资基金销售管理办法》、《证券投资基金信息披露管理办法》、《证券投资基金运作管理办法》、《证券投资基金管理公司管理办法》、《证券投资基金行业高级管理人员任职管理办法》、《证券投资基金托管资格管理办法》、《证券投资基金管理公司治理准则（试行）》等。

一、证券投资基金的概念和类型

证券投资基金是一种由众多不确定的投资者将不同的出资份额汇集起来，交由专业机构投资于股票或债券等有价证券，所得收益由投资者按出资份额分享的投资工具。

证券投资基金主要有三种分类。

（1）根据发行基金组织形式的不同可分为公司型证券投资基金与契约型证券投资基金。公司型证券投资基金是指通过发行基金的方式筹集资金，组成公司，投资于股票、债券等有价证券的基金类型。基金的投资者是股东，基金是法人。

契约型证券投资基金又称信托型证券投资基金，是基于一定的信托契约组织起来的由信托机构代理证券投资的基金。它一般由三方当事人组成：投资人（受益人），基金保管公司以及基金管理公司。

（2）按基金受益凭证可否赎回以及基金份额总额是否固定可分为开放型证券

投资基金与封闭型证券投资基金。开放型证券投资基金发行的股票和受益凭证的总数是不固定的，可根据基金发展需要追加发行，投资者也可根据自己的实际情况增加持有或要求基金回购而减少持有。为了应付投资者中途变现，开放型证券投资基金应从所筹资金中拨出一部分，以现金形式保持这部分资产。

封闭型证券投资基金发行的股票或受益凭证的总数是固定的，完成发行计划后，不再追加发行。投资者也不得要求基金回购，但可将持有的股票或受益凭证通过证券市场转让。

（3）按投资基金的目的不同可分为成长型基金与收益型基金。成长型基金以增值为目的，不需要经常分红。收益型基金以收益为目的，需要经常分红。

二、证券投资基金的当事人

（一）证券投资基金契约及其当事人

证券投资基金契约是由发起人在设立基金时拟定的规范投资人、托管人和管理人三者之间的，涵盖从基金设立到终止全过程的权利与义务的协议。它是证券投资基金的根本性法律文件。[①]

基金契约当事人是指基金持有人、基金发起人、基金托管人和基金管理人。基金持有人是基金的投资者和受益人，不参与订立基金契约，而是以承认的形式介入。投资者只要认购了基金，就意味着承认契约，成为基金契约的当事人。基金发起人是组织设立基金并在基金契约上签字的人，在基金成立后，基金发起人通常成为基金持有人。基金托管人是受托保管基金资产的人，由商业银行充任。基金管理人是受托管理和运用基金资产的人，由基金管理公司充任。

（二）基金托管人

1. 基金托管人的资格与条件

在我国，基金托管人由依法设立并取得基金托管资格的商业银行担任。申请取得基金托管资格，应当具备下列条件，并经国务院证券监督管理机构和国务院银行业监督管理机构核准：

（1）净资产和资本充足率符合有关规定；

（2）设有专门的基金托管部门；

（3）取得基金从业资格的专职人员达到法定人数；

（4）有安全保管基金财产的条件；

（5）有安全高效的清算、交割系统；

（6）有符合要求的营业场所、安全防范设施和与基金托管业务有关的其他

---

① 徐杰：《证券法教程》（第二版），首都经济贸易大学出版社，2002年，第266页。

设施；

(7) 有完善的内部稽核监控制度和风险控制制度；

(8) 法律、行政法规规定的和经国务院批准的国务院证券监督管理机构、国务院银行业监督管理机构规定的其他条件。

2. 基金托管人的职责

基金托管人应当安全保管基金财产；按照规定开设基金财产的资金账户和证券账户；对所托管的不同基金财产分别设置账户，确保基金财产的完整与独立；保存基金托管业务活动的记录、账册、报表和其他相关资料；按照基金合同的约定，根据基金管理人的投资指令，及时办理清算、交割事宜；办理与基金托管业务活动有关的信息披露事项；对基金财务会计报告、中期和年度基金报告出具意见；复核、审查基金管理人计算的基金资产净值和基金份额申购、赎回价格；按照规定召集基金份额持有人大会；按照规定监督基金管理人的投资运作；履行国务院证券监督管理机构规定的其他职责。

(三) 基金管理人

1. 基金管理人的资格与条件

我国基金管理人须由依法设立的基金管理公司充任。申请设立基金管理公司，必须经中国证监会审查批准。未经批准的，属于非法设立或者非法从事基金管理业务，应按照规定予以取缔和处罚。设立基金管理公司，须具备以下条件：

(1) 有符合《证券投资基金法》和《中华人民共和国公司法》规定的章程；

(2) 注册资本不低于1亿元人民币，且必须为实缴货币资本；

(3) 主要股东具有从事证券经营、证券投资咨询、信托资产管理或者其他金融资产管理的较好的经营业绩和良好的社会信誉，最近3年没有违法记录，注册资本不低于3亿元人民币；

(4) 取得基金从业资格的人员达到法定人数；

(5) 有符合要求的营业场所、安全防范设施和与基金管理业务有关的其他设施；

(6) 有完善的内部稽核监控制度和风险控制制度；

(7) 法律、行政法规规定的和经国务院批准的国务院证券监督管理机构规定的其他条件。

2. 基金管理人的职责

基金管理人应当依法募集基金，办理或者委托经国务院证券监督管理机构认定的其他机构代为办理基金份额的发售、申购、赎回和登记事宜；办理基金备案手续；对所管理的不同基金财产分别管理、分别记账，进行证券投资；按照基金合同的约定确定基金收益分配方案，及时向基金份额持有人分配收益；进行基金会计核算并编制基金财务会计报告；编制中期和年度基金报告；计算并公告基金资产净值，确定基金份额申购、赎回价格；办理与基金财产管理业务活动有关的信息披露事项；召集基金份额持有人大会；保存基金财产管理业务活动的记录、账册、报表和其他相关资料；以基金管理人名义，代表基金份额持有人利益行使诉讼权利或者实施其他法律行为；履行国务院证券监督管理机构规定的其他职责。

基金管理人不得将其固有财产或者他人财产混同于基金财产从事证券投资；不公平地对待其管理的不同基金财产；利用基金财产为基金份额持有人以外的第三人牟取利益；向基金份额持有人违规承诺收益或者承担损失；不得从事法律、行政法规规定的由国务院证券监督管理机构规定禁止的其他行为。

（四）基金份额持有人的权利及其行使

基金份额持有人享有下列权利：分享基金财产收益；参与分配清算后的剩余基金财产；依法转让或者申请赎回其持有的基金份额；按照规定要求召开基金份额持有人大会；对基金份额持有人大会审议事项行使表决权；查阅或者复制公开披露的基金信息资料；对基金管理人、基金托管人、基金份额发售机构损害其合法权益的行为依法提起诉讼；基金合同约定的其他权利。

三、基金的募集、交易与运作

（一）基金的募集

我国《证券投资基金法》规定，证券投资基金应以公募方式募集。基金管理人依照本法发售基金份额，募集基金，应当向国务院证券监督管理机构提交相关文件，并经国务院证券监督管理机构核准。基金募集申请核准后，方可发售基金份额。在发售的法定期限前公布招募说明书等相关文件，材料应当真实、准确、完整。

基金募集不得超过国务院证券监督管理机构核准的基金募集期限。期限届满，募集的基金份额达到法定要求的应聘请法定验资机构验资，提交验资报告，办理基金备案手续，并予以公告。投资人缴纳认购的基金份额款项时，基金合同成立，基金管理人办理基金备案手续，基金合同生效。期限届满，达不到法定要求的，基金管理人以其固有财产承担基金募集费用，并在法定期限内返还投资人已缴款项，并加计银行同期存款利息。

（二）基金份额的交易、申购与赎回

1. 基金份额的交易

封闭式基金的基金份额，经基金管理人申请，国务院证券监督管理机构核准，可以在证券交易所上市交易。基金份额上市交易，应当符合下列条件：

(1) 基金的募集符合本法规定；

(2) 基金合同期限为 5 年以上；

(3) 基金募集金额不低于 2 亿元人民币；

(4) 基金份额持有人不少于 1000 人；

(5) 基金份额上市交易规则规定的其他条件。

基金份额上市交易规则由证券交易所制定，报国务院证券监督管理机构核准。

基金份额上市交易后，有下列情形之一的，由证券交易所终止其上市交易，并报国务院证券监督管理机构备案：不再具备《证券投资基金法》第 48 条规定的上市交易条件；基金合同期限届满；基金份额持有人大会决定提前终止上市交易；基金合同约定的或者基金份额上市交易规则规定的终止上市交易的其他情形。

2. 基金份额的申购与赎回

开放式基金的基金份额的申购、赎回和登记，由基金管理人负责办理；基金管理人可以委托经国务院证券监督管理机构认定的其他机构代为办理。

基金管理人应当按时支付赎回款项，但是下列情形除外：因不可抗力导致基金管理人不能支付赎回款项；证券交易场所依法决定临时停市，导致基金管理人无法计算当日基金资产净值；基金合同约定的其他特殊情形。发生上述情形之一的，基金管理人应当在当日报国务院证券监督管理机构备案。上述情形消失后，基金管理人应当及时支付赎回款项。

开放式基金应当保持足够的现金或者政府债券，以备支付基金份额持有人的赎回款项。基金财产中应当保持的现金或者政府债券的具体比例，由国务院证券监督管理机构规定。

基金份额的申购、赎回价格，依据申购、赎回日基金份额净值加、减有关费用计算。

（三）证券投资基金的投资和收益分配

基金投资事项主要包括：投资目标、投资范围、投资决策、投资组合、投资限制、基金管理人代表基金行使股东权利的处理原则及方法。

基金收益与分配事项主要包括：收益的构成、收益分配原则（包括收益分配基本比例、每年收益分配次数、分配时间、分配政策）、收益分配方案、收益分配方案的确定与公告。

四、证券投资基金的信息披露与监督管理

（一）证券投资基金的信息披露

基金管理人、基金托管人和其他基金信息披露义务人应当依法披露有关基金

的信息，并保证所披露信息的真实性、准确性和完整性。应当确保应予披露的基金信息在国务院证券监督管理机构规定时间内披露，并保证投资人能够按照基金合同约定的时间和方式查阅或者复制公开披露的信息资料。

公开披露基金信息，不得有下列行为：虚假记载、误导性陈述或者重大遗漏；对证券投资业绩进行预测；违规承诺收益或者承担损失；诋毁其他基金管理人、基金托管人或者基金份额发售机构；依照法律、行政法规有关规定，由国务院证券监督管理机构规定禁止的其他行为。

（二）证券投资基金的监督管理

证券投资基金的监督管理机构是国务院证券监督管理机构。国务院证券监督管理机构依法履行下列职责：依法制定有关证券投资基金活动监督管理的规章、规则，并依法行使审批或者核准权；办理基金备案；对基金管理人、基金托管人及其他机构从事证券投资基金活动进行监督管理，对违法行为进行查处，并予以公告；制定基金从业人员的资格标准和行为准则，并监督实施；监督检查基金信息的披露情况；指导和监督基金同业协会的活动；法律、行政法规规定的其他职责。

第十三章 信 托

信托是指委托人基于对受托人的信任，将其财产权委托给受托人，由受托人按委托人的意愿以自己的名义，为受益人的利益或者特定目的进行管理或者处分的行为。作为一种管理和处理财产的法律制度，信托在社会经济生活中起着重要作用。本章以信托行为为核心，以我国现行法为依据，阐述了信托的概念与分类等信托制度的基本内容。学习本章，应重点掌握信托的设立、变更与消灭，信托当事人和公益信托制度。

第一节 信托概述

一、信托的起源和发展

远在古埃及就有了关于信托的记载，古埃及人于公元前 548 年写下有关信托自己财产的遗嘱（信托遗嘱）。[①] 到了古罗马时代，《查士丁尼法典》中确立了信托制度，使遗产信托成为当时一种固定的法律制度。

现代意义的信托起源于英国。通说认为，英国中世纪的用益制度是现代信托制度的最早雏形。中世纪的英国处于以农业为主导的封建社会时期，土地是社会最重要的生产资料。封建领主主要通过土地来实现自己的统治，并进一步实现其阶级利益。但是，随着宗教的狂热盛行，越来越多的农民变成了虔诚的教徒，一些农民去世时纷纷把自己的全部或部分土地捐赠给教会，教会逐渐拥有了大量的农民的土地。依当时的法律，教会享有永久免税的特权，由此，国家和封建领主的利益受到了严重损害。13 纪末，亨利一世与爱德华三世颁行了"死手法"，（又称"没收法"），禁止将土地捐赠给教会，否则一概没收。为规避此法律，捐赠人便先将土地让与给他人，再由受让人替教会管理土地，并将土地的收益交给教会。[②] 由于这种做法要求转让人和接受人之间首先必须相互信任，所以人们称之为"信托"（trust）。

18 世纪中后期，源于英国的信托制度传入美国，并在美国逐渐得以充分发展。美国的信托实践一开始主要是商事信托而非传统意义的民事信托。信托制度在美国最早完成了从个人信托到法人信托的过渡，从单纯地进行财产管理的英国

---

① 朱大旗：《金融法》，中国人民大学出版社，2007 年，第 514 页。
② 周小明：《信托制度比较法研究》，法律出版社，1996 年，第 78 页。

式信托发展成为具有资金融通性质的美国式信托，使商事信托真正登上历史舞台，并陆续被一些大陆法系国家所移植，形成了各自的风格和特色。

二、信托的概念与特征

信托，简单说即"信任委托"之意。英美法系国家常将信托定义为一种信任关系。也有学者认为信托是一种占有和管理财产的协议。[①] 我国法律规定，信托是指委托人基于对受托人的信任，将其财产权委托给受托人，由受托人按委托人的意愿以自己的名义，为受益人的利益或者特定目的，进行管理或处分的行为。信托主要有以下特征：

（1）信托财产的独立性。设立信托，委托人必须将自己的财产所有权进行转移，使委托人的财产所有权转化为信托财产所有权。就委托人而言，一旦将财产交付信托，即丧失对该财产的所有权，从而使信托财产完全独立于委托人的固有财产。

（2）信托财产上的财产权与信托利益相分离性。信托一经设立并办理财产转移后，信托财产的委托人就丧失了所有权，而受托人则因信托财产的独立性取得了信托财产的所有权，受托人可对信托财产以自己的名义进行管理和处分。但因此所产生的利益却归于委托人指定的受益人，由受益人享有信托财产的受益权。

（3）信托财产管理的有限性。一般凡具有金钱价值的财产均可以成为信托财产，也包括权利，但是人身权如名誉权、身份权等不能成为信托财产。另外，受托人对信托财产的管理必须依据委托人设立信托的目的，而不能超出信托目的的限制。

（4）受托人民事责任的有限性。"信托财产的独立性，直接决定了受托人以信托财产为限承担民事责任。"[②] 在信托法律关系中，只要受托人履行了注意义务和忠实义务，即使造成了信托财产的损失，受托人也只以信托财产为限承担责任。

三、信托的分类

（一）自益信托和他益信托

这是按照信托利益是否归属于委托人本身进行的分类。自益信托，是指委托人为自己的利益而设立的信托。自益信托的委托人和受益人为同一人。他益信托指委托人为了他人的利益而设立的信托。他益信托的委托人和受益人不为同一人。

---

① 〔英〕戴维·M. 沃克：《牛津法律大辞典》，李双元等译，法律出版社，2003 年，第 1124 页。
② 徐孟洲：《信托法》，法律出版社，2006 年，第 7 页。

（二）私益信托和公益信托

这是按信托的目的是否具有公益性所作的分类。私益信托是指委托人为自己或特定人私人利益而设立的信托。公益信托是指委托人为教育、科技、文化、体育、医疗、慈善（救济贫困、救助灾民、扶助残疾人）、环保等事业以及其他社会公共利益而设立的信托。[①] 公益信托的受益人是符合规定条件的不特定多数人。世界各国都积极鼓励和发展公益信托，诺贝尔基金就是一项著名的公益基金信托。

（三）民事信托和商事信托

这是按照信托事务的不同性质进行的分类。民事信托是指以个人财产为抚养、赡养、处理遗产等目的而设立的信托，涉及的是民事范围内的信托事务。商事信托是指法人或个人以财产增值为目的，委托营业性信托机构进行财产经营、管理、处分而设立的信托，涉及的是商事范围内的信托事务。

（四）贸易信托和金融信托

这是按照信托标的物的种类不同所作的分类。贸易信托是指委托人将其商品委托给专门的信托机构由其代为出售和管理的经济行为，其标的物主要是商品。[②] 金融信托是指金融机构作为受托人的信托，其标的物主要包括货币资金和有价证券等。

（五）个别信托和集团信托

这是按照受托人对信托财产是否集合管理和处分进行的分类。个别信托是指受托人就各个委托人所转移的特定财产，分别予以管理和处分的信托。集团信托是指受托人受多数人的委托，把相同内容的众多委托人的信托财产集合在一起，依特定目的而概括地予以管理和处分的信托。我国2007年发布的《信托公司集合资金信托计划管理办法》中的"集合资金信托"即为集团信托。

第二节 信托的设立

一、信托设立的形式

《中华人民共和国信托法》（以下简称《信托法》）明确规定了信托设立的形式。设立信托，应当采取书面形式。书面形式包括信托合同、遗嘱或者法律、行

---

　① 《信托法》第60条。在我国台湾地区，公益信托还包括为宗教和祭祀等目的而设立的信托；《日本信托法》第66条也规定，以祭祀、宗教为目的的信托，应作为公益信托。
　② 朱大旗：《金融法》，中国人民大学出版社，2007年，第517页。

政法规规定的其他书面文件。[①]

（一）信托合同

信托合同是信托设立最主要和最常见的方式。信托合同是要式合同，即除信托当事人意思表示一致外，还必须具备特定的形式或履行特定的手续，信托才得以设立。采取信托合同形式设立信托的，信托合同签订时，信托成立。

（二）遗嘱

设立遗嘱信托，应当遵守继承法关于遗嘱的规定。遗嘱信托行为作为设立信托的单方法律行为，须符合我国民法关于遗嘱生效要件的规定，同时符合我国《信托法》的规定。因信托的设立需采取书面形式，故以遗嘱方式设立信托的，亦必须采取书面形式。

（三）法定其他形式

信托行为本属于民事法律行为，以私法自治为其理念，但在某些特定情况下[②]，私法自治要受到必要的限制，而直接根据法律的规定设立信托。

二、信托设立的记载事项

设立信托的书面文件记载事项分为应当载明事项和可以载明事项。应当载明的事项包括：信托目的；委托人、受托人的姓名或名称、住所；受益人或受益人的范围；信托财产的范围、种类及状况；受益人取得信托利益的形式、方法。书面信托文件必须记载的内容如果缺少，将会导致信托的设立不生效。可以载明的事项包括：信托期限；信托财产的管理方法；受托人的报酬；新受托人的选任方式；信托终止事由等。书面信托文件任意记载的内容在信托文件中可以记载，也可以不记载。

三、无效的信托

无效的信托，是指已经成立，但严重欠缺信托行为的有效要件，自始、绝对、确定、当然不按照行为人设立、变更和终止信托关系的意思表示发生法律效力的行为。

我国《信托法》规定，有下列情形之一的，信托无效：信托目的违反法律、行政法规或者损害社会公共利益的；信托财产不能确定的；委托人以非法财产或者本法规定不得设立信托的财产设立信托的；专以诉讼或讨债为目的设立信托的；受益人或者受益人范围不能确定的；法律、行政法规规定的其他情形。

---

① 《信托法》第 8 条。
② 这些特定的情况，主要是某一国家或地区为了社会公共秩序或公共利益及立法政策等方面的考虑。

第三节　信托当事人

信托当事人是实施信托活动的主体，是从事信托行为的当事人。信托关系是由委托人、受托人和受益人三方当事人之间构成的一种关于财产的委托转移、管理处分以及收益的法律关系。狭义的信托当事人包括委托人、受托人和受益人，广义的信托当事人还包括信托监察人。我国《信托法》明确规定了公益信托应当设置信托监察人，可见我国采广义的理解。

一、委托人

（一）委托人的概念和地位

委托人是指基于对受托人的信任，将一定的财产委托给受托人，由受托人根据其意愿为受益人的利益或特定目的进行管理和处分，从而导致信托设立的人。有些国家为了区别于委托代理关系中的委托人，将信托法中的委托人称之为信托人。在信托法律关系中，委托人是信托财产的提供人。

（二）委托人的条件

委托人要具备以下条件：一是必须具备民事行为能力。委托人应当是具有完全民事行为能力的自然人、法人或者依法成立的其他组织。二是委托人必须对信托财产享有所有权。在信托关系中，委托人欲设立信托，就必须把信托财产转移给受托人，这就要求委托人必须对信托财产享有所有权。设立信托，必须有确定的信托财产，并且该信托财产必须是委托人合法所有的财产。

（三）委托人的权利和义务

我国《信托法》对委托人的权利作了专门规定，概括起来主要有以下几项：信托运作的知情权；要求受托人调整信托财产管理的请求权；对受托人违反信托目的的撤销申请权；对受托人的解任权；特定情形下的信托解除权；就信托财产的强制执行向法院主张异议的权利；认可清算报告的权利；报酬数额的决定权；受托人辞任的许可权；新受托人的选任权；对受益人的重新指定或变更权；对信托事务处理报告的认可权；信托财产归属权；起诉权等等。

委托人的义务主要包括：转移信托财产的所有权给受托人的义务；依据约定或法律规定向受托人支付报酬的义务；违反信托合同而给受托人造成损失的赔偿义务；受托人因合法处理信托事务而遭受损失的费用由委托人予以补偿的义务等。

二、受托人

(一) 受托人的概念和地位

受托人是指接受委托人的委托，根据信托的目的为受益人的利益对信托财产进行管理和处分的人。在信托关系中，信托财产权利和利益具有分离性，受托人实际管理和处分信托财产，但是受托人是为了受益人的利益，而不是为了委托人或自己的利益。由此，受托人处于信托关系中的核心地位，是信托关系本质的体现者。

(二) 受托人的条件

受托人首先要具备民事行为能力。我国《信托法》第 24 条规定：受托人应当是具有完全民事行为能力的自然人、法人。并且，受托人的受托能力要达到信用要求，各国一般规定受托人未处于资不抵债的境况。受托人在业务素质和经营能力方面应符合相应的要求。

(三) 受托人的权利和义务

受托人是管理处分信托财产的人，是法律上信托财产的所有人。我国《信托法》规定，受托人的权利包括以下几项：信托财产的所有权；处理信托事务的权利；给付报酬的请求权；处理信托事务支付费用的补偿请求权；辞去受托人职务的请求权；公益信托的受托人的起诉权等。

从各国信托法规定看，受托人的义务主要有谨慎管理义务、分别管理义务、亲自管理义务、保存记录义务和忠实义务。[①] 我国《信托法》规定，受托人的义务包括：按照信托文件的规定为受益人的利益处理信托事务；将信托财产和固有财产分别管理；亲自处理信托事务；共同受托人应当共同处理信托事务。

三、受益人

(一) 受益人的概念和地位

受益人是信托关系中享有信托受益权的当事人。一般情况下，受益人是委托人指定的第三人。但在自益信托中，受益人可以是委托人自己，也可以指定自己与其他受益人为共同受益人。委托人还可以指定受托人为共同受益人之一，但不得指定受托人为某一信托的唯一受益人。

(二) 受益人的条件

受益人是信托关系中纯享受利益的人，不需要提供信托财产，也不需要具备受托人的业务素质和管理能力，所以，原则上只要是具有权利能力的人，就具备

---

① 钟瑞栋、陈向聪：《信托法》，厦门大学出版社，2007 年，第 106 页。

受益人的条件。但是，当受益人和委托人或受托人有所重合的情形除外。

（三）受益人的权利和义务

受益人的权利即信托受益权，是受益人在信托中享有信托利益的权利。我国《信托法》规定，受益人自信托生效之日起享有信托受益权。包括享有在信托存续期间取得信托财产收益的权利，在信托关系终止后获得信托财产本金的权利，对受托人管理处分信托财产进行监督的权利，请求受托人赔偿信托财产的损失或恢复信托财产原状的撤销权等。

我国《信托法》未明确规定受益人的义务。但一般认为，受益人在依法享有信托受益权的同时，负有对受托人在处理信托事务时所支付的费用的补偿义务和一定条件下向受托人支付报酬的义务。

第四节　信托的变更与终止

信托行为不仅包括信托的设立行为，还包括信托的变更以及信托的终止行为。信托关系一经设立而生效后，即对当事人发生法律约束力。信托法律关系原则上不得加以变更，只有当变更会更加有利于受益人和实现信托目的时，法律才允许。当法定或约定的事由出现而使信托法律关系消灭时，信托消灭，即信托终止。

一、信托的变更

信托的变更，是指信托有效成立后，在信托关系存续期间，信托当事人对信托法律关系依法进行改变的行为，包括内容的变更，委托人、受托人和受益人的变更。我国《信托法》所规定信托变更的事项主要有以下情形。

（一）信托财产管理方法的变更

这是一种最常见的信托变更。设立信托是为了实现信托目的，在信托财产的管理方法不利于实现信托目的时，可以变更信托财产的管理方法。变更信托财产管理方法，应该按照最有利于信托目的的实现来确定。

（二）信托当事人的变更

（1）委托人的变更，指委托人地位的继受，委托人的地位可以因其继承人的继承、转让而发生变更。

（2）受托人的变更，指由原受托人职责的终止和新受托人的选任而产生的受托人的更替。

（3）受益人的变更。在英美法系，从受益人角度出发，委托人设立的信托生效后，原则上是不能变更受益人的；而在大陆法系，考虑到委托人作为信托关系的创设者的心理，允许在一定条件下变更受益人。我国《信托法》规定，委托人不是唯一受益人时，在信托生效后一般不能变更受益人。但在受益人对委托人或其他共同受益人有重大侵权行为时，或经受益人同意时，或在信托文件中另有约定时，可以变更受益人。[①]

二、信托的终止

信托的终止，即信托消灭，是指因信托文件中约定或者法律规定的事由出现而使信托关系归于消灭的行为。信托关系是为实现信托目的而存续的，如果信托目的已经实现或者根本无法实现，或者其他的法定或约定事由出现，信托关系即消灭，信托终止。

我国《信托法》规定的信托终止的原因，主要有下列几种：信托文件规定的终止事由发生的；信托的存续违反信托目的的；信托目的已经实现或者不能实现的；信托当事人协商同意的；信托被撤销的；信托被解除的。

信托的终止将产生以下法律后果：原有的信托关系消灭；信托财产的归属重新确定；受托人转移剩余信托财产期间视为信托存续，权利归属人视为受益人，信托终止后，法院对原信托财产进行强制执行的，以权利归属人为被执行人；受托人作出信托事务的清算报告；受托人得行使报酬请求权及相关费用和损失的补偿请求权。

[①] 《信托法》第51条。可以说我国的规定是一种折中的做法。

第十四章 保　　险

现代社会中，保险作为一种适应经济发展和社会进步的社会保障制度在社会生活中具有重要的作用。本章在阐述保险的概念、要素、保险法的基本原则、保险合同总论的基础上，介绍了财产保险合同、人身保险合同和保险业法律制度。学习本章，应重点掌握保险法的基本原则、保险合同的订立和履行、财产保险和人身保险的主要分类，以及保险业的监督管理。

第一节　保险概述

一、保险制度概述

"天有不测风云，人有旦夕祸福"，自然灾害、意外事故不时在人类社会生活中出现，随着科学技术的发展，虽然可以通过采取一定的预防措施防止或减少危险的产生及其损害后果，但是对于不可避免的危险和损害采取何种手段进行补偿，则是人们更关注的内容。保险是解决问题的最为有效的一种方法，通过保险可以起到分散风险、消化损失的作用。

（一）保险的概念

保险有广义和狭义之分，广义的保险是指为了偿付自然灾害和意外事故带来的经济损失，以充分的物质准备来保障社会安定，建立专门用途的后备基金的一种经济活动方式。[①] 它一般包括社会保险、商事保险、合作保险。

本章所指的是狭义的保险，即商事保险，是指投保人根据合同约定，向保险人支付保险费，保险人对于合同约定的可能发生的事故因其发生所造成的财产损失承担赔偿保险金责任，或者当被保险人死亡、伤残、疾病或者达到合同约定的年龄、期限时承担给付保险金责任的商业保险行为。[②] 由此可见，保险既是一种合同法律制度，也是一种经济补偿制度，投保人和保险人基于合意订立合同，投保人支付保险费，当保险事故发生时，由保险人补偿经济损失。

（二）保险的要素

保险的要素，又称保险的构成要件，是保险成立的基本条件，一般认为应具

---

① 范健：《商法》（第三版），高等教育出版社、北京大学出版社，2007年，第438页。
② 《保险法》第2条。

备以下要件。

（1）以存在不确定的危险为前提要素。"无危险则无保险"，但保险并非针对所有的危险，保险所针对的危险须具有不确定性，这里的不确定性包括三层意思：首先，危险能否发生是不确定的。如果危险必然发生，则保险人不会接受保险；如果危险绝对不能发生，投保人也不会参加保险。其次，危险何时发生是不确定的，虽然有些危险是确定要发生的，但发生的时间是不确定的。最后，危险发生的原因和后果是不确定的，危险的发生原因主要是自然灾害或意外事故，如果危险是由投保人、被保险人或受益人的故意导致的，保险人则不承担责任。同时，危险是否会造成损失以及损失有多大也是无法确定的。

（2）以多数人的互助共济为基础要素。保险的基本原理在于集合危险、分散损失，保险是通过集合多数经济单位共同筹集资金建立保险基金，以补偿少数人的损失，体现出"我为人人，人人为我"的互助共济精神。因此，从分散风险的角度看，参加保险的人越多，积累的保险基金就越多，从而确保少数人的意外损失获得及时足额的补偿。

（3）以对危险事故所致损失进行补偿为目的要素。保险并不是保证不发生危险，其目的在于发生危险时所受的经济损失能够得到补偿。保险人与投保人订立合同，投保人向保险人支付保险费，保险费是以科学的数理计算为依据的，保险人根据统计学上的大数法则（又称为大数定律或平均法则）精确预测危险，合理厘定保险费率。如果发生了约定的危险，在财产保险中，由于损失可以用货币衡量，保险人可以用保险赔偿金补偿损失；人身保险的标的是人的身体和寿命，无法用金钱来衡量，而以保险合同当事人约定的数额作为赔付损失的依据。

（三）保险的分类

1. 财产保险与人身保险

根据保险客体不同将保险划分为财产保险与人身保险，是我国保险法的法定分类。财产保险是指以财产及其利益为保险标的的保险。人身保险是指以人的寿命和身体为保险标的的保险。

2. 自愿保险与强制保险

根据保险的实施形式将保险分为自愿保险与强制保险。自愿保险是指投保人与保险人依据平等自愿的原则，在协商一致的基础上建立的保险关系。强制保险，又称法定保险，是指根据国家颁布的有关法律和法规，凡是在规定范围内的社会成员，不管愿意与否都必须参加的保险，如世界各国一般都将机动车第三者责任保险规定为强制保险的险种。由于强制保险某种意义上表现为国家对个人意愿的干预，所以强制保险的范围是受严格限制的。《中华人民共和国保险法》规定，除法律、行政法规规定必须保险的以外，保险公司和其他任何单位不得强制他人订立保险合同。

3. 原保险与再保险

根据保险人承担责任次序的不同,将保险分为原保险与再保险。原保险是指保险人对被保险人直接承担责任的保险。再保险,又称第二次保险、分保,是指保险人将其承担的保险业务,以分保的形式,部分转移给其他保险人的保险。再保险业务是保险人为了分散风险、提高赔付能力而采取的重要手段,多用于财产保险,人身保险中很少采用。其中分出自己承保业务的保险人为原保险人,接受再保险业务的保险人为再保险人;一旦发生约定的危险,原保险人向原保险关系的被保险人或受益人承担保险责任,而再保险人向原保险合同的原保险人承担保险责任。

4. 单保险与复保险

根据保险人的人数不同将保险分为单保险和复保险。单保险是指投保人对同一保险标的、同一保险利益、同一保险事故、在同一保险期间与同一个保险人订立保险合同的保险。复保险是指投保人对同一保险标的、同一保险利益、同一保险事故分别向两个以上保险人订立保险合同的保险。[1]

二、保险法概述

(一) 保险法概念

保险法是指以保险关系为调整对象的各种法律规范的总称。保险法有广义和狭义之分,广义的保险法是指一切调整保险关系的法律规范的总称,包括商事保险法和社会保险法。狭义的保险法仅指商事保险法,本书中所指的是狭义的保险法。

历史上最早出现的保险法是由商事习惯发展而来的,最早可追溯到公元前罗马法中的共同海损规则。现代意义上的保险法产生于 14 世纪后的海上保险法。

近代中国的保险法源于清朝末年。新中国成立后,中央政府颁布了一批保险法规。1995 年 6 月 30 日,第八届全国人民代表大会常务委员会通过了《中华人民共和国保险法》,并于 1995 年 10 月 1 日正式实施,共 8 章 152 条;2002 年 10 月 28 日,第九届人民代表大会常务委员会通过了《关于修改〈中华人民共和国保险法〉的决定》,共修改了 8 处,修改后的保险法为 8 章 158 条。

(二) 保险法的内容

我国保险法主要由以下三个方面的内容构成:

(1) 保险合同法,规定保险合同双方当事人的权利义务关系,是保险法的核心内容,主要包括保险合同的订立、变更、解除、终止以及当事人的权利义务等

---

[1] 《保险法》第 41 条第 3 款。

一般性规定。《中华人民共和国保险法》（以下简称《保险法》）第二章对保险合同总则、财产保险合同、人身保险合同作了系统规定，《中华人民共和国海商法》中也规定了海上保险合同的内容。

（2）保险业法，又称保险组织法、保险业监督法，是国家对保险业进行管理和监督的法律规范，主要涉及保险组织、保险经营规则、保险业的监督管理等内容，我国《保险法》的第三至六章对保险业法的内容作了详细的规定。

（3）保险特别法，相对于保险合同法而言，指除保险合同法以外具有商法性质的调整某一类保险关系的法律规范，如各国海商法中有关海上保险的法律规定，就属于保险特别法。

（三）保险法的基本原则

保险法的基本原则是贯穿于整个保险业务过程，在保险活动中必须遵守的准则。

1. 最大诚信原则

诚实信用原则是民事活动中当事人应遵循的最基本的原则。鉴于保险关系的特殊性，与一般民事活动相比，法律要求当事人具有更高的诚信度。在保险合同中，投保人要掌握保险标的的实际情况，这就要求投保人应如实告知；而保险合同条款是由保险人事先拟定的，因此保险人也应告知投保人保险条款的主要内容。

最大诚信原则主要包括告知、保证、弃权与禁止反言三项内容。

告知，是指投保人在订立保险合同时应当将与保险标的相关的重要事实如实告诉保险人。投保人不履行如实告知义务可以导致合同解除。

保证，是指保险人和投保人在保险合同中约定，投保人担保对某一事项作为或不作为，或者担保某一事项的真实性。保证分为明示保证和默示保证，违反保证，保险合同无效。

弃权，指保险合同的一方当事人放弃其在合同中的某种权利，通常针对保险人故意抛弃合同的解除权与抗辩权。禁止反言，又称禁止抗辩，指保险人既然已经放弃了自己的权利，将来不得反悔而再向对方主张已放弃的权利。

2. 保险利益原则

保险利益，又称可保利益，指投保人对保险标的具有法律上承认的利益。我国《保险法》第12条明确规定，投保人对保险标的应当具有保险利益。投保人对保险标的不具有保险利益的，保险合同无效。

财产保险的保险利益是指投保人或者被保险人对保险标的具有合法的经济利益，因此应具备合法性、经济性和确定性三个条件。而人身保险中保险利益是指投保人对于被保险人的生命或身体所具有的利害关系。我国《保险法》第53条规定，投保人对下列人员具有保险利益：本人、配偶、子女、父母；前项以外与投保人有抚养、赡养或者扶养关系的家庭其他成员、近亲属。除前款外，被保险人同意投保人为其订立合同的，视为投保人对被保险人具有保险利益。

保险利益原则作为国际保险市场上通用的原则之一，具有非常重要的意义。首先，防止利用保险进行赌博，避免道德风险的发生，实现保险的目的。如果允许投保人对不具有保险利益的标的进行投保而获得赔付，则保险就成为了一种赌博，投保人可以将与自己无利害关系的财产或没有任何关系的人投保，通过故意制造保险事故谋取保险金，从而损害他人的合法权益，出现道德危险。其次，限制保险补偿金额，防止超额保险。在财产保险合同中，保险人的赔偿责任以被保险人所遭受的实际损失为限，从而达到实现保险合同的保障作用。

3. 损失补偿原则

保险的目的在于对危险事故造成的损失进行补偿，损失补偿是指当约定的保险事故发生而使投保人或被保险人遭受损失时，保险人应当在保险责任范围内对投保人或被保险人的实际损失进行补偿。

保险损失补偿的范围主要包括：

（1）保险标的的实际损失。在财产保险中，损失补偿只限于财产的实际损失，最高不超过保险金额。人身保险中，保险标的是人的身体和寿命，无法用金钱来衡量，因此以合同约定的保险金额为最高金额。

（2）合理费用。保险事故发生后，被保险人为降低损失而支付的施救费用以及诉讼费用。

（3）其他费用。主要指为确定保险责任范围内的损失所支付的检验、估价、出售等费用。保险标的本身的损失与费用支出应分别计算，但以保险金额为限。

4. 近因原则

近因是指造成保险事故的直接的、起决定因素的原因，并非指时间上最接近损失的时间。

近因原则对于平衡保险合同当事人之间的利益关系，认定造成保险标的损失的原因至关重要。在保险实务中，近因原则的运用主要有两种情况：一种是单一原因导致的损失，如果导致保险标的损失的原因只有一个，则该原因即为近因，保险人应承担保险责任，否则保险人不承担责任。第二种情况是多种原因导致的损失即多因一果，造成保险标的的原因有数个，应分别具体情况来确定近因。

在保险实务中，判断致损原因与损害结果之间是否存在因果关系是一个很复杂的问题，应根据具体案件运用近因原则分析判断。

第二节 保险合同总论

一、保险合同的概念与特征

保险合同是投保人与保险人约定保险权利义务关系的协议。保险合同是保险人和投保人在协商一致的基础上订立的，由投保人向保险人交纳保险费，保险人在约定的保险事故发生并造成损失时承担赔偿或者给付保险金的责任。

保险合同除具有一般合同的法律特征外，还具有以下特征：

（1）保险合同是非要式合同。《保险法》第 13 条规定：投保人提出保险要求，经保险人同意承保，并就合同的条款达成协议，保险合同成立。保险人应当及时向投保人签发保险单或者其他保险凭证，并在保险单或者其他保险凭证中载明当事人双方约定的合同内容。由此可以认为保险合同的成立只需要当事人意思表示一致即可，不以书面形式为要件。保险单或其他保险凭证只是保险合同成立的凭证，而非合同成立的必要条件。

（2）保险合同是诺成合同。保险合同基于投保人和保险人的意思表示一致即可成立，不以实际交付保险费为要件，所以保险合同为诺成合同而非实践合同。

（3）保险合同是附合合同。附合合同又称格式合同、标准合同。一般情况下，合同是双方当事人在协商一致的基础上约定合同条款，而附合合同是由一方当事人事先拟定合同条款，另一方当事人只能作出接受或拒绝的表示，处于被动的地位。保险合同具有附合合同性质的原因在于保险业具有技术性较强的特点，而且随着保险业的发展，各国保险业的交叉经营与合作，保险合同逐渐出现技术化、定型化和标准化的趋势。[①]

（4）保险合同是射幸合同。射幸合同是指合同的法律效果在缔结时不能确定的合同。在保险合同中，保险事故是否发生是不确定的，只有约定的危险发生或者条件具备，保险人才承担保险责任，否则保险人不承担保险责任。但并非所有的保险合同都具有射幸性，如某些带有储蓄性质的人寿保险合同。

（5）保险合同是最大诚信合同。诚实信用原则是民商事活动中必须遵守的一项基本原则，保险活动当事人行使权利、履行义务应当遵循诚实信用原则，鉴于保险的特殊性，保险合同的信用程度高于一般的合同。

二、保险合同的主体

保险合同主体是指在保险合同中享有权利和承担义务的人，包括保险合同当

---

① 覃有土：《商法学》，中国政法大学出版社，1999 年，第 452 页。

事人即投保人和保险人，以及保险合同关系人即被保险人和受益人。

（一）保险合同当事人

（1）投保人，又称要保人，指与保险人订立保险合同，并按照保险合同负有支付保险费义务的人。作为投保人必须具有民事权利能力和民事行为能力，对保险标的具有保险利益，在保险合同成立后负有交纳保险费的义务。

（2）保险人，又称承保人，是指与投保人订立保险合同并承担赔偿或者给付保险金责任的保险公司。保险人必须是依法定程序设立并取得经营资格的保险组织，我国《保险法》规定的保险组织形式为股份有限公司和国有独资公司。

（二）保险合同关系人

（1）被保险人，是指其财产或者人身受保险合同保障，享有保险金请求权的人。被保险人可以为投保人，也可以是投保人以外的第三人。如果投保人为他人利益订立合同，投保人和被保险人分别为独立的当事人。在财产保险中被保险人是保险标的的所有人或其他权利人，在发生保险事故后由被保险人自己行使保险金赔偿请求权；在人身保险中，在保险事故发生后或合同约定的合同期届满，被保险人享有赔偿请求权，法律规定赔偿请求权也可以由受益人行使，如以人的生命为标的的死亡保险合同。

（2）受益人，又称保险金受领人，指人身保险合同中由被保险人或者投保人指定的享有保险金请求权的人。投保人、被保险人或者第三人均可为受益人。受益人在保险合同中是独立的当事人，只享有权利，不承担交纳保险费的义务。受益人可分为指定受益人和法定受益人，指定受益人可以由被保险人或者投保人指定，但投保人指定受益人时需经被保险人同意，被保险人或者投保人可以变更受益人并书面通知保险人。法定受益人是指订立保险合同时如果未指定受益人，可推定被保险人为自己的利益保险，以自己为受益人；如果被保险人死亡，保险金作为被保险人的遗产来处理。

受益人只有在被保险人死亡后才能行使保险金请求权，如果受益人先于被保险人死亡，则受益权消灭。

三、保险合同的订立与履行

（一）保险合同的订立

保险合同的订立同其他合同一样，都要经过要约和承诺两个阶段，保险法称为投保和承保。投保是投保人向保险人提出保险请求的单方意思表示，承保是保险人承诺投保人的保险要约的意思表示。

1. 订立保险合同的告知义务和说明义务

告知义务，是指投保人在订立合同时向保险人如实告知与保险标的有关的重要事项。告知义务是法定义务、先合同义务，是投保人在订立合同时必须履行的义务。如果投保人故意隐瞒事实，不履行如实告知义务，保险人可以解除合同。

说明义务，是指保险人在投保人投保时，应向其准确地说明相应的保险条款的确切内容，使投保人了解合同条款的内容，从而决定是否投保。[①]

2. 保险合同的形式

根据我国《保险法》的规定，保险合同的形式主要有以下几种：

（1）投保单。又称要保书、投保书，是投保人向保险人申请订立书面合同的要约。投保单由保险人采用统一格式印制，主要包括与保险当事人及保险标的有关的内容，由投保人据实填写。投保单不是正式合同文本，经保险人接受后即成为合同的一部分。

（2）保险单。简称保单，指投保人与保险人订立保险合同的书面凭证。保险单包括保险合同当事人权利义务、保险标的和其他主要条款，是合同双方当事人履行合同的主要依据，也是在保险事故发生后或约定期限届满时被保险人、投保人请求给付保险金的重要凭证。

（3）暂保单。又称临时保单，是指保险人或其代理人在正式保险单签发前出具给投保人的临时保险凭证。暂保单的内容比较简单，仅涉及合同的主要事项，但法律效力与正式保险单相同，只是有限期较短，一般为30日。正式保险单发出后暂保单自动失效。

（4）保险凭证。又称小保单，是简化了的保险单，是保险人向投保人出具的证明保险单已经正式签发的书面凭证。保险凭证与保险单具有同等的法律效力，其未列明的内容以正式保单为准。通常适用于团体保险、货物运输保险、机动车辆保险等业务中。

（二）保险条款

保险条款体现保险合同的内容，是确定当事人权利和义务的依据。依据不同标准，保险条款分为两类。

1. 法定条款和约定条款

法定条款是指法律规定保险合同必须记载的条款。法定条款是保险合同的必备条款，投保人和保险人不得任意变更，我国《保险法》第19条规定了11项保险合同的必备条款。

约定条款是指在保险合同的法定条款之外，由投保人和保险人根据保险合同的需要任意约定的条款。

---

① 《保险法》第18条规定，保险合同中规定有关于保险人责任免除条款的，保险人在订立保险合同时应当向投保人明确说明，未明确说明的，该条款不产生效力。

2. 基本条款和附加条款

基本条款是保险人预先印制在保险单上的条款，包括法定条款和约定条款。附加条款是指在基本条款的基础上，为了适应特殊情况，对基本条款进行修改，在正式保险单后添加的条款，一般通过在空白处书写或将印制的条款加贴在保险单上的方式来添加。

（三）保险合同的履行

保险合同是双务合同，合同订立并生效后，双方当事人应全面、适当地履行各自承担的义务，从而使对方的权利得以实现。

1. 投保人的义务

（1）缴纳保险费的义务。保险合同是有偿合同，投保人缴纳保险费是其基本义务。根据保险合同的具体规定，保险费可以一次缴清，也可以分期支付。

（2）危险增加的通知义务。危险增加是指订立合同时双方当事人未曾估计到的危险可能性的增加。在保险合同有效期内，保险标的危险增加的，投保人或被保险人按照合同约定及时通知保险人，保险人有权要求增加保险费或者解除合同。如果未履行通知义务的，因保险标的危险程度增加而发生的保险事故，保险人不承担责任。

（3）出险通知义务。投保人、被保险人或者受益人知道保险事故发生后，应当及时通知保险人，以利于保险人收集证据，确定事故发生的原因，及时理赔。

（4）出险施救义务。保险事故发生时，被保险人有责任尽力采取必要的措施，防止或者减少损失，由此产生的必要、合理的费用，由保险人承担。保险人所承担的数额在保险标的损失赔偿金额以外另行计算，最高不超过保险金额的数额。

2. 保险人的义务

（1）赔偿或给付保险金的义务。当保险合同约定的保险事故发生，导致保险标的受到损失，或者在合同约定的期限届满时，保险人应依据合同的约定向被保险人或者受益人给付保险金。

（2）保密的义务。保险人或者再保险接受人对在办理保险中知道的投保人、被保险人、受益人或者再保险分出人的业务和财产情况及个人隐私，负有保密义务。

3. 索赔和理赔的程序与规则

（1）保险合同的索赔。索赔是被保险人或受益人在保险事故发生后或合同期限届满后，依据保险合同请求保险人支付保险金的行为。索赔步骤包括：出险通知；采取合理施救措施；接受出险现场检验；提供索赔凭证；领取保险金。

（2）保险合同的理赔。理赔是指保险人在接受被保险人或受益人提出索赔的请求后，依据保险合同来处理保险赔偿的行为。包括以下步骤：立案检验；审查单证、审核责任；损失核算和给付赔偿；损失处理和代位求偿。

四、保险合同的效力

(一) 保险合同的成立与生效

保险合同为非要式、诺成合同，投保人和保险人就合同条款达成协议，合同即成立。

保险合同的生效是指保险合同对各方当事人具有法律约束力，包括以下要件：一是主体合格，即投保人和保险人必须具备法律规定的资格；二是当事人意思表示真实一致；三是合同内容合法，即保险标的、保险金额、保险费率等主要内容符合法律的强行性规定，并不得违反法律和公序良俗。

(二) 保险合同的无效

保险合同无效是指因法定或其他原因，保险合同的全部内容或部分内容不发生法律效力，合同当事人不受合同约束。保险合同无效的原因主要包括：

(1) 因保险法上的原因而无效。投保人对保险标的不具有保险利益；财产保险中保险金额超过保险价值，超过的部分无效；投保人为无民事行为能力人投保以死亡为给付保险金条件的人身保险（但法律另有规定的除外）；以死亡为给付保险金条件的合同，未经被保险人书面同意并认可保险金额的（但法律另有规定的除外）。

(2) 因其他原因而无效。如保险合同违反法律、行政法规；无权代理；损害社会公共利益等。

保险合同无效，自始不发生法律效力；保险合同部分无效的，则该部分不发生法律效力。

(三) 保险合同的变更

保险合同的变更是指在保险合同的有限期内，因订立合同时的条件发生变化，当事人按照法律规定的条件和程序对合同条款进行修改或补充，包括主体变更和内容变更。

保险合同主体变更是指投保人、被保险人、受益人的变更，不包括保险人的变更。根据我国《保险法》的规定，财产保险合同经保险人同意可以变更，但对于货物运输保险合同主体的变更无须经保险人同意。在人身保险合同中，主体的变更多由原投保人死亡、债权转移等原因所致。[①] 保险合同主体变更后，保险人对原投保人的一切抗辩，可以对抗新的受让人。

---

① 依照以死亡为给付保险金条件的人身保险合同所签发的保险单，未经被保险人书面同意，不得转让或者质押。

　　保险合同内容变更是指在保险合同的有限期内对保险合同的条款进行变更，如对保险费率、交费办法、保险期间等内容进行修改或补充。

　　保险合同的变更包括协议变更和通知变更，协议变更是指在保险合同有效期内，投保人和保险人经协商同意，可以变更合同的有关内容。而通知变更只需要投保人通知保险人即可发生合同变更的效力，如货物运输合同的转移等。

　　变更保险合同应当由保险人在原保险单或者其他保险凭证上批注或者附贴批单，或者由投保人和保险人订立变更的书面协议。

（四）保险合同的解除

　　保险合同的解除是指在保险合同的有效期内，合同一方当事人基于法定或约定的事由行使解除权而使保险合同不再具有法律约束力的行为。

　　依据我国《保险法》的规定，对投保人而言，除法律另有规定或者合同另有约定外，保险合同成立后，投保人可以解除保险合同。[①]

　　就保险人而言，保险合同的解除包括法定解除和约定解除。

　　（1）法定解除。法定解除是指法律规定的原因出现时，保险合同一方当事人依法行使解除权。这些原因包括：投保人不履行如实告知义务的；被保险人或者受益人谎称发生了保险事故向保险人提出赔偿或者给付保险金要求的；投保人、被保险人或者受益人故意制造保险事故的；投保人、被保险人未按照约定履行其对保险标的的安全应尽的责任的；保险标的危险程度增加，经被保险人及时通知的；投保人在人身保险合同中申报被保险人的年龄不真实，且真实年龄不符合合同约定年龄限制的；投保人因未按期交付保险费而使保险合同效力中止后的 2 年内双方未达成协议的。

　　（2）约定解除。约定解除是指保险合同双方当事人可以约定合同解除的条件，在约定的条件成就时，一方或双方当事人有权行使解除权，使合同效力归于无效。

　　保险合同一旦解除，自始不发生效力，已受领的利益应当返还，但法律另有规定或合同另有约定的除外。

（五）保险合同的终止

　　保险合同的终止是指因法律规定的事由出现使合同规定的当事人的权利义务归于消灭的法律事实。导致保险合同终止的原因有：因期限届满而终止；因保险事故发生，保险人履行赔偿或给付保险金义务而终止；因保险合同解除而终止；保险标的发生部分损失的，在保险人赔偿后 30 日内，投保人可以终止合同；在以生存为给付条件的人身保险合同中，被保险人或者受益人死亡，保险合同

---

　　① 该种解除方式也称为任意解除。

终止。

第三节　财产保险合同

一、财产保险合同概述

(一) 财产保险合同的概念和特征

财产保险合同是以财产及其有关利益为保险标的的保险合同。它除具备一般保险合同所具有的共同特征外,还具有以下特征:

(1) 保险标的是财产及其与财产有关的利益。财产保险合同适用的范围较为广泛,不仅包括有形财产,还包括无形财产及其财产利益。

(2) 是填补损失的合同。一旦发生合同约定的事故,保险人在责任范围内对投保人的实际损失进行补偿。

(3) 合同中约定的保险金额不得超过保险价值。保险价值是保险标的的实际价值,是被保险人对于保险标的享有的保险利益的货币表现形式。保险价值可以由投保人和保险人约定并在合同中载明,也可以按照保险事故发生时保险标的的实际价值确定;保险金额超过保险价值的,超过部分无效。

(4) 期限较短。与人身保险合同不同,财产保险合同的期限较短,一般按一年约定保险期限,期满后可续期。

(5) 保险人可适用代位求偿权。这是财产保险中特有的制度,如果保险事故是由第三人的原因造成的,为了避免被保险人获得双重赔偿,保险人在赔付了被保险人的损失后,在赔付金额范围内享有要求被保险人转让其对第三人的赔偿请求权。

(二) 财产保险合同的保险责任与除外责任

(1) 财产保险合同的保险责任。保险责任是指保险事故发生造成保险标的损失,保险人依合同约定所应承担的赔偿责任。保险人承担保险责任的范围包括:①因自然灾害造成的损失,如雷电、暴风雨、海啸、地震、泥石流等自然现象造成的损失[①];②因意外事件造成的损失,如火灾、爆炸等;③因其他危险造成的损失,如因保险事故发生而引起的停电、停气造成被保险财产遭受损失;④在发生以上灾害或事故时,为抢救财产或者防止损失的扩大采取必要措施所支出的合理费用。

(2) 财产保险合同的除外责任。除外责任是指依法律或合同约定,保险人不承担保险赔偿责任的范围,一般在保险合同中列明。其主要包括:①投保人或被

---

① 是否构成自然灾害应以气象、地质等专业部门的标准来确定。

保险人的故意行为造成的损失；②战争、军事行为或暴力行为造成的损失；③核辐射或污染造成的损失；④保险标的自身瑕疵、保管不善造成的损失等。

二、代位求偿权

（一）代位求偿权的概念

代位求偿权是指在财产保险合同中，因第三者对保险标的的损害而造成保险事故的，当保险人向被保险人赔偿损失后，保险人享有在赔偿范围内代位行使被保险人对第三者请求赔偿的权利。

代位求偿权制度是各国保险法共同承认的债权转移制度，是财产保险合同的补偿性的具体表现。被保险人在保险事故发生获得补偿后，如果还可以向第三者请求赔偿，则有违损失补偿原则，因此，应当将其享有的向第三者追偿的权利转让给保险人。

代位求偿权只适用于财产保险合同，不适用于人身保险合同。

（二）代位求偿权的行使

（1）行使代位求偿权的名义。在行使代位求偿权时，保险人是以自己的名义还是以被保险人的名义，各国的保险立法和司法实践不同。我国现行保险立法尚无明确规定，司法实践中，是以被保险人的名义行使求偿权。[①]

（2）代位求偿权的对象及限制。保险人应当向对保险财产的损失负有民事赔偿责任的第三者行使代位求偿权。对代位求偿权的对象，各国立法均有限制性规定，如规定保险人对于被保险人一定范围内的亲属或雇员不得行使代位求偿权。我国《保险法》第 47 条规定，除被保险人的家庭成员或者其组成人员故意造成保险事故外，保险人不得对被保险人的家庭成员或者其组成人员行使代位求偿权。

（3）代位求偿权的范围。保险人应当在赔偿金额范围内来行使代位求偿权。保险人代位求偿所获得的赔偿金额大于保险赔付时，其超过部分归还被保险人。同时，保险人行使代位求偿权，不影响被保险人就未取得赔偿的部分向第三者请求赔偿的权利。此外，在保险人向第三者行使代位请求赔偿权利时，被保险人有协助的义务，应当向保险人提供必要的文件和其所知道的有关情况。

（三）被保险人放弃对第三者请求权的后果

保险事故发生后，保险人未赔偿保险金之前，被保险人放弃对第三者的请求赔偿的权利的，保险人不承担赔偿保险金的责任。保险人向被保险人赔偿保险金

---

① 从理论上分析，保险人作为新的债权人，应当以自己的名义向负有责任的第三人行使代位求偿权。

后，被保险人未经保险人同意放弃对第三者请求赔偿的权利的，该行为无效。由于被保险人的过错致使保险人不能行使代位请求赔偿权利的，保险人可以相应扣减保险赔偿金。

三、几种主要财产保险合同

财产保险合同的种类很多，其中主要有财产损失保险合同、责任保险合同、信用保险合同、保证保险合同等。

（一）财产损失保险合同

财产损失保险是由火灾保险演变而来，随着经济的发展，火灾保险所承保的范围逐步扩大，扩展到包括企业财产保险、家庭财产保险、运输工具保险、货物运输保险等方面。

（1）运输工具保险合同。运输工具保险合同是指以载客或载货或从事交通作业的运输工具为保险标的的财产保险合同，主要包括机动车辆保险合同、船舶保险合同、飞机保险合同、铁路车辆保险合同等。随着我国经济的快速发展，人民生活水平不断提高，机动车辆保险业务增长较快。机动车辆保险合同是指投保人与保险人订立的，以投保人或被保险人对机动车辆（包括汽车、摩托车、拖拉机和工程车等）所享有的保险利益为标的的保险协议。[①] 机动车辆保险由基本险和附加险构成，基本险又分为车辆损失险和第三者责任险。

车辆损失险是指因发生保险责任范围内的自然灾害或意外事故，使保险车辆遭受损失，保险人依据保险合同的规定给付保险金的保险，不是法定的强制保险。第三者责任险是指被保险人或其允许的合格驾驶员因使用保险车辆时发生合同约定的事故，致使第三人财产或人身遭受损失，由保险人向第三人承担赔偿责任的保险。2006 年 7 月 1 日我国《机动车交通事故责任强制保险条例》正式实施，该条例实施后商业第三者责任险与强制第三者责任险分别同时独立存在。

（2）货物运输保险合同。货物运输保险合同是指以运输中的货物作为保险合同的标的，在被保险的货物发生约定的损失时，由保险人负责赔偿损失的保险合同，包括水上货物运输保险合同、陆上货物运输保险合同、航空运输保险合同、邮包保险合同等。

（3）农业保险合同。农业保险合同是指保险人和投保人订立的，以农业产品为保险标的，由保险人对被保险人在从事种植业和养殖业生产过程中因发生合同约定保险事故遭受损失承担赔偿责任的保险合同，包括种植业保险和养殖业保险。

（4）工程保险合同。工程保险合同是以在建设过程中的工程项目为保险标

---

① 赵旭东：《商法学教程》，中国政法大学出版社，2004 年，第 604 页。

的，在合同约定的保险事故发生时，由保险人承担经济赔偿责任的综合性财产保险合同，分为建筑工程保险和安装工程保险。

（二）责任保险合同

责任保险合同是指以被保险人对第三者应负的赔偿责任为保险标的的保险合同。责任保险的范围较广，适用于一切可能造成他人财产损失与人身伤亡的企业、团体、家庭和个人，可分为公众责任保险、产品责任保险、个人责任保险、雇主责任保险和职业责任保险等。

（三）信用保险合同

信用保险合同是指保险人对被保险人的业务活动提供保证，在被保险人因债务人不履行法定或约定的义务而遭受损失时，由保险人按照合同约定对被保险人承担赔偿责任的保险公司，主要有商业信用保险、投资信用保险、出口信用保险。

（四）保证保险合同

保证保险合同是投保人向保险人支付保险费，当被保证人由于作为或不作为给被保险人造成损失时，由保险人承担赔偿责任的保险合同，包括诚实保证保险合同和确实保证保险合同。

第四节　人身保险合同

一、人身保险合同概述

（一）人身保险合同的概念和特征

人身保险合同指以人的寿命和身体为保险标的的保险合同。依此类合同，投保人向保险人交纳保险费，当发生合同约定范围内的意外事故或被保险人死亡、疾病，或者合同约定的期限届满时，保险人向被保险人或受益人支付保险金。人身保险合同具有以下特征：

（1）以人的寿命和身体为保险标的。这是其与财产保险合同的重要区别，在人身保险合同中，被保险人或受益人只能是自然人，而不能为法人或其他经济组织。

（2）是定额保险合同。人身保险合同以人的寿命和身体为保险标的，人的寿命和身体无法用金钱衡量，因此保险金额不是以保险标的的保险价值为基础，而是依据被保险人对保险的需求以及投保人的缴费能力，由投保人和保险人协商确定的。一旦发生保险事故，由保险人向被保险人或受益人支付约定的保险金。

（3）具有储蓄性质。人身保险合同主要是以投保人多次缴纳的保险费集中起来，构成人身保险准备金，最终由保险人以保险金的形式返还给被保险人或受益人。对投保人而言，人身保险是一种储蓄和投资的手段，投保人逐次缴纳固定保险费，保险合同期限届满时所获得的保险金相当于保险费总额加上一定比例的利息。

(4) 具有长期性。人身保险合同的期限较长，可以是几年、十几年、几十年甚至终身。这与人身保险的目的相一致，人身保险的目的在于被保险人为自己年老或丧失劳动能力时提供生活保障，或者在被保险人死亡后扶养或赡养其家属。

(5) 保险费不得强制请求。投保人在保险合同成立后，有支付保险费的义务，既可以一次支付，也可以分期支付。投保人不支付保险费的，保险人可以中止或解除合同，但不得以诉讼方式要求投保人支付。

(6) 不适用代位求偿权。人身保险的被保险人因第三者的行为而发生死亡、伤残或者疾病等保险事故的，保险人向被保险人给付保险金后，不享有向第三者追偿的权利。但被保险人或者受益人仍有权向第三者请求赔偿。

(二) 人身保险的分类

(1) 以保险范围为标准，可将人身保险分为人寿保险、人身意外伤害保险、健康保险。[①]

(2) 以投保主体为标准，将人身保险分为个人人身保险、团体人身保险、联合人身保险。个人人身保险是以自然人个人作为投保人，以单张保险单承保单个被保险人人身风险的人身保险。团体人身保险是指以企业、机关、事业单位等社会组织为投保人，以集体名义投保，以全体成员为被保险人的保险。联合保险是指将存在一定利害关系的两个或者两个以上的人如父母、夫妻、子女或合作人等视为联合被保险人，共用一张保单同时投保。

(3) 按保险产生的依据，将人身保险分为自愿保险和强制保险。自愿保险是投保人与保险人在公平自愿基础上订立合同形成的保险关系。强制保险是根据法律、法规的相关规定，强制投保人与保险人订立人身保险合同。

(4) 按保险金的给付方式，将人身保险分为一次性给付保险和分期给付保险。一次性给付保险是指保险人在保险事故发生时，将全部保险金一次性支付给受益人或被保险人。分期给付保险是指保险人在保险事故发生或保险期限届满时，按合同规定将保险金分期支付给受益人或被保险人。[②]

(5) 按是否参加保险人利益分配，将人身保险分为利益分配保险和无利益分配保险。利益分配保险是指被保险人不仅可在保险事故发生后获得保险金，还可以参与保险人的利益分配。无利益分配保险是指被保险人不参与保险人的利益分配，只是在保险事故发生后获得保险金的普通保险。

---

① 具体内容在下文"三、几种主要人身保险合同"中详述。

② 在同等条件下，分期给付保险金的保险费率低于一次性给付保险。

二、人身保险合同的特殊条款

人身保险合同除了具有保险合同均应当具有的条款外，还基于人身保险合同的特点而具有以下特殊条款。

(一) 保险人不可抗辩条款

该条款又称不可争条款，指保险人对投保人违反如实告知义务的抗辩权，经过保险合同约定或法律规定的期间后，保险人不得解除合同或拒绝承担保险责任的条款。尽管投保人如果不履行如实告知义务，保险人有权解除合同，但由于人身保险合同多为长期合同，时间久了，很难核实投保时的真实情况，适度限制保险人的合同解除权，可以避免保险人滥用权利。我国《保险法》第54条规定，保险人只能在合同成立后2年内以投保人告知不实为由解除合同，2年后保险人即丧失了这种权利。

(二) 年龄不实条款

该条款又称年龄误报条款，在人身保险合同中被保险人的年龄是确定保险费率和测定危险的重要因素。一般而言，人的年龄越大，危险程度越高。因此，投保人应如实告知被保险人的真实年龄，我国《保险法》规定，如果投保人申报的被保险人的年龄不真实，在合同成立2年内保险人可以解除合同；如果申报的被保险人的年龄不真实，致使投保人支付的保险费少于应付保险费的，保险人有权更正并要求投保人补交保险费，或者在给付保险金时按照实付保险费与应付保险费的比例支付；投保人实付保险费多于应付保险费的，保险人应将多收的保险费退还投保人。

(三) 宽限期条款

该条款又称交纳保险费宽限期条款，投保人和保险人在合同中约定的允许投保人缓交保险费的期限的条款。投保人有时会因为疏忽或经济困难而不能按时交纳保险费，如果因此而导致保险合同无效，对合同双方都是不利的。我国《保险法》规定的宽限期为60天。

(四) 复效条款

复效条款是指在人身保险合同中，投保人在宽限期内仍未交纳保险费致使保险合同效力中止的，经保险人与投保人协商并达成协议，在投保人补交保险费后，合同效力恢复。人身保险合同的复效由投保人在合同效力中止之日起2年内向保险人正式提出申请，经保险人审核同意达成协议，投保人补交合同中止期间的保险费及利息后才能产生效力。

(五) 不丧失价值条款

该条款又称不丧失价值任选条款，是指投保人在交纳一定期限的保险费后，保险单便具有了现金价值，即使投保人要求退保，该现金价值也不因此而丧失的条款。① 因为投保人将保险费交给保险人后，其中一部分用于支付保险人的营运费用，剩余的大部分则积累为责任准备金，即使投保人不愿意继续投保，也不能剥夺其应享有的现金价值的权利。我国《保险法》第 69 条规定，投保人解除合同，已交足 2 年以上保险费的，保险人应当自接到解除合同通知之日起 30 日内，退还保险单的现金价值；未交足 2 年保险费的，保险人按照合同约定在扣除手续费后，退还保险费。

（六）自杀条款

为了避免被保险人通过自杀的手段谋取保险金，防止道德风险的发生，人身保险合同一般将自杀作为除外责任的范围。但是自杀的原因不同，如果将并非为谋取保险金而自杀的行为作为除外责任，则会影响受益人的利益。因此，多数国家对自杀做出了时间上的限制，即在保险合同成立后一定时间内发生的自杀作为除外责任。我国《保险法》第 66 条规定，以死亡为给付保险金条件的合同，自成立之日起满 2 年后，如果被保险人自杀的，保险人按照合同给付保险金。

三、几种主要人身保险合同

（一）人寿保险合同

人寿保险合同是指以被保险人的生命为保险标的，以被保险人在合同规定的期限内死亡或生存为给付保险金条件的人身保险合同，是人身保险中最基本、最主要的种类，又可分为以下三种：

（1）死亡保险合同，是指以被保险人在保险期内死亡作为保险人支付保险金条件的人身保险合同，有定期死亡保险合同和终身死亡保险合同之分。

定期死亡保险合同是指投保人和保险人约定，当被保险人在规定的期限内死亡时，由保险人给付保险金；如果被保险人在保险期间届满时仍然生存，保险合同效力终止，保险费亦不退还。终身死亡保险合同是不定期的死亡保险合同，以被保险人的终身为死亡期限，不论被保险人何时死亡，保险人均应按照合同约定给付保险金的人寿保险合同。

（2）生存保险合同，是指以被保险人在合同约定的期限内生存作为给付保险金的条件。如果被保险人在保险期限内死亡，则保险合同效力终止，保险人也不退还保险费。

（3）生死两全保险合同，又称混合保险合同，是指无论被保险人在保险期限届满时死亡或者生存，均由保险人按照合同约定支付保险金的人寿保险合同。该

---

① 甘长春、唐永前：《商法学》，重庆大学出版社，2006 年，第 221 页。

种保险具有保障和储蓄双重功能。

（二）人身意外伤害保险合同

人身意外伤害保险合同是指以被保险人在合同约定的期限内遭受意外伤害或因意外伤害而致残、致死为给付保险金条件的人身保险合同，又可分为普通意外伤害保险合同和特种意外伤害保险合同。

普通意外伤害保险合同是指为被保险人在日常生活中因一般意外事故造成身体损伤而提供保障的人身保险合同。通常期限较短（多为 1 年期），保险内容、保险金额、保险方法由双方当事人约定。

特种意外伤害保险合同是指保障范围仅限于特种原因或特定地点所造成的伤害，主要包括旅游意外伤害保险合同、交通事故伤害保险合同、职业伤害保险合同等。

（三）健康保险合同

健康保险合同，又称疾病保险合同，指当被保险人在保险期限内因疾病、分娩以及由此而导致残疾或死亡时，由保险人给付约定的保险金的合同。主要包括医疗保险合同、工资收入保险合同、残疾和死亡保险合同。

第五节　保　险　业　法

一、保险业法概述

保险业法又称保险组织法、保险业监督法，是指对从事保险经营活动的保险业组织进行监督管理的法律制度。通常分为广义和狭义两种。狭义的保险业法，指国家对保险业组织、经营进行监督和管理的专门法律；广义的保险业法指除保险业的专门法律外，还包括国家对保险业进行监督和管理的其他规定。① 随着保险在社会生活中的保障作用日渐重要，各国对保险业均实行严格的监督管理。

二、保险公司

（一）保险公司的种类

我国的保险公司包括股份有限公司和国有独资公司。②

股份有限保险公司，是指其全部资本由等额股份构成，股东以其所持股份对

---

① 孙淑云：《商法》，法律出版社，2006 年，第 415 页。
② 《保险法》第 156 条规定，本法规定的保险公司以外其他性质的保险公司，由法律、行政法规另行规定。

公司承担责任，公司以其全部资产对公司的债务承担责任的企业法人。由于股份有限公司可以拥有众多的股东，便于积累资本，形成较大的规模，具有较强的市场竞争能力，因此股份有限公司是世界各国保险业采用的主要组织形式。

国有独资保险公司，是指由国家授权国有资产监督管理机构单独投资设立的保险有限公司，具有资金雄厚、国家作为单一的投资主体的特点，一般承担国家指定的政策性保险业务。

（二）保险公司的设立条件

根据我国《保险法》第72条的规定，设立保险公司应具备以下条件：

（1）有符合保险法和公司法规定的章程。

（2）有符合保险法规定的注册资本最低额。设立保险公司的最低注册资本为2亿元人民币，且必须为实缴资本。保险监督管理机构可以根据保险公司业务范围、经营规模，调整其注册资本的最低限额，但是不得低于法定最低限额。

（3）有具备任职专业知识和业务工作经验的高级管理人员。保险公司的高级管理人员必须具有符合规定的学历，而且无经营管理不善致使公司亏损、破产的记录。

（4）有健全的组织机构和管理制度。保险公司应按照公司法和保险法的规定设立组织机构，并且健全和完备公司的各项管理制度。

（5）有符合要求的营业场所和与业务有关的其他设施。

三、保险经营规则

保险经营规则是指保险公司从事保险经营活动时必须遵守的行为准则，以规范保险市场秩序，保护当事人的合法权益。

（一）业务范围限制规则

财产保险、人身保险和再保险构成了保险公司的业务范围。多数国家的保险法规定保险人实行分业经营的原则，同一保险人不得同时经营财产保险和人身保险业务，即禁止保险人兼营。实行分业经营的主要原因在于财产保险和人身保险的性质不同，经营技术存在区别，禁止兼营能更好地保护被保险人的利益。[1]

我国《保险法》规定，同一保险人不得同时兼营财产保险业务和人身保险业务，保险公司的业务范围由保险监督管理机构依法核定，保险公司只能在核定的业务范围内从事保险经营活动，不得兼营保险法及其他法律、行政法规规定以外

---

① 财产保险的标的是财产，人身保险的标的是人的身体和生命；财产保险的期限较短，人身保险的期限较长。财产保险的风险相对较大，保险费的计算基础、保险金的赔付方法、财务管理等方面均有不同。

的业务。[1]

（二）偿付能力管理规则

偿付能力管理规则是指保险组织履行赔偿或给付责任的能力。只有保险人具备偿付能力，才能保护被保险人的利益，有利于保险组织的稳定经营。保险公司应当具有与其业务规模相适应的最低偿付能力，保险公司的实际资产减去实际负债的差额不得低于保险监管机构规定的数额，低于规定数额的，应当增加资本金，补足差额。经营财产保险业务的保险公司当年自留保险费，不得超过其实有资本加公积金总和的 4 倍。保险公司对每一危险单位，即对一次保险事故可能造成的最大损失范围所承保的责任，不得超过其实有资本加公积金总和的 10%，超过部分，应当办理再保险。为确保保险公司的偿付能力，保险法要求保险公司提取责任准备金、公积金、保障基金。[2]

（三）保险资金运用规则

保险资金运用是指保险组织在经营过程中，将积累的部分保险资金用于投资或融资，使资金增值。保险公司的资金运用必须稳健，遵循安全性原则，并保证资产的保值增值；资金运用限于银行存款、买卖政府债券、金融债券和国务院规定的其他形式，不得用于设立证券经营机构和保险业以外的企业。

（四）保险公司及其工作人员业务活动规则

保险公司及其工作人员在保险业务活动中不得欺骗投保人、被保险人或者受益人；不得对投保人隐瞒与保险合同有关的重要情况；不得阻碍或诱导投保人履行法律规定的如实告知；不得承诺向投保人、被保险人或者受益人给予保险合同规定以外的保险费回扣或者其他利益；不得故意编造未曾发生的保险事故进行虚假理赔，骗取保险金。

四、保险业的监督管理

保险业的监督管理是指国家保险监督管理机构根据法律法规对保险市场进行监督和管理的行为，保险业的监督管理目标是确保保险公司的偿付能力、维护当事人的利益、维持保险市场的公平竞争。[3] 中国保险业监督管理委员会是我国保险监管机构，根据国务院授权履行行政管理职能，依据法律、法规监督管理保险市场。

---

[1] 《保险法》第 92 条规定：经营财产保险业务的保险公司经保险监督管理机构核定，可以经营短期健康保险业务和意外伤害保险业务。

[2] 《保险法》第 95、96、97 条。

[3] 施天涛：《商法学》（第三版），法律出版社，2006 年，第 760 页。

（一）中国保险业监督管理委员会的主要职责

拟定保险事业的方针、政策；对保险业组织方面进行监管，对保险人的合法性进行审查、监督；对保险公司经营方面进行监管；对保险公司财务方面进行监管；监管报表账簿，通过对报表账簿的审查，了解保险公司的经营状况。

（二）对保险公司的整顿和接管

保险公司的整顿是指保险公司违反保险法的规定，并且在保险监督管理机构规定的期限内未能改正的情况下，保险监督管理机构采取必要的措施对该保险公司进行整治、监督的行为，由保险监督管理机构选派保险专业人员和指定被整顿的保险公司的有关人员，组成整顿组织进行整顿。保险公司在规定的期限内经整顿已纠正其违反保险法的行为，恢复正常经营状况的，由整顿组织提出报告，经监管机构批准结束整顿。

接管是指保险公司实施了违反保险法规的行为，可能严重危及或者已经危及保险公司的偿付能力，保险监督管理机构可以采取必要措施，代为行使该保险公司的经营管理权力，恢复保险公司的正常经营，以保护被保险人的利益。

被接管的保险公司的债权债务关系不因接管而变化，接管组织的组成和接管的实施办法由保险监督管理机构决定并予以公告。接管期满，保险监督管理机构可以决定延期，但最长不得超过 2 年。接管期满后被接管的保险公司恢复正常经营能力的，保险监管机构可以决定接管终止；接管组织认为被接管的保险公司的财产已不足清偿债务的，经保险监管机构批准，依法向人民法院申请宣告其破产。

五、保险代理人与保险经纪人

（一）保险代理人

保险代理人是根据保险人的委托，向保险人收取代理手续费，并在保险人授权的范围内代为办理保险业务的单位或者个人，包括个人代理人、专业代理人、兼业代理人。

（1）个人代理人是指根据保险人的委托，向保险人收取代理手续费，并在保险人授权范围内代为办理保险业务的个人。其业务范围只限于人寿保险，而且任何代理人不得兼职从事保险业务。

（2）专业代理人指专门从事保险代理业务的保险代理公司，其组织形式为有限责任公司，具备保险监管机构规定的资格条件。

（3）兼业代理人是指受保险人委托，在从事自身业务的同时，指定专人为保险人代办保险业务的单位。它只能代理与本行业直接相关，且能为投保人提供便利的保险业务。我国常见的兼业保险代理主要有银行代理、行业代理（如航空等运输部门代为办理的保险业务)、单位代理。

此外,在国际保险市场上,还将保险代理人分为展业代理人、检验代理人、理赔代理人、总代理人、分代理人和特约代理人等。

(二) 保险经纪人

保险经纪人是指基于投保人的利益,为投保人与保险人订立保险合同提供中介服务,并依法收取佣金的单位。根据我国法律规定,保险经纪人为依法成立的有限责任公司,个人不得从事保险经纪业务。

保险经纪人可分为直接保险经纪人和再保险经纪人,直接保险经纪人是指基于投保人和被保险人的利益,为投保人和保险人订立保险合同提供中介服务,并按约定收取中介费用的保险经纪人。再保险经纪人是指保险经纪人与原保险人订立合同,基于原保险人的利益,为原保险人与再保险人安排再保险业务提供中介服务,并按约定收取中介费用的保险经纪人。

第五编 海 商 法

第十五章 海商法概述

海商法是专门以海上运输关系和船舶关系作为调整对象的法律。本章主要阐述了海商法的概念与调整对象，船舶与船员，海上货物运输合同、海上旅客运输合同、航次租船合同、船舶租用合同以及海上拖航合同。学习本章，应重点掌握海商法的基本特征、调整对象以及提单的相关法律制度。

第一节 海商法的概念与特点

一、海商法的概念

海商法，顾名思义，是"海"与"商"密切相连的一个法律规范体系。对于海商法的概念，目前国际上仍没有统一的说法，各国法律从不同的角度给予不同的定义，学者们的观点也不尽相同。一般认为，海商法是调整海上运输关系和船舶关系的法律规范的总称。

1993 年 7 月 1 日起施行的《中华人民共和国海商法》（以下简称《海商法》）第 1 条规定："为了调整海上运输关系、船舶关系，维护当事人各方的合法权益，促进海上运输和经济贸易的发展，制定本法。"

二、海商法的特点

海商法是根据航海习惯逐步形成的，本身有其自主自立性。与其他法律部门相比，海商法具有以下四个显著特征。

（一）海商法以海上风险的防范和处理为核心

海商活动离不开海洋，海商法不可避免地是围绕对海上运输所具有的特殊风险进行防范和分配而建立起来的。

（二）海商法具有较强的技术性和专业性

海商法是有关海上运输和船舶的法律规范，是与航海技术和航运业务紧密联系的法律，这就决定了海商法必然涉及船舶、船员、航海、货物运输和管理等专业和技术。例如，船舶的结构、性能，船员的资格、培训，船舶的驾驶、轮机操作，货物的配载、装卸，等等。

（三）海商法具有较强的国际性

海商法调整海上商业活动，这种活动往往是跨国进行的，本质上具有国际性，因此海商法也必然具有国际性。海商法起源于国际商业惯例，随着国际贸易和国际海运业的发展，海商法的国际性还有日益加强的趋势，国际海事公约推动的海商法国际统一进程即是典例，即使是在没有国际海事公约加以统一的领域，各国的立法也趋于一致。

（四）海商法法律规范具有综合性

海商法的规范构成既有国内法规范，又有国际法规范；既有民商事私法规范；又包括行政法公法性内容；不仅包含实体规范，还包括程序规范。其内容的组成与现代法律部门的划分无法完全吻合，具有综合性特征。

第二节　船舶与船员

一、船舶

（一）船舶的概念和法律地位

海商法意义上的船舶，是指海船和其他海上移动式装置，但是用于军事的、政府公务的船舶和 20 总吨以下的小型船艇除外。构成我国海商法上的船舶，必须具备如下条件：

（1）海商法上的船舶必须能够在海上航行或移动，包括海船和海上移动式装置。所谓海船，是指在内陆水域、遮蔽水域和港区以外航行的运输船和非运输船，是具有完全的海上航行能力并作为海船进行船舶登记的船舶。① 海上移动式装置是具有自航能力并可以移动的海上装置，通常并不具备船舶的外形和构造特点，如海上钻井平台等。

（2）海商法上的船舶必须达到一定规模。20 总吨以下的小型船艇，不属于海商法上的船舶。

（3）海商法上的船舶必须以商业为目的。非以商业为目的的船舶，即使在海上航行，也不属于海商法上的船舶。用于军事的、政府公务的船舶，因其与国家

---

① 海船与内河船在船舶的构造、性能，对航行的要求、船员的配备等各方面要求都有所不同。

主权行为联系密切，其航行非以商业为目的，故不适用本法的规定。

在有些情况下，不符合上述特征的船舶也可以准用海商法的某些规定。例如，建造中的船舶可以适用船舶抵押权的规定；非用于军事或政府公务目的的、20 总吨以下的船艇和内河船在与海商法上的船舶发生碰撞时，也适用海商法关于船舶碰撞的规定。

作为法律上的一种物，船舶既有民法上物的一般属性，又在海商法上具有以下特殊的法律性质：

（1）船舶是动产，但按不动产处理。船舶不会因为移动而损害其经济价值，这决定了它属于动产的范畴。但海商法将船舶按不动产对待，实行登记制度。

（2）船舶是合成物。船舶包括船舶属具。船舶属具是指不属于船的构成部分而又为了航行或营运的需要而附属于船舶的器具，如罗经、救生艇筏、铁锚、索具等。船舶属于合成物，在法律上被视为一体，构成船舶的各部分一般不能单独处分。

（3）船舶的拟人化处理。船舶作为海商法律关系的客体是一项财产，但是为了便于管理，海商法对船舶作了拟人化处理，使其具有人的某些外在特征，如特定的名称，固定的国籍等，在船舶发生灭失时，还要进行注销登记。

（二）船舶登记与船舶国籍

由于船舶价值巨大，各国法律一般都要求对船舶进行权属登记，船舶登记是船舶取得国籍和航行权，确定船籍港，建立港航行政机关、司法机关对船舶的监督管辖关系，确认和公示船舶所有权及其他权利，使船舶在法律上能享有权利和承担义务的必经程序。[1]

依我国《海商法》规定，船舶经依法登记取得中华人民共和国国籍，有权悬挂中华人民共和国国旗。中华人民共和国港口之间的海上运输和拖航，由悬挂中华人民共和国国旗的船舶经营；但是，法律、行政法规另有规定的除外。非经国务院交通主管部门批准，外国籍船舶不得经营中华人民共和国港口之间的运输和拖航。

《中华人民共和国船舶登记条例》规定，在中国登记的船舶须由中国人（包括法人和自然人）拥有，中国企业法人的注册资本中有外商出资的，中方投资人的出资额不得低于 50%；且中国籍船舶上的船员应当由中国公民担任，确需雇用外国籍船员的，应当报国务院交通主管部门批准。

（三）船舶物权

船舶关系是海商法的调整对象之一，包括船舶物权关系和船舶债权关系。我

---

① 覃有土：《商法学》，高等教育出版社，2003 年，第 639 页。

国《海商法》第二章对船舶所有权、船舶抵押权、船舶优先权以及船舶留置权作了明确规定。

1. 船舶所有权

船舶所有权，是指船舶所有人依法对其船舶享有占有、使用、收益和处分的权利。

船舶共有是船舶所有权的一种特殊形式，是指两个以上的自然人或法人共同拥有船舶所有权。《海商法》第10条规定："船舶由两个以上的法人或者个人共有的，应当向船舶登记机关登记，未经登记的，不得对抗第三人。"至于共有船舶的处分、应有份的出卖等，《海商法》没有具体规定，应适用《民法通则》的相关规定。

船舶所有权的取得可以分为原始取得和继受取得。原始取得是指非基于他人的权利而取得船舶所有权，如以建造、没收、征收、捕获等方式取得；继受取得是指基于他人权利而取得船舶所有权，如以买卖、继承、赠与等方式取得。

船舶所有权的消灭从表现形态上可分为相对消灭和绝对消灭。相对消灭是基于一方取得所有权而使另一方失去所有权。绝对消灭是在不变更所有权主体的情况下丧失船舶所有权。一般表现为船舶在物理上的消灭，如船舶焚毁、沉没或拆解等。

船舶所有权的取得、消灭实行登记制度。船舶所有权的登记是船舶所有权取得、转让和消灭的对抗要件，而不是生效要件。船舶所有权的取得、转让和消灭，应当向船舶登记机关登记；未经登记的，不得对抗第三人。

2. 船舶抵押权

船舶抵押权是指抵押权人对于抵押人提供的作为债务担保的船舶，在抵押人不履行债务时，可以依法拍卖，从卖得的价款中优先受偿的权利。

根据《海商法》和《担保法》的有关规定，船舶抵押权的设定应符合下列条件：

(1) 只有船舶所有人或者船舶所有人授权的人可以设定船舶抵押权。船舶共有人可以就共同船舶设定抵押权，但应当得持有2/3以上份额的共有人的同意，共有人之间另有约定的除外。

(2) 船舶抵押权的设定，应当签订书面合同。合同中明确记载抵押权人和抵押人的名称、被抵押船舶的名称、所担保债权的数额、受偿期限及条件、双方的权利义务等。

(3) 船舶抵押权的标的物主要是营运中的船舶，为了鼓励造船业和航运业，建造中的船舶也可以设置抵押权。船舶作为抵押权标的物，包括其设备和属具。

(4) 抵押人和抵押权人应共同向船舶登记机关办理抵押权登记；未经登记的，不得对抗第三人。

船舶抵押权设定后，船舶所有人对船舶的处置须征得抵押权人的同意，未经抵押权人同意，抵押人不得将被抵押船舶转让给他人。抵押权不受船舶共有权分割的影响。以抵押权担保的债权发生转让，抵押权随之转移。抵押权人按抵押权登记的先后顺序而非抵押合同签订的先后顺序依次受偿。在同一航次的船舶上同时存在船舶抵押权和船舶优先权的，船舶优先权优先于船舶抵押权受偿。同一船舶同时存在留置权和抵押权时，船舶抵押权后于船舶留置权受偿。

船舶抵押权通常因被抵押的船舶灭失、船舶抵押权的行使、担保的主债权消灭、抵押船舶被法院强制拍卖而消灭。此外，船舶抵押权还可因抵押权人放弃、注销登记等而终止效力。

3. 船舶优先权

船舶优先权是指海事请求人向船舶所有人、光船承租人、船舶经营人提出海事请求，对产生该海事请求的船舶具有优先受偿的权利。船舶优先权应通过法院扣押船舶而行使。

船舶优先权具有以下特性：法定性，只有法律规定范围内的债权才能享有以船舶优先受偿的权利；优先性，作为一种担保物权，享有船舶优先权的人对于船舶享有优先受偿的权利；追及性，不论当事船舶航行于何地，船舶所有权有何变更，船舶优先权享有人均可追及并主张其权利；秘密性，不必登记即可对抗第三人。

根据《海商法》第22条的规定，享有船舶优先权的海事请求包括以下五种：①船长、船员和在船上工作的其他在编人员根据劳动法、行政法规或者劳动合同所产生的工资、其他劳动报酬、船员遣返费用和社会保险费用的给付请求；②在船舶营运中发生的人身伤亡的赔偿请求；③船舶吨税、引航费、港务费和其他港口规费的缴付请求；④海难救助的救助款项的给付请求；⑤船舶在营运中因侵权行为产生的财产赔偿请求。①

上述船舶优先权间的受偿顺序为：因船员雇佣合同产生的债权优先于其他债权受偿；因侵权产生的债权优先于因合同产生的债权受偿；人身伤亡的债权优先于财产损害的债权受偿；为其他债权的受偿创造条件的债权优先于其他债权受偿。但是，依《海商法》第24条的规定，应当先从船舶拍卖所得的价款中先行拨付下列费用：因行使船舶优先权产生的诉讼费用；保存、拍卖船舶和分配船舶价款产生的费用；为海事请求人的共同利益而支付的其他费用。

船舶优先权可因下列原因而消灭：担保的债权消灭；在船舶转让时，船舶优

---

① 但载运2000吨以上散装货油的船舶持有有效的证书，证明已经进行油污损害民事责任保险或者具有相应的财务保证的，对造成的油污损害赔偿不属于船舶优先权，而由《1969年国际油污损害民事责任公约》调整。

先权自法院应受让人申请予以公告之日起满 60 日不行使；具有船舶优先权的海事请求，自优先权产生之日起满 1 年不行使；船舶经法院强制出售；船舶灭失。

4. 船舶留置权

船舶留置权与民法上留置权的法律效果相同，只是适用范围有些差异。我国《海商法》对留置权只是在第 25 条第二款有规定：船舶留置权，是指造船人、修船人在合同另一方未履行合同时，可以留置所占有的船舶，以保证造船费用或者修船费用得以偿还的权利。

二、船员

各国海商法或其他相关立法均对船员的法律地位、任职资格、职责范围、权利义务和责任作出明确规定。国际上也有一些公约，如国际海事组织制定、通过的《1978 年海员培训、发证和值班标准国际公约》。

船员有广义与狭义之分。广义的船员是指包括船长在内的所有船员；狭义的船员是指除船长以外的其他船员。我国采广义理解，《海商法》第 31 条规定，船员是指包括船长在内的船上一切任职人员。

(一) 船员的资格与配备

为保证船舶的航行安全，各国法律通常对船员的资格进行严格的管理，其主要方法就是实行船员考试发证制度。我国《海商法》规定，船长、驾驶员、轮机长、轮机员、电机员、报务员，必须由持有相应适任证书的人担任。从事国际航行的船舶的中国籍船员，必须持有中华人民共和国港务监督机构颁发的海员证和有关证书。

(二) 船员的权利和义务

船员被录用后，依据法律和合同享受权利和承担义务。船员的一般权利包括：取得工资报酬权；病残补助金请求权；受遣返权；休假权；获得保险的权利。

船员的一般义务包括：忠于职守，服从指挥；不得随船私运货物，不得携带违禁品；不得擅自离船。

(三) 船长的职责

船长在船舶航行中具有特殊的身份和地位，各国均专门规定船长的职责和权限，以保证船长能驾驶和管理船舶，保障船舶的正常秩序和航行安全。根据我国《海商法》的规定，船长的职责和权限主要包括以下几个方面。

1. 负责船舶的管理和驾驶

船长是船舶上的最高指挥者，负责船舶的管理和驾驶；船长在其职权范围内发布的命令，船员、旅客和其他在船人员必须执行。

2. 负责船舶的安全和秩序

船长应当采取必要的措施，保护船舶和在船人员、文件、邮件、货物以及财产的安全。

为了保障在船人员和船舶的安全，船长有权对在船上进行违法犯罪活动的人采取禁闭或者其他必要措施，并防止其隐匿、毁灭、伪造证据。

在船舶发生海上事故，危及在船人员和财产的安全时，船长应当组织船员和其他在船人员尽力施救。在船舶沉没、毁灭不可避免时，船长可以作出弃船的决定，但除紧急情况外，应报请船舶所有人同意。决定弃船后，船长应按旅客、船员的顺序安排离船，船长应当最后离船。在离船前，船长应当指挥船员尽力抢救航海日志、机舱日志、油类记录簿、无线电台日志、本航次使用过的海图和文件，及贵重物品、邮件和现金。

3. 负责制作海损、污染事故报告书

船舶发生海损、污染事故时，船长应尽力防止损失扩大，并制作海损事故或污染事故报告书，载明事故详细经过情况，报送事故发生后最初到达的中国港口的港务监督机构。

4. 救助海上的人命和遇难船舶

船舶在航行中收到呼救信号或者发现海上有人遭遇生命危险，只要对本船没有严重危险，应尽力施救。

5. 对船方、货方的代理权

我国《海商法》对此没有明确的规定。实践中，船长有权代表船东签发提单；有权代表船舶所有人或货方订立救助、引水、拖带、临时修理合同。在航行中，为了继续航行而急需资金修配船舶、补充船上用品和维持船员给养，而又来不及等待船东指示时，船长有权出卖除特殊设备以外的多余船舶用品。

6. 船长的准司法权

民事方面，船长应对在船上发生的人员出生或死亡事件进行证明。刑事方面，船长有责任维持船上的治安，为了保障在船人员和船舶的安全，船长有权对在船上进行违法、犯罪活动的人采取禁闭或其他必要措施，并防止其隐匿、毁灭、伪造证据。

第三节 海事合同

一、海上货物运输合同

（一）海上货物运输合同的概念与种类

海上货物运输合同是指承运人收取运费，负责将托运人托运的货物经海路由一港运至另一港的合同。我国《海商法》以运输方式为标准对海上货物运输合同作了如下分类：

件杂货运输合同，是指承运人负责将件杂货经海路由一港运至另一港，由托运人或收货人支付运费的合同，又称班轮运输合同、零担货运输合同、提单运输合同。

航次租船合同，是指船舶出租人向承租人提供船舶或船舶的部分舱位，装运约定的货物，从一港运至另一港，由承租人支付约定运费的合同。这种合同主要用于不定期船运输，没有固定的航线，也没有预先公布的船期表，而是应货主的需求决定航线和停靠港口。

海上货物运输总合同又称包运合同，是指承运人负责将一定数量的货物，在约定的时间内，分批经海路由一港运往另一港，由托运人或收货人支付运费的合同。一般适用于大批量货物的运输。

多式联运合同是多式联运经营人以两种以上的不同运输方式（其中一种是海上运输方式），负责将货物从接受地运至目的地交付收货人，并收取全程运费的货物运输合同。

（二）海上货物运输合同的订立和解除

件杂货运输一般以订舱的方式订立，托运人应按公布的船期表向承运人办理托运，填写托运单，经承运人同意后，合同才能成立。航次租船合同大多数情况下是在双方当事人协议选用的格式合同的基础上，订立附加条款而成。航次租船合同可由承租人与出租人直接签订，也可通过船舶经纪人签订。

海上货物运输合同订立后，可因法定的事由或当事人的协议而解除。根据《海商法》的规定，海上运输合同的解除主要有两种情况：托运人于开航前任意解除合同和开航前因不可抗力等原因而解除合同。

（三）海上货物运输合同的效力

1. 承运人的义务和责任

（1）承运人的义务。根据《海商法》的规定，承运人的义务主要有以下几项：①谨慎处理使船舶适航。承运人应承担按合同约定提供船舶的义务。承运人在船舶开航前和开航当时，应当使船舶处于适航状态，妥善配备船员、装备船舶和配备供应品，并使货舱、冷藏舱、冷气舱和其他载货处所适于并能安全收受、载运和保管货物。②妥善、谨慎地管理货物。承运人应当妥善、谨慎地装载、搬移、积载、运输、保管、照料和卸载所运货物。在装运港，承运人应按计划将货物吊装、码垛、绑扎、装载等；在运输途中，承运人应妥善、谨慎地运输和保管；在卸货港，承运人应妥善、谨慎地卸载货物。③不进行不合理绕行。承运人应当按照约定的、习惯的或地理上的航线将货物运往卸货港；不得无故变更航线，不得进行不合理的绕航。但是，为救助或企图救助海上人命或财产，或者由于自然灾害、意外事故而绕航的，属于合理绕航，承运人不承担任何责任。④按明确约定的时间和地点交货。承运人除了法律可以免责的情形外，应对因迟延交货引起的损失负赔偿责任。

（2）承运人的责任。在承运人的责任期间内，承运人迟延交付货物，或者货物发生灭失或损坏的，除法律规定可不承担责任外，承运人应当负赔偿责任，承运人的赔偿责任包括货物灭失或损坏的赔偿责任和货物迟延交付的赔偿责任。

承运人将货物运输或部分运输委托给实际承运人履行的，承运人仍然应当对全部运输负责。承运人和实际承运人都负有赔偿责任的，应当在此项责任范围内负连带责任。

（3）承运人的责任限制。承运人有权依法将自己的赔偿责任限制在一定范围之内。但是，承运人的责任限制的适用并不是绝对的。经证明，货物的灭失、损坏或迟延交付是由于承运人的故意或明知可能造成损失而轻率地作为或不作为造成的，承运人不得援用限制赔偿责任的规定；同时，经证明，货物的灭失、损坏或迟延交付是由于承运人的受雇人、代理人的故意或明知可能造成损失而轻率地作为或不作为造成的，承运人的受雇人或代理人不得援用限制赔偿责任的规定。

（4）承运人的免责事由。在责任期间货物发生的灭失或损坏是由于下列原因之一造成的，承运人不承担赔偿责任：船长、船员、引航员或者承运人的其他受雇人驾驶船舶或管理船舶的过失；火灾，但是由于承运人本人的过失所造成的除外；天灾，海上或者其他可航水域的危险或者意外事故；战争或者武装冲突；政府或者主管部门的行为、检疫限制或者司法扣押；罢工、停工或者劳动受到限制；海上救助或者企图救助人命或财产；托运人、货物所有人或者他们的代理人的行为；货物的自然特性或者固有缺陷；货物包装不良或者标志欠缺、不清；经谨慎处理仍未发现的船舶潜在缺陷；非由于承运人或者承运人的受雇人、代理人的过失造成的其他原因。

除上述免责事由外，承运人在下列两种情况下，也不承担赔偿责任：一是运输活动物的固有特殊风险造成活动物的灭失或损害的。但是，承运人应当证明已经履行托运人关于运输活动物的特别要求，并证明根据实际情况，灭失或损害是由于此种固有的特殊风险造成的。二是承运人在舱面装载货物，应当同托运人达成协议，或者符合航运惯例，或者符合有关法律、行政法规的规定。承运人依照这些规定将货物装载于舱面上，对由于此种装载的特殊风险造成的货物灭失或损坏，不负赔偿责任。

2. 托运人的责任

根据《海商法》的规定，托运人应当按约定提供货物，应保证其提供的货物资料的正确性；及时办理货物运输所需的港口、海关、检疫、检验等各方面手续；正确通知危险货物；支付运费。

3. 货物的交付

货物到达目的港，承运人应依运输单证的记载将货物交付给提单的持有人。如货物有损坏或灭失或迟延的情况，收货人在交付时发现有货损，应在交付当时；当货物的灭失或损坏非显而易见时，在货物交付的次日起连续 7 日内；集装箱货物自货物交付的次日起连续 15 日内；迟延交付的，自货物交付次日起连续 60 日内提交索赔通知。货物由实际承运人交付的，收货人向实际承运人提交的书面通知与向承运人提交的书面通知具有同等效力。

实践中常常有收货人迟延提取货物的现象，以致造成堵港和承运人的船期损失。《海商法》第 86 条规定，在卸货港无人提货或收货人迟延提货或拒绝提货的，船长可将货物卸在仓库或其他适当场所，由此产生的费用和风险由收货人承担。

《海商法》第 87 条规定，当向承运人支付的运费、共同海损分摊、滞期费和承运人垫付的必要费用未付清，又没有提供适当担保的，承运人可在合理的限度内留置其货物。

二、提单

（一）提单的概念与特征

提单是指用以证明海上货物运输合同和货物已经由承运人接收或者装船，以及承运人保证据以交付货物的单证。具有下列法律特征：

（1）提单是海上货物运输合同的证明。承运人同收货人、提单持有人之间的权利、义务关系，依照提单的规定确定。

（2）提单是承运人出具的接收货物的收据。承运人向托运人签发提单，就意味着承运人已经按提单所记载的货物状况收到了货物，或者货物已经装船，并有义务在目的港将货物如提单记载向收货人交货。

（3）提单是承运人凭以交付货物的具有物权特性的凭证。提单具有的物权凭证效力，一方面是在卸货港承运人凭以交付货物的凭证；另一方面，提单的转让代表货物所有权的转移，提单的持有人就是货物的所有人。

（二）提单的种类

从不同的角度可以对提单进行不同的分类。

1. 依据货物是否装船，提单可以分为已装船提单和收货待运提单

已装船提单是指货物装船后由承运人签发的提单；收货待运提单又称备运提单，是指在承运人收取货物但未装船时签发的提单。由于已装船提单对收货人按

时收货有保障，在国际货物买卖合同中一般都规定卖方需提供已装船提单。①

2. 依据货物运输方式，提单可以分为直达提单和转运提单

直达提单也叫直运提单，是指从装货港不经转船直接将货物运往卸货港而签发的提单。转运提单是指货物全程运输须由两个以上承运人完成时所签发的提单。

3. 依据提单是否有批注，提单可以分为清洁提单和不清洁提单

清洁提单是没有任何货物残损、短量及其他瑕疵等不良批注的提单。不清洁提单是指承运人在提单上对货物包装外表状态受损或缺陷加批注的提单。不清洁提单会给当事人结汇带来困难，银行原则上不受理不清洁提单。

4. 依据提单的抬头，提单可以分为记名提单、指示提单和不记名提单

记名提单是指在提单收货人栏内写明收货人名称的提单；指示提单是指在收货人栏内写明凭指示的提单；不记名提单是指在收货人栏内不作任何记载的提单。记名提单不得转让；指示提单经过记名背书或空白背书转让；不记名提单无须背书即可转让。

5. 依船舶经营的性质，提单可以分为班轮提单和租船提单

班轮提单是指班轮公司或其代理人签发的提单。班轮运输是船舶按照规定的时间，在一定的航线上，按规定停靠的港口顺序，经常从事运输的一种方式，这种方式在国际海上货物运输中被广泛使用。租船提单是指承运人在租船合同下签发的提单。这种提单要受租船合同的约束，在转让或银行结汇时，往往要求提单持有人提供租船合同副本，以便了解提单的全部内容。

（三）提单的签发

提单由承运人或其授权的人签发。提单由载货船舶的船长签发，视为代表承运人签发，无须承运人的授权；其他人员如大副等，只有在承运人授权的情况下才可以签发提单。

按照航运惯例，承运人不仅负有签发提单的义务，而且负有依法、如实签发提单的责任。

（四）提单的内容

提单分正反两面，提单正面是提单记载的事项及一些声明性的条款，如货物的品名、卸货港等；提单的背面为关于双方当事人权利和义务的实质性条款，如法律适用条款、承运人责任限额条款等。

---

① 国际商会的《国际贸易术语解释通则2000》（INCOTERMS2000）规定，凡在成本、运费加保险费（cost, insurance and freight, CIF）或成本加运费（cost and freight, CFR）条件下成交的贸易，卖方应提供已装船提单。国际商会的《跟单信用证统一惯例》（UCP600）规定，如果信用证要求提单作为运输单证时，银行将接受货物已装船或已指明船舱的提单。

三、航次租船合同

航次租船合同是指船舶出租人向承租人提供船舶或者船舶的部分舱位，装运约定的货物，从一港运至另一港，由承租人支付运费的合同。

航次租船合同与件杂货运输合同的区别主要在于：首先，二者运输方式不同。件杂货运输的船舶定时、定航线、定港口；航次租船运输的船舶随货源而调度，到离港时间、航线和停靠港口分别由各航次租船合同约定。其次，二者合同形式不同。件杂货运输合同可以采取口头形式，提单是其书面凭证；航次租船合同则必须采取书面形式。再次，二者舱位使用不同。件杂货运输合同注重的是托运，既可以是大批量货物，也可以是小批量货物，只要舱位有空闲，承运人可以自由使用；航次租船合同包定整船或者一个舱位，即使有空余舱位，非经承租人许可，出租人也不得使用。最后，二者使用船舶不同。件杂货运输合同的船舶相对固定，货物必须适合于船舶；航次租船合同的货物是特定的，船舶必须适合于货物。

在航次租船运输的条件下，船长或承运人的代理人仍须签发提单，但与班轮运输中的提单相比要简单得多，提单只有正面的内容，没有背面的内容，又称为简式提单或短式提单。当租船人为货物的托运人时，出租人和承租人之间的运输合同是租船合同，提单条款与租船合同冲突应归于无效。当承租人将提单转让给第三方时，提单对第三方就不仅是货物的物权凭证和货物的收据，而且还是运输合同的证明。如提单中注有"一切条款、条件、免责和豁免以租船合同为准"的字样，则提单应受租船合同的约束。

四、海上旅客运输合同

海上运输包括海上货物运输和海上旅客运输，海上旅客运输相对于海上货物运输而言发展较晚。二战以后，随着航空事业的发展，海上旅客运输业务日趋减少，在国际旅客运输中的重要性大大降低。①

（一）海上旅客运输合同的概念和特征

海上旅客运输合同是指承运人以适合运送旅客的船舶经海路将旅客及行李从一港运送至另一港，由旅客支付票款的合同。根据《海商法》的规定，海上旅客运输合同包括国际海上旅客运输合同和国内海上旅客运输合同，但不包括内河旅客运输合同。

海上旅客运输合同具有如下特征：

（1）海上旅客运输合同的主体是承运人和旅客。在海上旅客运输合同中，运

---

① 覃有土：《商法学》，高等教育出版社，2003年，第671页。

送旅客的主体是承运人或实际承运人。承运人是指本人或者委托他人以本人的名义与旅客订立海上旅客运输合同的人；实际承运人是指接受承运人委托，从事旅客运送或者部分运送的人，包括接受转委托从事此项运送的其他人；旅客是指根据海上旅客运输合同运送的人。经承运人同意，根据海上货物运输合同，随船护送货物的人视为旅客。

（2）海上旅客运输合同以运送旅客及其行李为目的。在海上旅客运输合同中，承运人负责将旅客及其行李或自带行李运送至指定地点。行李是根据海上旅客运输合同由承运人载运的任何物品和车辆，但活动物除外；自带行李是指旅客自行携带、保管或者放置在客舱中的行李。

（3）海上旅客运输合同以客票为成立的凭证。客票本身并不是海上旅客运输合同，而只是证明合同成立的凭证。

（二）承运人的义务和责任

1. 承运人的义务

承运人的基本义务是以适合运送旅客的船舶经海路将旅客及其行李从一港运至另一港。因此，承运人应当做到：提供适航的船舶；按时开航，迅速将旅客运往目的港；为旅客提供膳食、住宿、娱乐、医疗等生活条件；允许旅客在规定的范围内免费携带儿童和一定的行李；保证旅客及其行李的安全。对于旅客免费携带的儿童，承运人应承担同交费旅客同样的责任。

2. 承运人的责任

（1）承运人的责任期间。海上旅客运输合同的运送期间，自旅客登船时起至旅客离船时止，客票票价含接送费的，运送期间还要包括承运人经水路将旅客从岸上接到船上和从船上送到岸上的时间，但是不包括旅客在港站内、码头上或者在港口其他设施内的时间；旅客的自带行李，责任期间适用上述规定；旅客自带行李以外的其他行李，责任期间自旅客将行李交付承运人或承运人的受雇人、代理人时起至承运人或承运人的受雇人、代理人交还旅客时止。

（2）承运人的赔偿责任。《海商法》采取了过失责任原则和推定过失责任原则。《海商法》第 114 条第一款采取了过失责任原则，即在旅客及其行李的运送期间，因承运人或者承运人的受雇人、代理人在受雇或者在受委托的范围内的过失引起事故，造成旅客人身伤亡或者行李灭失、损坏的，承运人应当负赔偿责任。请求人对承运人或者承运人的受雇人、代理人的过失应当负举证责任，但本条第 3 款和第 4 款规定的情形除外。《海商法》第 114 条第三款和第四款采取了推定过失责任原则，即旅客的人身伤亡或者自带行李损失的灭失或者损坏，是由于船舶的沉没、碰撞、搁浅、爆炸、火灾或者是由于船舶的缺陷所引起的，承运人或者承运人的受雇人、代理人除非提出反证，应当视为有过失；旅客自带行李以外的其他行李的灭失或者损坏，不论何种事故引起，承运人或者承运人的受雇人、代理人除非提出反证，应当视为其有过失。

（3）承运人的责任限制。承运人的责任限制适用于承运人、实际承运人以及承运人、实际承运人的受雇人、代理人。根据《海商法》第117条的规定，承运人在每次海上旅客运输中的赔偿责任限额，依照下列规定执行：a. 旅客人身伤亡的，每名旅客不超过46 666计算单位；b. 旅客自带行李的灭失或者损坏的，每名旅客不超过833计算单位；c. 旅客的车辆包括该车辆所载行李灭失或者损坏的，每一车辆不超过3333计算单位；d. 第b、c项以外的旅客其他行李灭失或者损坏的，每名旅客不超过1200计算单位。

承运人和旅客可以约定，承运人对旅客车辆和旅客车辆以外的其他行李损失的免赔额。但是，对每一车辆损失的免赔额不得超过117计算单位；对每名旅客的车辆以外的其他行李损失的免赔额不得超过13计算单位。在计算每一车辆或者每名旅客的车辆以外的其他行李的损失赔偿数额时，应当扣除约定的承运人免赔额。

《海商法》第118条规定，经证明，旅客的人身伤亡或者行李的灭失、损坏是由于承运人、承运人的受雇人或代理人的故意或者明知地作为或者不作为造成的，不得援用限制赔偿责任的规定。

（4）海上旅客运输合同中免责条款的效力。海上旅客运输合同中含有免除承运人对旅客应当承担的法定责任、降低法律规定的承运人责任限额、对法律规定的举证责任作出相反的约定和限制旅客提出赔偿请求的权利的条款，均属无效。

3. 承运人的除外责任

《海商法》规定承运人在四种情况下免责或减轻责任：旅客有过失；旅客的故意或健康状况；承运人对旅客自行保管的货币、珠宝、有价证券及其他贵重物品的灭失、损坏不负赔偿责任；承运人对旅客携带或夹带在行李中的易燃、易爆、有腐蚀性以及有可能危及船上人身和财产安全的其他危险品，有权在任何时间、任何地点将其卸下、销毁或者使之无害。

（三）海上旅客运输合同请求权的诉讼时效

海上旅客运输向承运人要求赔偿的请求权，时效期间为2年，有关旅客人身伤害的请求权，自旅客离船或应当离船之日起计算；有关旅客死亡的请求权，发生在运送期间的，自旅客应当离船之日起计算。因运送期间内的伤害而导致旅客离船后死亡的，自旅客死亡之日起计算，但此期限自离船之日起不得超过3年；有关行李灭失或损坏的请求权，自旅客离船或应当离船之日起计算。

五、船舶租用合同

(一) 船舶租用合同的概念

船舶租用合同是指船舶出租人向承租人提供约定的、由出租人配备船员或不配备船员的船舶，由承租人在约定的租期内按照约定用途使用并支付租金的协议，包括定期租船合同和光船租赁合同，均应以书面形式订立。船舶租用合同的内容主要由出租人和承租人协商确定，法律一般不作强制性规定。法律关于出租人和承租人之间权利、义务的规定，仅在船舶租用合同没有约定或没有不同约定时适用。

(二) 定期租船合同

定期租船合同是指出租人向承租人提供约定的、由出租人配备船员的船舶，由承租人在约定的期限内按约定的用途使用并支付租金的合同。

定期租船合同与航次租船合同相比，具有如下特征：

(1) 转移船舶的使用权，并由出租人配备船员。定期租船合同由出租人配备船员，但船舶的使用权却要转移给承租人，也即承租人可以按自己的营运目的调度使用租进的船舶，对船员有指挥命令权，船长、船员必须服从。而航次租船合同出租人仅提供约定舱位，并不是转移船舶的使用权，承租人无权调度使用船舶。

(2) 承租人负责营运费用。定期租船出租人只负担有关船舶费用，营运费用由承租人负担。而航次租船出租人负责营运费用，承租人仅支付运费以及约定的装卸费。

(3) 租金按船舶租用时间计算。定期租船合同的租金一般按船舶和所租用的时间计算，而航次租船合同的承租人支付租金一般按舱容或者货物的重量计算。

(4) 定期租船合同属于财产租赁合同。出租人负有维修、保养和使船舶处于适航状态的义务，出租人配备船员，但其目的并不在于占有支配船舶，而是为承租人提供劳务；承租人对船舶有指挥调度权，也即占有支配权，具备了财产租赁合同的特点。

(三) 光船租赁合同

光船租赁合同又称船壳租船合同、空船租赁合同，是指船舶出租人向承租人提供不配备船员的船舶，在约定的期间内由承租人占有、使用和营运，并向出租人支付租金的合同。

光船租购合同，实际上是一种融资租赁合同[①]，是指出租人向承租人提供不

---

① 王作全：《商法学》，北京大学出版社，2002年，第489页。

配备船员的船舶，在约定的期间内由承租人占有、使用和营运，并在约定的期间届满时将船舶所有权转移给承租人，而承租人支付租购费的合同。《海商法》第154条规定："订有租购条款的光船租赁合同，承租人按照合同约定向出租人付清租购费时，船舶所有权即归于承租人。"

光船租赁合同与定期租船合同都属于船舶租用合同，都具有财产租赁合同的性质，但光船租赁合同与定期租船合同相比，具有如下特征：

（1）光船租赁合同的承租人租赁船舶目的在于从事经营获取收益，而定期租船合同的承租人目的主要在于完成一定货物的运输。

（2）光船租赁合同的承租人负责配备船员，并负责船舶的保养和维修；而定期租船合同是由出租人负责配备船员，并负责船舶的保养和维修。

（3）光船租赁合同的承租人负责船舶的指挥和调度，并负责船用燃料、淡水、物料及船舶的营运费用；而在定期租船合同中，船用燃料、淡水、物料等由出租人负责装备，承租人只支付租金和负担船舶的营运费用。

（4）光船租赁合同实行登记制度，其设定、转移、消灭，应当向船舶登记机关登记，未经登记的，不得对抗第三人；而定期租船合同无此制度设计。

六、海上拖航合同

（一）海上拖航合同的概念和特征

海上拖航合同又称海上拖带合同，是指承拖方用拖轮将被拖物经海路从一地拖至另一地，由被拖方支付拖航费的合同。海上拖航合同的双方当事人是承拖方和被拖方。承拖方以自己的或者租用的船舶为相对方提供海上拖航服务，并按约定收取费用。可见，海上拖航合同既不同于海上货物运输合同，也不同于海上救助合同，是一种独立的海事合同。

海上拖航合同不同于海上货物运输合同之处在于：海上拖航合同是承拖方利用自己的拖船及动力设备，采用拖带、顶推、拖拉等方式将被拖船舶或其他被拖物经海路从一地拖至另一地；而海上货物运输合同是承运人利用船舶，将他人的货物装载于舱内或舱面上，将货物经海路由一港运至另一港。但是，拖轮所有人拖带其所有的或者经营的驳船载运货物，经海路由一港运至另一港的，视为海上货物运输。

海上拖航合同与海上救助合同都具有海上服务性质，但两者的区别是明显的：海上拖航合同是在正常情况下，被拖方为使被拖物从一地转移至另一地而与承拖方订立的合同；而海上救助合同是在被救助方的船舶或其他财产遭遇海难时，由救助方提供救助服务而订立的合同。[1]

---

[1] 王作全：《商法学》，北京大学出版社，2002年，第490页。

（二）海上拖航合同当事人的权利和义务

承拖方应及时提供约定的适航船舶，在起拖前和起拖当时，应当谨慎处理，使拖轮处于适航和适拖状态，妥善配备船员，配置拖航索具和配备供应品以及航次必备的其他装置和设备；按约定的时间起拖，按预定航线航行，不得进行不合理的绕航；将被拖物拖至目的地移交被拖方或其代理人。但是，因不可抗力或者其他不能归责于双方的原因致使被拖物不能拖至目的地的，除合同另有约定外，承拖方可以在目的地的邻近地点或者拖轮船长选定的安全港口或者锚泊地，将被拖物移交被拖方或其代理人，视为已履行合同。

被拖方应及时提交被拖物，被拖方在起拖前和起拖当时，应当作好被拖物的拖航准备，并向承拖方如实说明被拖物的情况，提供有关检验机构签发的被拖物适合拖航的证书和有关文件；如果需要，应当按要求在被拖物上配备适当人员，备足供应品。在拖航中，被拖物上的人员应当服从拖轮船长的指挥，并给予积极主动的配合；保证起拖港、中途港和目的港是安全港口，包括地理条件和政治条件上的安全；按约定的金额和支付方式及时间向承拖方支付拖航费，负责被拖物的保险费、检验费、领航费、港口费及其他拖航中发生的一切费用，如果被拖方未按照约定支付拖航费和其他合理费用的，承拖方对被拖物有留置权。

第十六章 海事事故与救助

海上航行蕴含着巨大的风险，海商法由此创设发展了一些特殊制度。本章主要阐述了船舶碰撞、海难救助、共同海损和海事赔偿责任限制制度。学习本章，应重点掌握船舶碰撞的构成要件、海难救助的种类和款项、共同海损的认定和理算，领会海商法为防范和分配海上航行特有风险的制度设计意旨。

第一节 船 舶 碰 撞

船舶碰撞是直接威胁海上安全的海事事故之一，后果往往十分严重。各海运国家及有关国际组织采取了种种措施，以避免船舶碰撞，确保海上安全和保护海洋环境。[①]

我国目前调整船舶碰撞的法律法规主要有：《中华人民共和国海商法》、《中华人民共和国海上交通安全法》、《中华人民共和国海上交通事故调查处理条例》、《最高人民法院关于审理涉外海上人身伤亡案件损害赔偿的具体规定（试行）》、《最高人民法院关于审理船舶碰撞和触碰案件财产损害赔偿的规定》等。

一、船舶碰撞的概念和构成要件

（一）船舶碰撞的概念

传统海商法认为，船舶碰撞有广义和狭义之分。广义的船舶碰撞，是指两艘或两艘以上船舶的某一部位同时占据同一空间，致使一方或几方发生损害的物理状态，它必须要有船舶之间的接触，必须要造成损害——有关船舶或船上人身、财产遭受损害。狭义的船舶碰撞则特指海商法上对碰撞的船舶性质给予特别限定的船舶碰撞。

我国《海商法》第 165 条规定："船舶碰撞，是指船舶在海上或者与海相通的可航水域发生接触造成损害的事故。"所称船舶，"包括与本法第 3 条所指船舶碰撞的任何其他非用于军事的或者政府公务的船舶"。[②]

（二）船舶碰撞的构成要件

根据我国海商法规定，船舶碰撞须发生在海上或者与海相通的可航水域。因

---

① 司玉琢：《海商法》，法律出版社，2003 年，第 237 页。

② 参见本编第十五章第二节"船舶与船员"。

此，凡是在非与海相通的水域，如内河上发生的碰撞；或虽与海相通但属非可航水域，如船舶在船舶修理厂修理时发生的碰撞，都不属于海商法上的船舶碰撞问题。

船舶碰撞须为船舶与船舶之间的碰撞。另外，碰撞的一方必须是海船，另一方则既可以是海船，也可以是非用于军事的、政府公务目的以外的其他任何船艇。

船舶碰撞须发生接触。海商法中的船舶接触既包括直接接触（直接碰撞），也包括间接接触（间接碰撞），均可构成船舶碰撞。船舶因操纵不当或者不遵守航行规章，虽然实际上没有同其他船舶发生碰撞，但是使其他船舶以及船上的人员、货物或者其他财产遭受损失的（如浪损[①]）就属于间接碰撞，但仅以此种情形为限。直接碰撞无须当事船的过失即属于船舶碰撞；而间接碰撞则必须以当事船的过失为条件，并且，须当事船的过失与他船遭受的损害之间存在着因果关系，才构成船舶碰撞。[②]

碰撞应当造成损害后果。船舶碰撞造成的损害后果包括船舶损害，船上人员、货物或者其他财产的损害等各种损害。

二、船舶碰撞的损害赔偿

（一）船舶碰撞的责任情形

根据海商惯例和各国的法律与实践，船舶碰撞的责任主要有以下几种情形。

1. 无过失的船舶碰撞

无过失的船舶碰撞是指有关碰撞各方在无过失或者原因不明的情况下发生的船舶碰撞，碰撞各方互相不负赔偿责任。具体包括以下三种情况：

（1）不可抗力造成的碰撞。因各方均无过失，故各方互不负责。

（2）不能归责于任何一方的原因造成的船舶碰撞。其原因通常是指意外事故，即使船方已经做到了通常的谨慎和技术要求，仍不能避免的事故。

（3）原因不明的船舶碰撞。碰撞事故的发生无法确定是由于何种原因或哪一方的过失所造成的。在这种情况下，同不可抗力和意外事故造成的碰撞一样，应各自承担自己的损失。

2. 有过失的船舶碰撞

有过失的船舶碰撞是指碰撞各方至少有一方是有过失的船舶碰撞。这里的过失是指船舶所有人、经营人或其受雇人在管理、驾驶和操纵船舶过程中，未能尽到通常的谨慎，对碰撞事故的发生，应当预见而没有预见，或者应该避免而没有

---

① 浪损，是指某船超速航行掀起的浪涌致使他船遭受损害的事故。
② 屈广清：《海商法学》，中国民主法制出版社，2005年，第236页。

避免的主观心理态度。包括以下两种：

（1）单方过失的碰撞。船舶发生碰撞是由于一船的过失造成的，由有过失的船舶负赔偿责任。

（2）互有过失的碰撞。碰撞各方都有过失而造成的碰撞。船舶发生碰撞，碰撞的船舶互有过失的，各船按照过失程度的比例承担赔偿责任；过失程度相当或过失程度的比例无法判定的，平均负赔偿责任；互有过失的船舶，对碰撞造成的船舶以及船上货物和其他财产的损失，各船按照过失程度的比例承担赔偿责任。碰撞造成第三人财产损失的，各船的赔偿责任均不得超过其应当承担的比例；互有过失的船舶，对造成的第三人的人身伤亡，承担连带赔偿责任。

（二）船舶碰撞损害赔偿责任的构成要件

船舶碰撞作为一种民事侵权行为，其构成必须满足：主观上有过失；客观上有碰撞和损害的事实；过失与损害事实之间存在因果关系。只有这三个要件同时得到满足，才能发生船舶碰撞损害赔偿问题。

（三）船舶碰撞损害赔偿的范围

我国《海商法》对船舶碰撞损害赔偿的范围及计算方法等具体问题均未作规定。目前，解决有关问题主要适用专门法规、司法解释等。根据最高人民法院《关于审理船舶碰撞和触碰案件财产损害赔偿的规定》，我国在审判实践中有关船舶碰撞损害赔偿的范围主要包括以下几种。

1. 船舶损失的赔偿

在船舶碰撞中，船舶损害有两种：一是部分损失，即船舶只遭受局部损坏；二是全部损失，包括实际全损和推定全损。实际全损是指船舶在碰撞中已完全损坏，失去使用价值；推定全损是指船舶损坏后的施救和修理费用的一项或者两项之和已经达到或者超过船舶的价值。当船舶在碰撞中全部损失时，受害人可以请求船舶全部价值和航次应得利益的赔偿。船舶价值可以按当地的市场价格计算，无市场价时按新建同样船舶的价值扣除折旧费计算。[1]

2. 船上财产损失的赔偿

在船舶碰撞中，货物损害的赔偿范围包括货物的价值加运费。货物全部损失的，赔偿范围包括货物托运时的实际价值加上全部运费；货物部分损失的，赔偿范围为货物损失部分减少的价值加上相应比例的运费。但应注意的是，各过失方只对对方船上的货物损失承担赔偿责任，对本船货物的损失根据运输合同中的免责条款，可以免除赔偿责任。[2]

---

[1] 王作全：《商法学》，北京大学出版社，2002年，第496页。

[2] 覃有土：《商法学》，高等教育出版社，2003年，第688页。

3. 人身损害的赔偿

关于人身伤亡的损害赔偿，《最高人民法院关于审理涉外海上人身伤亡案件损害赔偿的具体规定（试行）》，对涉外海上人身伤亡的损害赔偿范围作了具体规定。

（1）伤残赔偿范围。具体包括：①收入损失。收入损失是指根据伤残者的受伤残之前的实际收入水平计算的收入损失。因受伤、致残丧失劳动能力者，按受伤、致残之前的实际收入的全额赔偿；因受伤、致残丧失部分劳动能力者，按受伤、致残前后的实际收入的差额赔偿。②医疗、护理费。医疗费包括挂号费、检查诊断费、治疗医药费和住院费等；护理费包括住院期间必需陪护人的合理费用和出院后生活不能自理所雇请的护理人的费用。③安抚费。安抚费是指对受伤致残者的精神损失所给予的补偿，可视伤势轻重、伤痛情况、残废程度，并考虑其年龄、职业等因素作一次性的赔付。④其他必要的费用，包括运送伤残人员的交通、食宿之合理费用、伤愈前的营养费、补偿性治疗（整容、镶牙等）费、残疾用具（假肢、代步车等）费、医疗期间陪住家属的交通费、食宿费等合理支出。

（2）死亡赔偿范围。船舶碰撞造成死亡的，其赔偿范围包括收入损失[①]；医疗、护理费；安抚费；丧葬费[②]，以及其他必要的费用，包括寻找尸体、遗属的交通、食宿及误工等合理费用。

（3）受伤者的收入损失。受伤者的收入损失计算到伤愈为止；致残者的收入损失，计算到70周岁；死亡者的收入损失，计算到70周岁。

（4）伤亡者本人无固定工资收入的，其收入损失可比照同岗位、同工种、同职务的人员工资标准，或按其所在地区正常年度内的收入计算；伤亡者为待业人员及其他无固定工资人员的，按其所在地的平均生活水平计算；伤亡者为未成年人的，可以18周岁为起点计算。

（5）海上人身伤亡损害赔偿的最高限额为每人80万元人民币。

第二节　海难救助

一、海难救助的概念、种类和构成要件

海难救助，又称海上救助，是指在海上或者与海相通的可航水域，对遇险的船舶和其他财产进行的救助。

---

① 收入损失是指根据死者生前的综合收入水平计算的收入损失。收入损失＝（年收入－年个人生活费）×死亡时起至退休的年数＋退休收入×10；死者个人生活费占年收入的25%～30%。

② 丧葬费包括运尸、火化、骨灰盒和一期骨灰存放费等合理支出，但以死者生前6个月的收入总额为限。

对海难救助可以从不同角度进行分类。依救助的性质可将救助分为纯救助、义务救助和合同救助等几种形式。纯救助是指船舶遇难后，救助方未经请求即自行实施救助的行为，如救助有效果，救助方有权获得救助报酬。由于这种方式不签订合同，当事人经常在救助报酬上发生争议，因此很少使用。义务救助是指属于救助方职务范围内的救助，如海上防卫队的救助，此种救助中救助方不能请求救助报酬。合同救助包括两种形式，一种是雇用救助，由救助方与被救助方签订雇用救助合同，约定依救助方所使用的人力、设备及时间，计算救助报酬。无论救助成功与否，被救助方均应依救助合同的约定支付救助报酬。严格地说，雇用救助合同的标的是一般的劳务服务，并不是海商法中的海难救助，有关的法律问题主要是依民法中关于劳务合同的规定。① 另一种"无效果，无报酬"的救助，是海难救助中应用最为普遍的形式，也是我国《海商法》中"海难救助"一章的主要内容。

根据《海商法》的规定，海难救助的对象须是法律所规定的财产，也即是船舶②和其他财产③；海难救助只能发生在海上或与海相通的水域，救助对象和救助方一般均应位于海上或与海相通的可航水域；海难救助的对象须遭遇海难，也即存在海上危险，其在地理位置上应发生在海上或与海相通的水域，在危险的程度上应为船员无法自救的危险，只要船舶、货物、船舶附属品等一方面临危险就可以确定危险的存在，无须像共同海损一样必须是船货面临共同危险；救助方须没有救助义务，救助行为乃出于自愿；救助必须获得效果，如无效果，就失去了救助的意义，除法律另有规定或合同另有约定外，救助方无权要求被救助方支付报酬。

二、海难救助合同

海难救助合同是指救助方和被救助方订立的，由救助方对海上遇难财产进行救助，由被救助方给付报酬的协议。由于海难救助合同实行"无效果，无报酬"的原则，因此，海难救助合同又称为无效果无报酬救助合同。

为了避免在危难的情况下签订救助合同给被救助方带来不利后果及因双方谈判可能拖延救助的时机，海难救助一般均采用格式合同。救助方和被救助方就海

---

　　① 张丽英：《海商法学》，高等教育出版社，2006年，第328页。
　　② 船舶是指海船及与其发生救助关系的任何其他非用于军事的、政府公务的船艇。《海商法》第191条规定："同一船舶所有人的船舶之间进行的救助，救助方获得救助款项的权利适用本章规定。"故同一船舶所有人的船舶也可以成为彼此救助的对象。
　　③ 财产是指非永久地和非有意地依附于海岸线的任何财产，包括有风险的运费。"有风险的运费"是指到付运费。根据《海商法》第173条的规定，海上已经就位的从事海底矿物资源勘探、开发或生产的固定式、浮动式平台和移动式近海钻井装置，不属于海难救助的对象。

难救助达成协议，合同成立。遇险船舶的船长有权代表船舶所有人订立救助合同，遇险船舶的船长或者船舶所有人有权代表船上财产所有人订立救助合同。海难救助合同可以在救助前、救助过程中订立，也可以在救助完成后订立。

由于在救助前或救助过程中订立的海难救助合同大多是在紧急情况下订立的，可能会产生不合理的情状。因此，受理争议的法院或者仲裁机构，在下列情况下，可以判决或者裁决变更救助合同：合同在不正当的或者危险情况的影响下订立，合同条款显失公平的；根据合同支付的救助款项明显过高或者过低于实际提供的救助服务的。

在救助作业过程中，救助方对被救助方负有下列义务：以应有的谨慎进行救助；以应有的谨慎防止或者减少环境污染损害；在合理需要的情况下，寻求其他救助方的援助；当被救助方合理地要求其他救助方参与救助作业时，应接受这种要求，但是要求不合理的，原救助方的救助报酬金额不受影响。被救助方对救助方则负有与救助方通力合作、以应有的谨慎防止或者减少环境污染损害、当获救的船舶或者其他财产已经被送至安全地点时及时接受救助方提出的合理的移交要求的义务。

三、救助款项

救助款项是指被救助方应当向救助方支付的任何救助报酬、酬金或者补偿。为获得救助报酬或特别补偿，海难救助必须符合其构成要件，并考虑各项因素确定数额。

（一）救助报酬

1. 救助报酬的确定

救助报酬是指海上救助作业取得效果后，被救助方应当向救助方支付的救助款项。救助报酬的确定是海难救助制度中较为复杂的事项之一，在救助合同无有关报酬约定的情况下，或有关报酬的约定需要由法院或仲裁机构变更的情况下，各国法院、仲裁机构在确定救助报酬时考虑的因素不尽相同。

我国《海商法》第 180 条规定，确定救助报酬，应当体现对救助作业的鼓励，并综合考虑下列各种因素：

（1）船舶和其他财产的获救的价值。该获救财产价值是确定救助报酬的基础，救助报酬的金额不得超过获救财产的价值。

（2）救助方在防止或者减少环境污染损害方面的技能和努力。

（3）救助方的救助成效。包括对船舶和其他财产的救助结果或价值和对于防止和减少环境污染损害方面的效果。

（4）危险的性质和程度。被救助方的危险性质和程度决定了救助方在救助过程中面临的风险，风险越大，救助报酬将越高。

（5）救助方在救助船舶、其他财产和人命方面的技能和努力。

（6）救助方所用的时间、支出的费用和遭受的损失。但并非救助时间越长报酬就越高，要综合考虑上述因素来评定。

（7）救助方或者救助设备所冒的责任风险和其他风险。

（8）救助方提供救助服务的及时性。

（9）用于救助作业的船舶和其他设备的可用性和使用情况。

（10）救助设备的备用状况、效能和设备的价值。

第（9）项和第（10）项主要针对的是专业救助人。专业救助人一般用于救助作业的船舶及设备的价值比一般救助人所用的要高，专业救助人随时处于备战状态下，其救助成本相对较高，救助报酬也相应有所提高。

依各国法律和救助公约之规定，救助报酬不得超过船舶和其他财产的获救价值。所谓获救价值，是指船舶和其他财产获救后的估计价值或者实际出卖的收入，扣除有关税款和海关、检疫、检验费用以及进行卸载、保管、估价、出卖而产生的费用后的价值，但不包括船员的获救的私人物品和旅客的获救的自带行李的价值。

2. 救助报酬的例外

根据《海商法》规定，在下列情况下，救助方无权请求救助报酬：救助人命的救助方不得向获救人员请求酬金，但有权从救助船舶或者其他财产、防止环境污染损害的救助方获得的救助款项中，获得合理的份额；正常履行拖航合同或者其他服务合同义务时，对被拖标的或服务对象进行救助的，不得请求救助报酬。但是，提供不属于履行上述义务的特殊劳务除外；不顾遇险的船舶的船长、船舶所有人或者其他财产所有人明确的和合理的拒绝，仍然进行救助的，不得请求救助报酬；由于救助方的过失致使救助作业成为必需或更加困难的，或者救助方有欺诈或其他不诚实行为的，应当取消或者减少向救助方支付的救助款项。

3. 救助报酬的承担

救助报酬应当由获救的船舶和其他财产的各所有人，按照船舶和其他各项财产各自的获救价值占全部获救价值的比例承担。

4. 救助报酬的分配

当多个救助人参与救助作业并取得成效时，就存在着救助报酬的分配问题，包括共同救助人之间分配救助报酬问题和同一个救助人内部分配的问题。

关于共同救助人之间的救助报酬分配，国际公约和大多数国家均规定由各方协议确定；协商不成的由受理争议的法院或仲裁机构裁决。当事方在协商确定其应得的报酬或法院、仲裁机构裁决各方应得的救助报酬时，应依其法律所规定的确定报酬应考虑的因素决定。我国《海商法》184 条亦作了同样规定。

关于救助报酬在同一船舶内部的分配，国际公约一般规定救助报酬在救助船船舶所有人、船长和船员之间的分配一般依船旗国法。虽然船舶所有人在实施救助时不在现场，但因其提供了救助的船舶及设备，也为船长和船员提供了参与救助的机会，因此各国法律一般均允许船舶所有人参与救助报酬的分配，而且其所占的比例还较大。[①]

（二）救助款项的担保和先行支付

被救助方在救助作业结束后，应当根据救助方的要求，对救助款项提供满意的担保；在不影响上述规定的情况下，获救的船舶所有人应当在获救的货物交还前，尽力使货物的所有人对其应当承担的救助款项提供满意的担保。在未根据救助人的要求对获救的船舶或其他财产提供满意的担保之前，未经救助方的同意，获救方不得将获救的船舶和其他财产从救助作业完成后最初到达的港口或者地点移走。

受理救助款项请求的法院或仲裁机构，根据具体情况，在合理的条件下，可以裁定或裁决被救助方向救助方先行支付适当的金额。

四、海难救助的特别补偿

特别补偿是指救助方对构成环境污染损害危险的船舶或船上货物进行了救助，可以从船舶所有人处获得至少相当于所付出的救助费用的补偿。

根据《海商法》第 182 条的规定，对构成环境污染损害危险的船舶和船上货物进行的救助，救助方获得的救助报酬少于依《海商法》规定可以得到的特别补偿的，救助方有权从船舶所有人处获得至少相当于救助方在救助作业中直接支付的合理费用以及实际使用救助设备、投入救助人员的合理费用的补偿；救助方对构成环境污染损害危险的船舶和船上货物进行的救助，取得防止或减少环境污染损害效果的，船舶所有人依照规定向救助方支付的特别补偿可以另行增加，增加的数额可以达到救助费用的 30%。受理争议的法院或者仲裁机构认为适当，可以判决或裁决进一步增加特别补偿数额，但在任何情况下，增加部分不得超过救助费用的 100%。

在任何情况下，救助方的全部特别补偿，只有在超过救助方依法能够获得的救助报酬时，方可支付，支付金额为特别补偿超过救助报酬的差额部分。

如果由于救助方的过失未能防止或者减少环境污染损害的，可以全部或者部分地剥夺救助方获得特别补偿的权利。

---

① 覃有土：《商法学》，高等教育出版社，2003 年，第 700 页。

第三节　共 同 海 损

共同海损是海商法领域最古老的概念之一，也是海商法特有的一种制度。其核心理念是"一人为大家，大家为一人"，也即为大家共同作出的牺牲，应由大家来补偿。这项制度在最早的海商法规范——罗得法[①]中就有记载。在我国俗称"摊水"，民间也久已存在。[②]

一、共同海损的概念及构成要件

（一）共同海损的概念

共同海损，是指在同一海上航程中，船舶、货物和其他财产遭遇共同危险，为了共同安全，有意地、合理地采取措施所直接造成的特殊牺牲及支付的特殊费用。

与共同海损相对应的是单独海损，是指由于自然灾害、意外事故或不可抗力等原因所直接造成的船舶或货物的损害。对于单独海损，应由受害各方自行承担责任，或者按照海上货物运输合同的规定处理。

（二）共同海损与单独海损的区别

首先，共同海损涉及的海上危险是船舶及货物共同的危险；单独海损中的危险只涉及船舶或货物中一方的利益。其次，共同海损是有意合理地采取措施而造成的，是明知采取措施会导致标的损失，为了共同安全仍采取而引致的损失；单独海损则由意外事故、不可抗力等造成，无人为因素。最后，共同海损是为船舶、货物和其他财产的共同安全而采取的措施，因此，共同海损应由受益各方共同分摊；单独海损只涉及损失方单方的利益，不存在共同安全问题，因此应由损失方自行承担，或者按照海上货物运输合同的规定处理。

（三）共同海损的构成要件

共同海损的构成要件包括：

（1）同一航程中的船舶、货物和其他财产遭遇共同危险。船舶、货物和其他财产须属于两个以上的不同主体所有；船舶、货物和其他财产须处于同一航程

---

① （Rhodian Laws）古希腊最早的一部海事法典，适应当时罗得岛地区繁荣的海上活动，由罗得岛人编集而成。形成的具体时间不详，学者认为，约为公元前 900 年左右。除《查士丁尼法典》中保留的有关抛货条文外，其内容均已无从查考。《查士丁尼法典》中保有的条款规定，如果为了船舶或其他货主所有之货物的安全，而进行抛货，则被抛货物的所有人有权要求其他受益人按比例分摊其损失。这一共同海损原则仍是现代海商法的内容之一。

② 郭瑜：《海商法教程》，北京大学出版社，2002 年，第 248 页。

中；船舶、货物和其他财产须遭遇真实的共同危险，如果仅是对船舶、货物和其他财产中的某一项构成危险，则共同海损不能成立。

（2）共同海损的措施必须是有意的、合理的。有意的措施是指船长在主观上明知采取某种措施会导致船舶或货物的进一步损害，但为了避免船货的共同危险而不得不采取的措施。合理的措施，意指以最小的牺牲换取船货的安全。① 在共同海损措施中含有不合理成分时，并不完全排除共同海损的分摊，只是在分摊过程中，应把不合理的部分扣除。

（3）共同海损的损失必须是特殊的和直接的。特殊的损失是指超乎正常运营情况下的损耗和费用，是船长在应尽义务外所采取的措施造成的损失。直接的损失是指在采取共同海损措施时，船长可以合理地预见到的所有损失和费用或采取的措施的必然结果都是措施的直接后果，无论采取措施时，船长是否真地预料到了该损失。②

（4）采取的措施须是有效的。有效是指船长采取的措施保证了船货的安全，排除了险情，避免了更大的损失。一般认为，只要最终保证了船货的安全，即使只是部分财产获救，该损失也会列入共同海损。

二、共同海损的牺牲和费用

共同海损的牺牲和费用即指共同海损的损失范围。在共同海损案件确立后首先要确定的就是哪些损失及费用可以列入共同海损。共同海损可以是特殊的直接物质上的损失，也可以是特殊的费用支出。除了共同海损的牺牲和费用支出外，其他间接的损失，如船舶或货物因迟延所造成的损失，包括船期损失和行市损失以及其他间接损失，均不得列入共同海损。

（一）共同海损的牺牲

共同海损的牺牲是指共同海损措施所造成的船舶、货物等财产本身的损失。这种牺牲包括船舶、货物、运费及船舶其他财产的损失。主要包括：

（1）船舶的损失。船舶的牺牲包括船舶本身的损失及船上所载物料及燃料的损失，如为了避免船舶倾覆，船长故意使船舶坐礁、搁浅，或截断锚链、使船舶部分毁损等。

（2）货物的损失。货物的损失可以由于各种共同海损措施而引起。例如，为了减轻货载，将货物弃于海中；或船舶遭遇火灾，引水灭火时将货物浸湿等。

（3）运费的损失。在到付运费的情形下，如货物被牺牲则该笔运费不能被收取，因此也算被牺牲掉了。

---

① 一项措施是否合理，没有绝对的标准，一般可以参考：外部条件、可行性、客观效果等。
② 屈广清：《海商法学》，中国民主法制出版社，2005年，第275页。

（二）共同海损的费用

共同海损的费用是指为了船舶及货物的共同安全而采取共同海损的措施支付的额外的费用。其与共同海损牺牲的主要区别在于费用不是船舶或货物的本身损失。主要包括：

（1）救助费用。船、货陷入共同危险，不得不求助于他船而支出的救助报酬和其他费用。

（2）避难港费用。避难港指离难船距离较近，且便于难船解除危险进行修理的港口。为进入避难港而延长航程的费用、进入和离开避难港的费用、在避难港停靠期间为维持船舶所需的日常费用、因安全所需造成的货物或船上其他物品卸下和重装的费用等，都可以计入共同海损费用。

（3）代替费用。代替费用须是因合理采取的措施而产生的，代替费用应在整体上较被代替的费用为节省。如果代替费用超过了被代替的费用，则除非船舶及货物各方另有协议，可列入共同海损的部分应只限于被代替的费用。超过部分由采取措施的一方自行承担。在实践中，经常发生的代替费用主要有拖带费、临时修理费、货物转运费、加班费等。

（4）其他费用。包括共同海损的利息、理算费用、垫付共同海损的手续费、索赔费用、共同海损保险费、共同海损损失的检验费、船主检修人的费用、避难港代理费和通信费等。

三、共同海损的理算

（一）共同海损理算的概念

共同海损理算是在船方宣布共同海损后，各受益方雇请专门机构和人员对共同海损的损失金额、如何分摊等问题进行调查研究和审核计算的过程。[①] 只有进入理算阶段，才能最终使共同海损制度得以实现。共同海损的理算是一项专业性很强的工作，进行共同海损理算的专门机构和人员被称为共同海损理算机构和理算师。

（二）共同海损理算的内容

1. 共同海损损失金额的确定

共同海损损失包括共同海损牺牲和费用。共同海损牺牲的金额分别按以下规定计算。

船舶的共同海损牺牲：船舶的牺牲分部分损失和全损两种。部分损失时，按照实际支付的修理费、减除合理的以新换旧的扣减额计算。船舶尚未修理的，按

---

① 郭瑜：《海商法教程》，北京大学出版社，2002年，第252页。

照牺牲造成的合理贬值计算，但是不得超过估计的修理费。全损时，按照船舶在完好状态下的估计价值，减除不属于共同海损损坏的估计的修理费和该船舶受损后的价值的余额计算。

货物的共同海损牺牲：货物的牺牲分灭失和损坏两种情况。货物灭失的，按照货物在装船时的价值加保险费加运费，减除由于牺牲无须支付的运费计算。货物损坏，在就损坏程度达成协议前售出的，按照货物在装船时的价值加保险费加运费，与出售货物净得的差额计算。

运费的共同海损牺牲：按照货物遭受牺牲造成的运费的损失金额，减除为取得这笔运费本应支付但是由于牺牲无须支付的营运费用计算。

共同海损费用按实际发生的计算。

2. 共同海损分摊价值的确定

共同海损分摊价值是指参加共同海损分摊的受益财产的价值，分别按以下规定计算。

船舶共同海损分摊价值：按照船舶在航程终止时的完好价值，减除不属于共同海损的损失金额计算，或者按照船舶在航程终止时的实际价值，加上共同海损牺牲的金额计算。

货物共同海损分摊价值：按照货物在装船时的价值加保险费加运费，减除不属于共同海损的损失金额和承运人承担风险的运费计算。货物在抵达目的港以前售出的，按照出售净得金额，加上共同海损牺牲的金额计算。

运费分摊价值：按照承运人承担风险并于航程终止时有权收取的运费，减除为取得该项运费而在共同海损事故发生后，为完成本航程所支付的营运费用，加上共同海损牺牲的金额计算。

以上每一项分摊价值都要加上共同海损牺牲的金额，因为共同海损牺牲中的一部分将要从其他各受益方那里得到补偿，因此也有部分价值因为共同海损行为而得到保全，从而也应计算在共同海损分摊价值之内。

3. 共同海损分摊金额的计算

共同海损应当由受益方按照各自的分摊价值的比例分摊。

各受益方的分摊金额计算分两步。首先计算出一个共同海损损失率，这应该以共同海损损失总金额除以共同海损分摊价值总额得出；然后以各受益方的分摊价值金额分别乘以共同海损损失率，得出各受益方应分摊的共同海损金额。

第四节　海事赔偿责任限制

海事赔偿责任限制是指在发生重大海损事故时，将对负有事故责任的船舶所有人、救助人或其他人等对海事赔偿请求人的赔偿请求依法限制在一定的额度之内。海事赔偿责任限制制度是基于海上特有风险的存在，保护航运业发展的目的，从而对海事事故责任人予以一定宽限的制度。

一、海事赔偿责任限制的主体

海事赔偿责任限制制度又被称为·"船舶所有人责任限制制度"，因为只有船舶所有人才有权请求责任限制。根据《海商法》，我国海事赔偿责任限制的主体包括以下四类：船舶所有人，包括船舶承租人和船舶经营人；救助人；船舶所有人和救助人对其行为、过失负有责任的人，这主要指的是船长、船员和其他受雇人员；对海事赔偿请求承担责任的责任保险人。

二、限制性债权

以下海事赔偿请求，无论赔偿责任的基础有何不同，均可请求责任限制，因此被称为"限制性债权"，包括：船上发生的或者与船舶营运、救助作业直接相关的人身伤亡或者财产的灭失、损坏，包括对港口工程、港池、航道和助航设施造成的损坏，以及由此引起的相应损失的赔偿请求；海上货物运输因迟延交付或者旅客及其行李运输因迟延到达造成损失的赔偿请求；与船舶营运或者救助作业直接相关的，侵犯非合同权利的行为造成其他损失的赔偿请求；责任人以外的其他人，为避免或者减少责任人按照法律规定可限制赔偿责任的损失而采取措施的赔偿请求，以及因此项措施造成进一步损失的赔偿请求。

以上请求无论提出的方式有何不同，都可以限制赔偿责任。但涉及责任人以合同约定支付的报酬，责任人的支付责任不得援用赔偿责任限制的规定。

三、非限制性债权

以下海事赔偿请求不适用责任限制，因此被称为"非限制性债权"，包括：对救助款项或者共同海损分摊的请求；我国参加的国际油污损害民事责任公约规定的油污损害的赔偿请求；我国参加的国际核能损害责任限制公约规定的核能损害的赔偿请求；核动力船舶造成的核能损害的赔偿请求；船舶所有人或者救助人的受雇人提出的赔偿请求，如果根据调整劳务合同的法律，船舶所有人或者救助人对该类赔偿请求无权限制赔偿责任，或者该项法律作了高于海商法规定的赔偿限额的规定。

四、海事赔偿责任限额

（一）一般人身伤亡和非人身伤亡的责任限额

海事赔偿责任限制中对人身伤亡赔偿责任的计算和对非人身伤亡赔偿责任即财产损失的计算应分别进行，当人身伤亡的赔偿责任限额不足以支付全部人身伤亡赔偿请求时，其差额应当与非人身伤亡的赔偿请求并列，从非人身伤亡赔偿的责任限额中按照比例受偿。

在不影响人身伤亡赔偿请求的情况下，就港口工程、港池、航道和助航设备的损害提出的赔偿请求，应当较一般非人身伤亡赔偿请求优先受偿。

不以船舶进行救助作业或者在被救船舶上进行救助作业的救助人，其责任限额按照总吨位为 1500 吨的船舶计算。

（二）旅客人身伤亡的赔偿责任限制

旅客人身伤亡的赔偿责任限制，按照 46 666 计算单位乘以船舶证书规定的载客定额计算赔偿限额，但是最高不超过 25 000 000 计算单位。这一限额不适用于我国港口之间海上旅客运输的旅客人身伤亡。

五、责任限制基金的设立

海事赔偿责任人在初步被认定有责任时，如果希望在被追究责任时可以限制赔偿责任，可以向有管辖权的法院申请设立责任限制基金。这笔基金是根据责任限制的计算方法算出的对人身伤亡和非人身伤亡的赔偿限额的总和，加上从事故发生引起责任之日起到基金设立之日止的利息。它可以用现金，以可以用法院认可的担保方式缴付，专门用以支付援用责任限制的索赔。

基金设立后，向责任人提出请求的任何人，不得对责任人的任何财产行使任何权利。责任人的船舶或者其他财产已经被扣押，或者基金设立人已经提交抵押物的，法院应当及时下令释放或者责令退还。

责任人申请责任限制和设立责任限制基金，都不表明其对责任的承认，经过法院审理后，如果查明责任人不应承担责任，则基金应该退还给责任人。

后　记

　　为满足法学专业本科"商法学"的教学需要，本着"精练、实用、新颖"的原则，我们组织编写了该教材。编委会成员由来自高校的专家学者组成，包括：山东科技大学的李光禄、张钦润、崔华洁，哈尔滨理工大学的袁晓波、吴秀华、王荣华，中国海洋大学的阳露昭，山东农业大学的陈晓军。其中，李光禄、袁晓波任主编，吴秀华、阳露昭、陈晓军任副主编。具体分工是：张钦润：第一章、第二章，李光禄：第三章、第五章，阳露昭：第四章、第六章，崔华洁：第七章，陈晓军：第八章、第九章，吴秀华：第十章、第十一章，袁晓波：第十三章、第十四章，王荣华：第十二章、第十五章、第十六章。本书由主编拟定编写大纲和统稿、定稿，张钦润参与了拟定大纲的讨论和部分统稿工作。

　　该教材是集体智慧的结晶。参考现行商法学教材，本书编写体例有所创新，采"导论—商主体—商行为—海商法"模式。在编写过程中，我们反复论证，相互启发，不断修改，注意吸收商法领域的最新研究成果。在此，对相关作者表示衷心感谢！受水平及时间限制，不妥之处，敬请读者批评指正。

编　者

2008 年 8 月